**언어의
아이들**

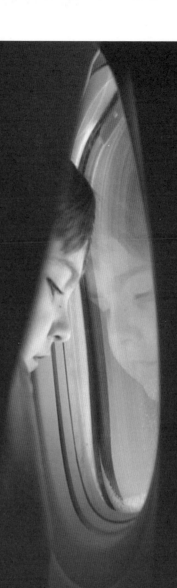

조지은 · 송지은

언어의
아이들

아이들은 도대체
어떻게 언어를 배울까?

사이언스
SCIENCE 북스
BOOKS

언어의 문으로 들어가는 아이들

아이들은 도대체 어떻게 말을 배울까? 이 질문은 내가 언어학이라는 학문에 처음으로 관심을 갖게 한 참으로 고마운 질문이다. 나는 아동학과 언어학을 전공했는데, 대학 입학 인터뷰에서 앞으로 뭘 하고 싶은지 교수님께서 물어보셨을 때 뭣도 모르면서 아이들의 언어 습득을 연구하고 싶다 했던 기억이 난다. 세월이 지나 언어학을 공부하고 또 가르치게 되었으며 두 아이의 엄마가 되었다.

언어학을 공부하며 오히려 이 질문을 잊고 다른 질문들에 집중했는데, 엄마가 되고 정말 한 순간도 이 질문을 떠올리지 않을 수 없게 되었다. "저 아이가 어떻게 저런 말을 할 수 있을까?" 첫째 아이 사라는 영국에서 자라났지만, 아이를 봐 주시던 한국인 사모님의 영향으로 한국에서 자라난 아이들처럼 한국말을 했다. 사라가 쏟아 놓던 수많은 단어들을 들으면서 인간의 언어가 얼마나 경이로운 것인가, 창의적인 것인가 다시금 생각하게 되었다. 아이는 3세부터 영국의 유치원에 가게 되었다. 그런데 영어를 잘 못하고, 잘 안 하던 아이는 한두 달 만에 엄마가 20년 동안 공들인 것보다도 더 그럴듯한 '발음'으로 영어를 하기 시작했다.

비단 우리 아이만의 이야기가 아니다. 처음 유치원에 갔을 때, 우리 아이같이 영어를 잘 모르거나 아예 하나도 모르고 온 아이들도 있었는데, 걱정을 내비치는 나에게 선생님은 절대로 걱정하지 말라고 했다. 그 말대로, 크리스마스 방학 즈음이 되자 다양한 언어 배경을 갖고 있던 일곱 아이들 모두 영어를 이해하고 말하기 시작했다. 어른이 되어서 외국어를 공부하는 사람들은 누구나 타임머신을 타고, 이 시기로 돌아갔으면 할 것이다.

언어학자들의 로망은 자기 아이의 언어 습득을 연구하는 것이다. 나역시 녹음도 하고 자료도 수집했는데, 시간이 너무 빨리 가서 놓친 부분이 적지 않다. 그러다가 제시가 태어나 말을 배우기 시작했다. 동물들이 그려진 그림책을 보며 거의 모든 동물의 이름들을 말하기 시작하자, 첫째 아이때의 감동이 떠오르면서 더 이상 이 작업을 미루면 안 되겠다는 생각이 절절히 들었다. 그 생각이 이 책을 쓰는 계기가 되었다.

언어학, 구체적으로 언어 습득에 관심이 있는 학생과 연구자, 언어에 관심이 있는 대중, 또한 나처럼 아이를 키우며 경이로움을 느끼는 양육자 모두를 위한 책이다. 한국어를 모국어로 완전하게 깨우친 후 영어를 습득한 우리 아이들의 이야기를 예로 들면서, 아이들의 언어 습득에서 발견되는 여러 가지 언어학적 논제들과 연구 성과들을 쉽게 풀어 쓰고자 했다. 가능하면 쉬운 언어로 언어 교육에 관심이 많은 부모들에게 도움이 될 이야기도 넣어 보았다.

『언어의 아이들』에는 영국에 사는 한국인과 영국인 친구들의 아이들 이야기, 한국에 사는 친구들의 아이들 이야기가 두루 실려 있다. 그 아이들과 엄마들, 아빠들에게 깊은 감사를 표한다. 언제나처럼 많은 분들이 도움을 주셨다. 교정을 봐 준 노보람, 박희진 선생에게 감사드린다. 여러 가지 개인 사정을 잘 이해해 주신 사이언스북스에도 감사드린다.

이 책을 기획하면서, 생전에 내가 말 배우는 것을 신기해하시며 녹음도 하시던 아버지가 생각났다. 이 책을 그리운 아버지께 바친다.

조지은

세상에서 가장 쉽고도 어려운 일, 언어 습득

2013년 영국으로 유학을 와 귀한 인연으로 조지은 교수님을 만났다. 책을 함께 쓰자고 제안해 주신 교수님께 먼저 깊이 감사를 드린다. 작업을 시작한 지도 4년이라는 시간이 넘었다. 바쁜 와중에 책 집필이라는 큰일을 함께 해 나가는 것이 버겁기도 했지만, 매순간이 즐거운 배움의 연속이었고, 지난 여름 긴 여정에 이렇게 마침표를 찍게 되었다.

이 책은 인간의 언어 습득 능력, 특히 아이들의 언어 습득 과정을 소리, 어휘, 문법 영역으로 세분화해 심도 있게 다루었다. 그러면서도 비전공자들도 쉽게 다가갈 수 있도록 재미있는 예시나 이야기를 들어 쉬운 언어로 설명하려고 노력했다. 이 책이 국내에서 언어학, 외국어 교육, 언어 치료 등을 공부하는 많은 학생들과 연구자들에게 좋은 교과서로 쓰일 수 있기를 기대한다.

아이들이 아무런 노력 없이 '뚝딱' 언어를 습득하는 능력이 신기한 만큼, 나는 반대로 "외국어는 왜 이렇게 배우기 힘들까?"라는 질문에 늘 관심을 가져왔다. 또한 모국어의 언어 지식을 중점적으로 다루는 언어학 분야에서 외국어 습득 문제를 어떻게 접근해야 하는지에 대한 고민과 갈증이 있었다. 어릴 때 배우면 잘 배운다는 단순한 공식이나, 모국어 지식의 영향만으로 제2 언어나 외국어 습득의 어려움을 다 설명하기는 어렵다. 개인적으로 연구에 많은 열정을 쏟고 있는 이중 언어, 외국어 습득에 대해서 IV부에 재미있게 풀어 놓았다. 이 책이 외국어 교육에 대한 혁신적인 대안을 제시하는 것은 아니다. 그러나 외국어, 이중 언어 습득을 연구하는 연구자를 비롯해 교육 방법을 개발하는 교육자, 아이들의 외국어 교육이나 언어 발달을 걱정하는 부모들이 『언어의 아이들』을 통해 모국어, 외국어, 이중 언어 습득의 원리와 기제에 대한 정확한 이해를 다졌으면 한다.

마지막으로 책을 쓰는 데 도움을 주신 많은 분들께 감사드린다. III부에서 소개한 아동 어휘 연구에 도움을 주신 유치원 학부모님들과 선생님들, 교정을 도와주신 박희진, 김미경 선생님, 멋진 사진을 만들어 주신 지인과 동료들에게도 감사한다. 책을 집필하는 긴 시간 동안 런던에서 든든한 버팀목이 되어 준 남편과 한국에서 자랑스러워하실 부모님께 이 책을 바친다.

송지은

I

언어로
세상의 문을 여는
아이들

아이들이 말을 배우는 것만큼 신기한 것도 없다. 첫 돌이 될 때쯤 말을 하기 시작한다. 말을 이해하기 시작하는 것은 그보다 더 이전이다. 선천적인 핵심 언어 능력 중 하나가 상호작용 능력(interactional competence)이라는 관점에서, 갓 태어난 아이들의 눈맞춤이나 응수하기 역시 말하기의 하나라고 할 수 있을 것이다. 독백이라 할지라도, 시 속의 언어라 할지라도, 말은 주고받으며, 소통하기 위해 있는 것이다.

인간의 말이 경이로운 이유 중 하나는, 언어에 무한한 창의력이 담겨 있기 때문이다. 이 책에서 우리는 이 창조적 능력이 실제로 어떻게 발현되는지를 살펴보려고 한다. 사람들은 가끔 떠오르는 대로 말한다. 그러한 말 속에서 우리는 인간 언어의 규칙과 질서, 무한한 상상력과 가능성을 본다.

여러분의 아이가, 혹은 동생이나 조카가 처음으로 한 말을 기억하시는지? 대부분의 부모는 이 감동적인 순간을 잊지 못할 것이다. 내게도 이 순간은 마치 아이가 이 세상에 태어났을 때만큼의 감동을 주었다. 두 아이 사라와 제시의 경우, 처음 한 말은 모두 엄마를 의미하는, '맘마'와 비슷한 발음의 단어였다. 이 책을 쓰며 인터뷰한 대부분의 부모도 아이들이 뜻은 명확하지 않지만 '마마', '다다' 같은 단어들을 연속해서, 반복적으로 말했다고 했다. II부에서 살펴보겠지만, 대부분의 언어에서 엄마를 지칭하는 단어는 /m/ 소리를, 아빠를 나타내는 단어는 /p/ 소리를 갖고 있다. 우연의 일치일까? 이 두 소리를 언어학에서는 입술과 입술을 움직여 내는 소리라 해 양순음(bilabial)이라고 한다. 범언어적으로 양순음은 여러 소리 목록 중에서도 가장 먼저 습득되는 소리군에 속한다.

개별적인 차이는 있으나, 어느 아이든 처음 배우는 단어 목록은 크게 다르지 않을 듯하다. 엄마, 아빠 등 호칭어를 비롯해 주변의 사물을 가리키는 단어들에 눈을 뜨기 시작하다가, 어느 순간부터 보이지 않는 추상적인 단어까지도 이해하고 표현하게 된다. 처음에는 한 단어를 간신히 말하던 수준에서 두 단어를 이어 말하게 되고, 더 나아가 세 단어를 서로 엮고 관계 지어 말다운 말을 거의 어른처럼 하기 시작한다. 이 과정은 대부분 동감하듯이, 정말 눈 깜짝할 사이에 일어난다. 웅얼웅얼 옹알이만 하던 아이들이 의미 있는 단어를 처음 말하기 시작하는 것은 1세쯤이다. 물론 이 시기의 아이들은, 말을 만드는 데에는 익숙하지 않아도 이미 많은 단어와 구의 의미를 이해하고 있다. 돌을 즈음해서 어렵게 한 단어씩 말문을 연 아이들은 그 후 약 1년 반 동안 상상을 초월하는 속도로, 우주를 넘나드는 현대 과학 기술과 지식으로도 풀 수 없는 정도로 인간 언어의 본질을 마스터해 나간다.

이 엄청난 언어 습득 능력은 시간이 지나면 조금씩 사라진다. 소위 말문이 터진다는 피크 타임(peak time)은 개인차가 있지만 2~3세 무렵이다. 지금까지 많은 학자들은 이 시기 이후 아이들의 머릿속에서는 언어 습득 가능 장치(Language Acquisition Device, LAD)가 더 이상 기능을 하지 못한다고 믿었다. 성인에 빗대어 말하자면, 이 시기에 외국어를 배우지 못하면 어학 공부는 소용 없다는 말이 된다. 최근 데이비드 버드송(David Birdsong, 1952년~) 같은 학자들은 언어 습득 능력은 특정 시기가 지나면 완전히 사라지는 것이 아니라, 줄어드는 것이라는 주장을 하고 있다(Birdsong, 1992; Birdsong, 1999; Bialystok & Hakuta, 1999). 만일 이러한 주장이 옳다면, 이 약화되는 언어 습득 능력을 어떻게 재가동시킬(reactiviate) 것이냐가 외국어 교육의 관건이 될 것이다. 이제 막 세상의 문을 여는 아이들의 언어 습득 블랙박스를 하나 하나 살펴보려고 한다.

1 배우는 것인가?
   타고나는 것인가?

언어는 배우는 것일까, 아니면 타고나는 것일까? 아이들이 말을 배우는 것과 동물들이 여러 신호를 사용하는 것에는 근본적으로 어떤 차이가 있는 것일까? 결론부터 말하자면, 아이들은 절대로 모방을 통해서 언어를 습득하지 않는다. 모방을 하는 것처럼 느껴지는 순간도 많이 있을 것이다. 다음 대화를 한번 살펴보자. 사라가 19개월 때 했던 발화이다.

> 이모 다 먹었어요? 얼른 꼭꼭 씹어서 먹어. (사라 머리 부딪힘) 괜찮아?(↗)
> 사라 괜찮아.(↘)
> 이모 괜찮아요, 아파요?(↗)
> 사라 아파.(↘)

무심코 보면 아이들이 어른들의 말을 앵무새처럼 그냥 따라 하는 것 같지만, 조금만 자세히 들여다보면 결코 그렇지 않다는 것을 알 수 있다. 먼저,

이모는 아이에게 "괜찮아?"라고 올라가는 억양으로 물었는데, 아이는 내림조로 대답했다. 이모는 아이에게 조사 '요'를 붙여서 공손하게 말했는데 (아이에게 존댓말을 사용하는 법을 가르쳐 주고, 존중을 나타내기 위함이다.) 아이는 조사 없이 다시 내림조로 자신의 상태를 전했다.

사라가 2세 무렵 밥을 먹다가 갑자기 창문을 보면서 한 말이다. "엄마, 날씨가 너무 따뜻해요." 누가 시켜서 한 말이 아니다. 누가 한 말을 따라서 한 것은 더더욱 아니다. 언젠가 생일 파티 초대를 받아 한국인 친구 집에 갔던 사라는 그 집 할머니께 "할머니, 마음껏 먹어도 되요?"라고 말했다고 한다. 할머니는 이것을 두고두고 말씀하셨다. 아이로서, 그런 상황에서 그런 말을 한 것이 굉장히 기특하고 신통방통하다고 말이다. 아이들의 말은 참으로 보물 창고이다. 세상에서 가장 뛰어난 인공 지능 컴퓨터라 한들 이런 자발적인 말을 만들어 낼 수 있을까? 아무리 세상이 변해도, 아무리 똑똑한 컴퓨터가 나와도 2세 꼬마 아이의 언어 순발력과 센스, 창의성은 도저히 흉내내지 못할 것이다.

그렇다면 언어 능력이란 것은 도대체 무엇일까? 이 세상에 태어나는 모든 아이들은 별 노력을 하지 않고도 자신의 모국어를 쉽게 습득할 있는 축복을 받았다. 세상에 많고 많은 인종과 언어가 있음에도, 아이들이 이러한 능력을 선사 받고 태어난다는 것은 참으로 놀랍고 경이로운 사실이다. 이 언어 능력의 정체를 조금 더 구체적으로 파헤쳐 보고자 한다.

인간은 실험실 생쥐처럼 말을 배울까?

요즘 학계에서는, 모국어는 배우는 것이 아니라 자연스럽게 습득되는 것이라는 주장이 매우 우세하다. 그러나 늘 이러했던 것은 아니다. 20세기 중반까지만 해도 인간의 언어 역시 자극과 반응의 연속으로 이해되었으며, 그 체계가 본질적으로 동물의 신호 체계와 별반 다르지 않다는 생각이 주류를 이루었다. 이런 사고 하에, 침팬지 같은 동물도 열심히 반복하고 노력하면 인간처럼 말을 할 수 있으리라는, 보이지 않는 믿음이 싹트게 되었다. 심리학에서 이런 노선은 행동주의(behaviourism)로 실현되었다. 그런데 이와 같은 믿음을 무너뜨리는 계기가 생긴다. 바로 1959년 에이브럼 놈 촘스키(Avram Noam Chomsky, 1928년~)가 당시 행동주의 학파의 대가였던 버러스 프레더릭 스키너(Burrhus Frederic Skinner, 1904~1990년)의 행동주의 이론을 반박하는 논문을 낸 사건이다.[1]

스키너는 사람이 언어를 배우는 것이 실험실 생쥐가 자극과 반응을 통해 실험 상황에 적응하는 것과 진배없다고 보았다. 부모님과 함께 가게에 간 아이가 초콜릿이 먹고 싶어졌을 때, 다시 말하면 초콜릿이라는 '자극'을 탐지했을 때, 초콜릿이라고 발화하는 것은 단순한 '반응'의 일종이라고 본 것이다. 그런데 촘스키는 사람이 말을 하는 상황이 실험실의 통제된 상황과 같다고 보는 입장 자체가 잘못되었다고 비판한다. 언어 상황에는 보이지 않고, 통제할 수 없는 변수가 너무나 많다. 촘스키는 특히 '변덕(caprice)'을 예로 들며, 인간의 변덕스러움을 어떻게 단순한 자극과 반응이라는 통제된 차원에서 설명할 수 있겠느냐고 질문을 한다. 스키너가 말하는 '자극'을 어떻게 체계화하고 인간의 언어에 적용할 수 있는지에 대해서도 신랄하게 비판을 가한다. 가게에서 아이들이 초콜릿이라는 단어를 사용하는 동일한 상황이어도 아이들이 실제로 초콜릿을 보았는지의 여부는 다를 수 있다. 이런 경우들은 수도 없이 많다. 자극이 물리적으로 부재하는 상황뿐만 아니라, 정형화하기 어려울 만큼 하나에 대해 많은 반응이 나타나는 상황들도 있다. 예를 들어 어떤 사람이 빨간색 그림을 보여 줬다고 하자. 그림을 본 누군가는 단순히 '빨갛다.' 또는 '그림이다.'라고 할 수 있겠지만, 또 다른 누군가는 '아방가르드 그림이다.', '잘 모르겠다.'라고도 대답할 수 있다. '이 화가는 석양을 정말 잘 표현했다.'라고 반응하는 사람도 있을 것이다. 동일한 하나의 자극에 대해서도 수없이 많은 반응이 나올 수 있다. 분명히 알 수 있는 것은 인간의 언어를 실험실 쥐의 단순 반응과도 같은, 어떤 외부적인 요소에 대한 반응의 일종으로 단순화해 보기는 어렵다는 것이다.

버러스 프레더릭 스키너

미국의 심리학자로 하버드 대학교에 심리학과 교수로 재직했다. 그는 '급진적인 행동주의'를 주장했으며, 강화 이론을 통해 인간의 행동은 그 결과가 좋을 때는 강화되고, 반대의 경우 반복될 확률이 낮아진다고 했다. 따라서 스키너는 인간의 언어 습득이 생득적 기제를 통한 것이 아니라, 부모가 아이에게 주는 강화로 이루어지는 것이라 본다. 언어의 생득설을 주장하는 촘스키의 언어학과 대립되는 주장인 것이다. 주요 저서로는 『유기체의 행동(*The Behavior of Organisms*)』(1938년), 『월든 투(*Walden Two*)』(1948년), 『자유와 존엄을 넘어서(*Beyond Freedom and Human Dignity*)』(1971년) 등이 있다.

에이브럼 놈 촘스키

유명한 언어학자인 동시에 정치 운동가로도 잘 알려져 있다. 20세기 언어학의 흐름을 이끌었다고 해도 과언이 아닌, '현대 언어학의 아버지' 촘스키는 지금까지도 미국 매사추세츠 공과 대학 언어학과 교수로 재직 중이다. 그가 1957년 세상에 내놓은 『생성 문법론(*Syntactic Structure*)』은 당시 언어학의 패러다임이

　　　　　　　　　　　　　　　　　　　　　　　언어의 아이들

었던 경험적 구조주의 언어학에 반대한다. 그리고 관찰에 근거하기보다 언어 직관에 의존하는 언어학 연구의 새로운 흐름을 창조해 냈다. 그는 언어를 인간의 고유한 능력이라고 보았으며, 생성 문법(generative grammar)이라는 문법 이론을 창시했다. 이후 수정된 이론들이 새롭게 발전했지만, 아직까지도 촘스키의 통사 이론은 이론 언어학의 핵심이 되고 있다.

현대 언어학의 흐름을 바꾸어 놓은 촘스키의 가장 큰 공헌은 아이들이 모국어가 반복되는 '교육'으로 학습되는 것이 아니라, 별 노력 없이도 자연스럽게 '습득'되는 것임을 증명한 것이다. 촘스키는 아이들이 모두 언어 습득 장치 혹은 보편 문법(universal grammar)을 갖고 태어난다고 주장했다. 여기서 보편 문법이란, 한국어 문법도 아니고 영어 문법도 아니다. 말 그대로 '보편적인', 개별 언어를 넘어서는 문법이다. 이 기제는 생후 약 30개월까지 그야말로 '엄청난' 속도로 작동해 아이들이 모국어 습득을 완성하게 해 준다. 이 장치가 어른들에게도 있다면 얼마나 좋을까? 그렇다면 어른이 되어서도 어느 언어든지 아주 쉽게, 모국어 수준으로 배울 수 있을 것이다. 그러나 실상은 전혀 그렇지 않다. 오직 어린 아이들만이 스펀지가 물을 흡수하듯이 말을 배운다.

디자인부터 다르다?

보편 문법에 대한 고민은 언어학자 빌헬름 폰 훔볼트(Wilhelm von Humboldt, 1767~1835년)의 연구로 거슬러 올라간다.

모든 사람에게는 어떤 언어와 맞닥뜨려도 그 언어를 이해할 수 있는 열쇠가 주어진 것임에 틀림없다. 겉모습은 다를지언정 인간 언어는 근본적으로 동일한 형태에서 출발하고, 개별 언어를 초월한 보편적인 목적을 이뤄 내는 것이 아닐까?[2]

훔볼트는 대부분의 아이들은 어떤 환경에 있든 거의 비슷한 시기에 언어를 이해하고 말하게 된다고 썼다(1836/1988:58). 여기에 관련해 촘스키는 다음과 같이 말했다.

도대체 아이들은 어떻게 그렇게 복잡한 문법을 엄청나게 빠른 속도로 습득해 나가는 것일까? 이 신비로움은, 설명하기 어렵기는 하지만, 인간이 데이터를 다루거나 문법의 가설을 만들어 낼 수 있는 특별한 능력을 갖도록 디자인되었음을 보여 준다.[3]

구조주의 언어학자 찰스 프랜시스 호켓(Charles Francis Hockett, 1916~2000년)은 동물의 의사 소통 수단과는 다른, 인간 언어만의 특징 16개를 정리해서 인간 언어는 '디자인'부터 다르다는 것을 주장했다. 가장 눈에 띄는 4가지만 살펴보면 다음과 같다.

• 의미성(semanticity): 인간이 내는 소리 단위들은 어떤 특정한 의미와 연관이 있다. 언어를 사용하는 우리에게 이것은 너무나 당연한 부분이다. 한국어를 사용하는 우리가 '책'이라는 단어를 들었을 때, 단어가 의미하는 물체, 책과 연관시킬 수 있음을 이야기한다.

언어의 아이들

- 자의성(arbitrariness): 어떤 소리가 어떤 의미를 나타내야 한다는 데에 있어서 논리적인 이유를 찾기 어렵다. 예를 들어 한국어의 '사과'라는 단어나 영어의 'apple' 단어 자체는 사실 빨간 공 모양의 과일과 어떠한 연관성도 없다. 우리는 그저 그 단어가 사과를 의미하는 것으로 약속해 사용하고 있을 뿐이다. 소리를 묘사하는 의성어(예: 딸랑딸랑)나 모양을 묘사하는 의태어(예: 방긋)를 제외한 모든 단어들은 이러한 자의성을 띠고 있다.

- 창의성(creativity): 기존의 것들을 사용해서 새로운 단어나 구조를 끊임없이 만들어 낼 수 있다. 예를 들어 '지은이는 학교에 도착하자마자 항상 커피 한잔을 마십니다.'라는 의미의 말을, '지은이는 학교에 도착하면 언제나 커피를 한잔 먼저 마십니다.', '항상 지은이는 학교에 도착하고 나서 커피 한잔부터 마십니다.' 등으로 자유롭게 표현할 수 있다.

- 전위성(displacement): 인간은 현재 눈앞에서 일어나는 사건들뿐 아니라, 시공간적으로 멀리 떨어진 사건에 대해서도 언어로 표현한다. 이것 또한 인간 언어에서 매우 당연한 속성인데, '한국에 계시는 어머니는 잘 지내시겠지. 다음 달에는 태국으로 여행을 가신다던데.'와 같이 시간적, 공간적으로 떨어져 있는 대상, 사건에 대해 자유롭게 말할 수 있다. 동물이 의사 소통에 사용하는 신호는 이러한 속성을 표현하기 어렵다.

촘스키 역시 말하는 것을 걷는 것에 비유하며 인간은 생물학적으로 '말을 하도록' 디자인되었다고 주장했다.[4] 그는 이 언어 디자인의 결정체를 '언어 능력(linguistic competence)'이라고 부르며, 보통 '언어 수행(linguistic performance)'이라고 일컫는, 단순히 '말해지는 바'와 구분한다. 쉽게 말해,

촘스키가 관심을 두는 인간 언어의 본질은 다양한 말 자체라기보다는 그 말을 모국어 화자들이 공유하는 문법이라는 틀에 맞게 인도하는, 보이지 않는 '능력'이다.

고대 그리스의 철학자 플라톤은 『대화편』 「메노(Meno)」에서 노예 소년이 전혀 배워 본 적 없는 기하학의 문제를 스스로 풀게 되는 과정을 통해, 소년에게는 경험적 지식뿐 아니라 선험적 지식이 있을 것이라고 결론 짓는다. 즉 인간에게는 '가지고 태어나는' 지식이 있다는 것이다. 언어학자 촘스키는 이 이야기를 언어 습득의 원리를 설명하는 데 사용한다. 1988년 출간된 『언어와 지식의 문제(Language and Problems of Knowledge: The Managua Lectures)』에서 그는 교육받는 것 이상으로 훨씬 더 많은 것을 배우게 되는 언어 습득의 미스터리를 '플라톤의 문제(Plato's Problem)'라고 부르고 있다.

구슬이 서 말이라도 꿰어야 보배이듯이

타고나는 것이 있다면, 배우는 것도 무시할 수 없다. 아이들의 숨겨진 능력이 빛을 발하고 열매를 맺기 위해서는, 자동차가 움직이기 위해서는 반드시 엔진에 시동을 걸어야 하듯이 능력에 불을 지펴 주는 누군가가 필요하다. 구슬이 서 말이라도 꿰어야 보배라는 속담처럼, 타고난 언어 능력이라도 불이 지펴지지 않으면 그냥 소실되고 만다.

아이의 마음은 어른이 무엇인가를 채워 넣는 그릇이 아니다. 대신, 어른들은 동기 부여를 통해서 아이들의 마음속 능력과 열정에 불을 지펴줘야 한다. ― 헨리 스튜어트 타운엔드(Henry Stuart Townend, 1909~2002년)[5]

어릴 적에 내가 키가 작은 이유가 우유를 덜 마셨기 때문이고 키가 작은 어머니를 닮았기 때문이라고 들었다. 정답이라고 생각한다. 아이가 언어를 배우고 그 능력이 향상되는 데도 두 가지 요소가 다 필요하다. 타고나는 것이 있다면 가르쳐 줘야 하는 것도 있는 것이다. 16세기에 영국 사립학교의 교장을 지낸 리처드 멀캐스터(Richard Mulcaster, 1531~1611년)는 "자연은 아이가 자신이 타고난 성향대로 자라도록 인도하지만, 교육은 그 아이가 가지고 태어난 능력을 꽃피우도록 도와준다."라고 말했다.

말을 잘한다는 것을 측정하는 하나의 중요한 지표는 그 사람의 단어장이다. 단어장이 얼마나 풍성하며, 그 단어들을 얼마나 적절하게 사용하고 있는지를 보면 언어 능력을 확인할 수 있다. 말을 배우는 데 있어서, 많이 쓰는 단어, 늘 필요한 단어는 아이들이 별 노력 없이 자연스레 습득하게 될 것이다. 그러나 상상력의 날개를 달고 풍성한 단어장을 갖는 데는 부모와 선생님의 도움이 필요하다. 초등학교 2학년 때 분필을 묘사할 수 있는 단어들을 30개 찾아보라는 숙제가 지금도 기억난다. '둥글다.', '짧다.', '하얗다.'로 시작해, 단어들을 찾기 위해 분필을 들고 연구하며 머리를 짜냈다. 이 과정에서, 처음에는 단순히 그 모습을 묘사할 수 있는 의미와 단어들을 생각했으나 나중에는 추상적인 의미, 또 그에 연관된 단어까지도 떠올릴 수 있게 되었다.

단어장은 단순히 책을 많이 읽는다고 풍성해지는 것이 아니다. 책을 읽든 같이 영상을 보든, 수동적인 자세로 단어, 나아가 언어를 접하게 하는 것은 이 시기 아이들에게 그리 바람직하지 않다. 말, 대화를 위해서는 꼭 말하는 사람과 듣는 사람이 필요하다. 말을 배우는 과정에서도 이 두 사람 간의 상호작용이 무엇보다 중요하다. 아이들과 책을 읽거나 애니메이션을 보는 사이에 대화하고 생각해 보는 짬을 내는 것이 아이의 단어장을 견고하게 하는 데 가장 중요하지 않을까 생각한다. 서로 주거니 받거니 말하고, 표현하는 법을 배우는 것은 비단 단어 습득과 언어 습득의 차원이 아니라, 아이들의 전인격적인 발달과 성장에도 가장 중요한 역할을 할 것이라고 본다.

2 무궁무진한
말의 세계

경험으로 알 수 있는 것이 많은 것은 사실이다. 그러나 플라톤에서 살펴본 것처럼, 경험만으로 모든 것을 알 수는 없다. 반대로 경험을 하지 않고 알 수 있는 것도 있지만, 경험하지 않고는 알 수 없는 것들도 있다. 미국 매사추세츠 공과 대학의 데브 로이(Deb Roy)는 그의 아들이 어떻게 언어를 배우는지 관찰하기 위해, 집의 이곳 저곳에 비디오를 설치해 놓고 아이의 일거수일투족을 녹화하고 분석했다. 테드 강의[1] 영상에 따르면 그는 "가가가가" 소리를 내던 아이가 '워터(water)'라는 단어를 말할 때까지 약 9만 시간 분량의 데이터를 분석했다. 참으로 어마어마한 작업이다. 철두철미하게 경험주의 노선을 따라 연구를 하자면, 아마 이 세상 모든 사람들의 언어 습득 과정을 이처럼 녹음하고 분석해 결론을 내려야 할 것이다. 그러나 이 자체가 불가능하기도 하거니와, 설령 가능할지라도 어디선가 불쑥 검은 백조와 같은 예외가 튀어나올지 누가 아는가?

분명한 것은, 아이들이 쏟아 놓는 말의 세계가 그야말로 무궁무진하다는 것이다. 사라와 제시가 아침 식사 상황에서 나눈 대화에서도 아이들의 말은 종횡무진해 예측을 할 수 없다.

> **제시** I no broccoli. I no broccoli. (브로콜리 먹기 싫어요. 브로콜리 먹기 싫어요.)

이 말을 듣고 한참을 어리둥절했다. 제시(2세)는 아직 '먹기 싫다'라는 표현을 몰라 부정을 표하는 "No"를 마치 동사처럼 사용하고 있었던 것이다. 언어 습득 과정에서 나타난 우리 아이만의 아주 독특한 언어 표현 방식이었다. 반면 사라(6세)는 동일한 상황에서 아주 다양한 표현을 만들어 낸다.

> **사라** I don't like porridge. (전 포리지 안 좋아해요.) You know I don't like pineapple. (제가 파인애플 안 좋아하는 거 아시잖아요.) Just one bite. (한 입만 먹을게요.)

사라가 만들어 낸 이러한 표현들이야말로 인간 언어의 창의성을 그대로 보여 주는 예이다. 한국어의 예도 살펴보겠다. 둘째 제시는 영국에서 태어났지만 영어보다는 한국어에 더 능숙한데 (이중 언어 습득에 대해서는 Ⅳ부에서 자세히 다룰 예정이다.) 얼마 전 모두를 깜짝 놀라게 했다. 얼마 전 집에서 아이를 돌봐주시는 이모와 단둘이 한 방에 앉아 장난감을 가지고 놀다가 난데없이 이렇게 말했다고 한다.

> **제시** 이모, 둘이 있는 건 참 불편해요. 저쪽 방으로 좀 가 주실래요?

이모는 물론이거니와 이야기를 들은 모두 놀라움을 금치 못했다. 제시가 '불편하다'는 표현을 어디서 배웠는지, 어떻게 어른이 할 법한 말로 상황에 대한 자신의 생각을 잘 표현해 내었는지 어떻게 '참'이라는 부사어를 적절하게 사용할 수 있는 것인지, 신기한 아이들의 언어 능력에 감탄한 것이다.

어른들에게도 상황을 어떻게 표현해야 할지 감이 오지 않는 경우들이 있다. 똑같이 한국말을 모국어로 하는 사람일지라도, 같은 상황에서 단어나 문장 구조를 동일하게 선택해, '똑같이' 말하는 경우는 결코 많지 않다. 흐린 날씨를 보고, 어떤 사람은 "날이 우중충하네."라고 말하기도 하고 어떤 사람은 "날이 흐리네."라고 하기도 하며, 어떤 사람은 "비가 올 것 같네." 라고 말하기도 한다.

바로 '유한한 문법 규칙으로 무한한 수의 문장을 만들어 내는, 인간 언어만의 고유한 속성' 때문이다. 언어 습득이 모방에 의한 것이라면, 아이들이 한 번도 들어본 적이 없는 말들을 어떻게 이렇게 무궁무진하게 만들어 내는지 설명하기 힘들다. 인간 언어의 창조성은 아이들이 흔하게 범하는 문법 오류에서도 드러난다. "I like Shinji because he's the goodest(나는 신지가 좋아. 왜냐하면 최고니까.)(Saxton, 2010:28)." 같은 문장을 보면, 형용사에 '-est'를 붙이는 일반 규칙을 사용해 불규칙 최상급 형태(best)를 대체하는, 새로운 표현(goodest)을 창조적으로 만들어 냈다. 만약 말을 배우는 것이 들어본 말을 흉내 내는 것만으로 이루어진다면, 아이들이 흔히 범하는 이러한 재미있고 창의적인 실수들을 설명하기 힘들 것이다. 대부분의 아이들이 듣게 되는 어른들의 언어에는 이상한 문법 오류들이 거의 없기 때문이다.

3 말은 못해도
다 알아들어요

아이들이 아직 말을 떼지 못했다는 이유로 말로 하는 교육을 나중으로 미루는 부모들을 종종 보았다. 그렇다면, 말을 못하는 아이는 정말 이해도 못할까? KBS에서 방영된 「슈퍼맨이 돌아왔다」에서 방송인 이휘재 씨는 옹알이를 갓 시작한 아들에게 "머리 어딨어?"라고 물으며 아이의 언어 이해 능력을 테스트해 보았다. 말이 떨어지기가 무섭게 아이는 본인의 머리를 가리킨다. 즉 말을 한마디도 못하는 아이들이라도 이미 많은 단어들을 이해하고 있다는 것이다.

아이들이 첫 단어를 말하기 시작하는 때는 1세경, 즉 돌을 지나서부터이다. 하지만 그 전에도 이미 아이들은 많은 단어를 알아듣고, 또 나름 복잡한 단어와 단어의 연결을 이해하기 시작한다. 19~21개월 때쯤 제시는 누구, 어디 등의 의문사를 사용한 문장을 이해했고 가끔은 내포문이 있는 문장도 어렵지 않게 이해하는 듯했다. "제시, 여기에 낙서 한 사람이 누구야?"라고 묻거나 "이 책 어디에 있던 거야?" 같은 질문을 했을 때 아이는

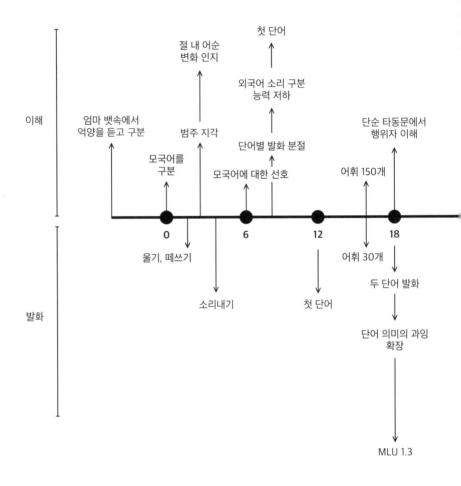

이해

발화

첫 단어

절 내 어순
변화 인지

외국어 소리 구분
능력 저하

엄마 뱃속에서
억양을 듣고 구분

범주 지각

단순 타동문에서
행위자 이해

모국어를
구분

단어별 발화 분절

모국어에 대한 선호

어휘 150개

0   6   12   18

울기, 떼쓰기

어휘 30개

소리내기

첫 단어

두 단어 발화

단어 의미의 과잉
확장

MLU 1.3

그림 1. 이해하는 것과 말하는 것의 차이(Saxton, 2010 참조)

언어의 아이들

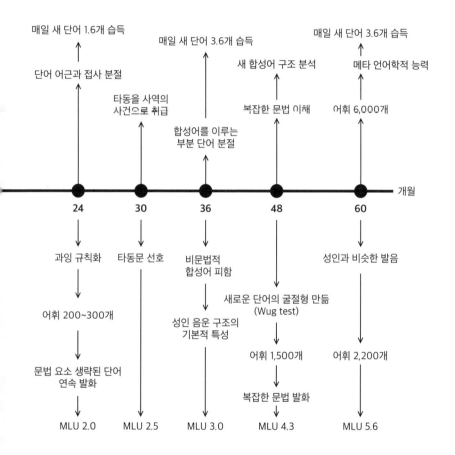

매일 새 단어 1.6개 습득

단어 어근과 접사 분절

매일 새 단어 3.6개 습득

매일 새 단어 3.6개 습득

메타 언어학적 능력

타동을 사역의
사건으로 취급

새 합성어 구조 분석

복잡한 문법 이해

어휘 6,000개

합성어를 이루는
부분 단어 분절

24 **30** **36** **48** **60** 개월

과잉 규칙화

타동문 선호

비문법적
합성어 피함

성인과 비슷한 발음

어휘 200~300개

성인 음운 구조의
기본적 특성

새로운 단어의 굴절형 만듦
(Wug test)

문법 요소 생략된 단어
연속 발화

어휘 1,500개

어휘 2,200개

복잡한 문법 발화

MLU 2.0 MLU 2.5 MLU 3.0 MLU 4.3 MLU 5.6

MLU: 발화의 평균 길이(Mean Length of Utterance)

쉽게 그 말들을 이해하고 답했다. 언어학적으로 이 두 문장은 그렇게 만만하게 분석되는 단순 구조가 아닌데도 말이다. 그럼에도 아이는 아직 이런 복잡한 구조의 문장으로 말한 적이 전혀 없다. 곧, 아이들은 직접 표현하지는 못해도 우리가 측정하기 어려울 만큼 많은 말을 이해하고 있다.

그림 1은 영어에서 말소리의 이해가 발화보다 더 빠른 속도로 이루어짐을 보여 준다. 아이들은 엄마 뱃속에서부터 엄마, 아빠의 말을 듣고 성장한다. 태어난 지 1~4개월 정도면 아기들은 의미를 구분하는 데에 사용되는 '음소(phoneme)'들을 구분할 수 있게 된다. 예를 들어 /ㄷ/와 /ㄸ/가 다른 소리라는 것을 지각하게 되는 것이다. 이러한 과정을 범주 지각(categorical perception)이라 한다.

범주 지각

범주 지각이란 인간이 말소리를 지각함에 있어 소리 간의 범주를 구분하는 경계에는 예민하게 반응하지만, 한 소리 범주 내의 차이에 대해서는 둔감하게 반응하는 것을 말한다. 범주 지각은 특히 파열음의 지각에서 두드러진다. 예를 들어 성대의 떨림 유무로 구분되는 영어의 유성 파열음 /b/와 무성 파열음 /p/는, 음향적으로 성대 진동 시작 시간(Voice Onset Time, VOT)[1]이 30밀리초 정도일 때 서로 구분된다. 따라서 영어 화자들은 소리 간에 실제적인 차이가 있음에도, VOT가 25밀리초 이하인 소리(예: VOT 20밀리초, 0밀리초, -20밀리초의 소리)는 모두 /b/로, VOT가 30밀리초 이상인 소리(예: VOT 40밀리초, 60밀리초, 80밀리초의 소리)들은 /p/로 인지해 듣게 된다(Eimas, 1985). 그림 2의 그래프는 VOT에 따라 동일한 소리 '파'를 /pa/로 대답한 확률과 /ba/로 인지한 확률이 어떻게 달라지는지 보여 주고 있다.

언어의 아이들

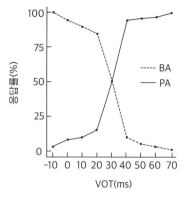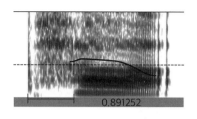

그림 2. 범주 지각(좌)과 한국어 /파/의 성대 진동 시작 시간(우)

잠깐 음소가 무엇인지 살펴보기로 하자(소리에 대한 자세한 설명은 Ⅱ부에서 이어질 예정이다.). 예를 들어 한국어의 /ㄷ/, /ㄸ/, /ㅌ/는 각기 다른 '음소'이기 때문에 이 세 자음들은 단어에서 의미를 구분하는 기능을 하게 된다. 따라서 '달', '딸', '탈' 세 단어는 어두 자음이 달라지면서 다른 단어를 나타낸다(이러한 단어쌍을 '최소대립쌍'이라고 부른다.). 즉 아이들은 이 시기에 이렇게 모국어에서 의미를 구분해 주는 서로 다른 소리들을 구분해 듣기 시작한다는 것이다. 사실 아기들은 태어날 때 세상 모든 언어의 소리를 구분하고 배울 수 있는 신기한 능력을 타고난다. 그러나 점차 한 언어, 즉 모국어에만 노출됨에 따라 대략 6개월이 지나면 외국어의 소리를 구분하는 능력은 저하되기 시작한다.

이 시기에 아이들은 자신이 구분하는 말소리들을 발음하지는 못한다. 옹알이 시기를 지나고 12개월 정도가 되어서야 첫 단어를 발화할 수 있기 때문이다. 18개월 즈음 아기들은 엄마, 아빠의 말을 듣고 단순한 문장 구조를 분석할 수 있게 되며, 두 단어를 연결해 말하는 두 단어 발화 시기에 이른다. 24개월이 되면 좀 더 복잡한 문법을 이해하는 능력을 갖게 되고 빠른 속도로 매일 새 단어를 습득한다. 이 시기에 아이들은 터득한 문법을 사용해 과잉규칙화(overgeneralization) 양상을 보이기도 한다. 아이들이 어떠한 문법 규칙을 습득했을 때, 이 규칙을 불규칙형에도 과도하게 적용하는 것이다. 예를 들어 'bought(buy의 과거)', 'went(go의 과거)'와 같이 불규칙 활용을 하는 영어 동사에 일반적인 규칙 활용(동사 뒤에 '-ed'를 붙이는 법)을 적용해 발화하는 것이다.

3세가 되면 아이들은 기하급수적으로 많은 단어들을 습득하고 점차 발화의 길이를 늘려간다(그림 1의 평균 발화 길이 참조). 이때 아이들의 발화는 성인 언어의 기본적인 음성, 음운 특성을 거의 갖춘다. 웅얼웅얼 얼추 발음하는 식이 아니라 성인과 마찬가지로 또렷하게 발음하기 시작하는 것이다. 4세에는 성인과 같이 아주 복잡한 문법 구조까지 이해하는 단계에 이른다. 또 'When I was building the zoo, I jumped down and hurt myself(동물원을 만들던 중에 뛰어내리다 다쳤어.).' 정도의 복문을 만들 수 있다. 물론 이 시기의 아이들은 여전히 마찰음(fricative)이나 자음의 연속 같은, 발음하기 어려운 소리를 내는 데에는 미숙하다.

아이들의 언어 이해가 발화보다 빠르다는 것을 보여 주는 재미있는 예가 있다. 아이들이 어른들의 말소리를 듣고 그 소리를 인지하는 것과 발화하는 것 사이에는 괴리가 있는데, 이를 피스 현상(fis phenomenon)이라고 한다.(Berko & Brown, 1960) 영어를 모국어로 습득하는 아이들은 마찰음인 /sh/ 발음 [ʃ]을 꽤 늦게까지 숙달하지 못하는 경우가 많다. 그래서 물고기(fish)를 'fis'로 발음하는 아이에게 어른이 잘못된 발음을 흉내 내며 "Is this your fis(이게 네 '피스'니?)?"라고 물으면, 아이는 강하게 부정하면서 "No. This is my fis(아니에요. 이건 제 피스예요!)!"라고 한다는 것이다. 그리고 어른이 다시 올바른 발음으로 "This is your fish(이게 네 'fish'구나.)."라고 말해 주면 그때서야 아이는 "Yes. My fis(맞아요. 제 피스예요.)."라고 한다. 아이들이 'fish'라는 단어의 발음을 정확히 인지하고 있으면서도 /sh/ 발음을 정확하게 구현하지 못하는 데서 오는, 말소리 지각과 산출 사이의 차이를 나타낸다. 2세 예은이의 경우 자신의 이름이 어떻게 발음되어야 하는지 정확하게 인지하면서도 항상 이름을 '아야'라고 말하곤 했다. 그래서 장난기가 발동한 어른들이 "네 이름이 아야구나."라고 묻는 데에 예은이는 바로 부정했고, "그럼 예은이야?"라고 다시 물을 때서야 "응."하고 대답하곤 했다. 아이들의 언어 습득을 관찰하다 보면 이와 같은 일이 비일비재하게 일어난다.

말과 생각의 관계는?

'언어'와 '생각'은 어떤 관계를 가지고 있을까? 사람들은 종종 무언가를 골똘히 생각할 때, 마음속으로 되뇌는, 내적 언어를 사용하곤 한다. 항상 그런 것은 아니지만 언어를 통해 사고한다는 뜻이다. 말을 하지 못하는 아기들도 마찬가지이다. 조음 기관을 통해 '머릿속 말'을 입 밖으로 꺼내는 데 조금 더 시간이 걸릴 뿐, 이 시기의 아이들에게도 분명 머릿속 사고와 마음속 언어는 이미 존재한다. 심리학자들은 이러한 언어와 사고의 관계에 주목해 언어가 사고에 영향을 미치는 것인지, 반대로 우리의 사고(혹은 문화)가 언어에 영향을 미치는 것인지 각각의 이론들을 내놓았다. 어쩌면 닭이 먼저냐, 계란이 먼저냐를 논하는 인과 관계의 딜레마와 비슷할지도 모른다. 지금부터 그 논의들을 자세히 살펴보려 한다.

보편적인 개념이 먼저 형성된 이후, 이를 나타내는 단어가 습득된다. — 장 피아제(Jean Piaget, 1896~1980년)

보편적 개념의 형성은 언어에의 노출 이후 이루어진다. 언어마다 세상을 범주화하는 방법이 다르기 때문이다. — 벤저민 리 워프(Benjamin L. Whorf, 1897~1941년)

언어와 인지는 각각 독립적인 관계에 있다. — 레프 비고츠키(Lev Vygotsky, 1896~1934년)

발달 심리학의 거장인 피아제는 언어 능력을 특별한 것으로 보지 않았다. 촘스키와 달리, 언어를 구사하는 것이 사회적이고 인지적인 과정 중 하나일 뿐이라 본 것이다. 따라서 언어 습득은 인지 능력이나 운동 능력에 달려 있고, 언어 발달은 인지 발달에 후행한다고 했다. 피아제의 인지론(cognition hypothesis)에 따르면, 언어 발달이 이루어지기 위해서는 특정한 인지적 능력이 필요하다. 기하급수적으로 빠르게 어휘를 습득하는 18 개월 전후의 아이들은 이미 대상 영속성(object permanence)을 지니고 있다. 대상 영속성이란, 어떠한 존재가 눈앞에 보이지 않더라도 지속적으로 존재하는 것을 인지하는 능력이다. 참고로 아기들에게 얼굴을 보여 줬다 가렸다 하는 '까꿍놀이'는, 어린 아기가 대상 영속성을 습득하지 못해 가능한 것이다. 어른이 얼굴을 가렸을 때, 아기는 순간적으로 그 사람이 사라졌다고 인지하기 때문이다. 피아제의 인지론을 입증할 수 있는 또 하나의 예로, 다운 증후군을 앓고 있는 아이들 대부분이 정상인만큼의 언어 습득을 달성하지 못한다는 것이 있다. 인지 능력의 장애가 언어 발달에 영향을 미

언어의 아이들

그림 3. 대상 영속성 이해하기

치는 예라고 할 수 있다. 그러나 다운 증후군 외의 인지 발달 장애를 겪는 아이들이 정상적인 언어 발달을 보이는 경우도 많이 있어 피아제의 인지론은 비판의 대상이 되기도 했다.

> **장 피아제**
>
> 스위스의 자연 과학자(연체동물 연구)이자 철학자, 발달 심리학자. 그는 자신의 자녀들을 비롯, 아동들을 실제로 관찰하면서 아동의 정신 발달과 논리적 사고의 발달에 관해 연구했으며, 그의 인지 발달 이론은 교육학계에서 매우 중요시되고 있다. 그의 이론에서 인지 발달 단계는 감각운동기(출생 직후~2세) - 전조작기(2~7세) - 구체적 조작기(7~11세) - 형식적 조작기(11세 이후)로 이루어져 있다. 그는 1955년 제네바에 '발생적 인식론 국제 센터(The International Center for Genetic Epistemology)'를 창립했다.

언어학자 에드워드 사피어(Edward Sapir, 1884~1939년)와 워프는 언어가 사고의 속성과 내용을 결정한다고 주장했다. 그리고 이러한 입장은 크게 두 가지, 언어 결정론(linguistic determinism)과 언어 상대론(linguistic relativism)으로 나뉜다. 전자는 인간이 사고하고 기억하며, 인지하는 방식을 언어가 결정한다는 주장이며, 후자는 언어마다 세상을 범주화하는 방식이 다르기 때문에 다른 언어를 사용할 경우 다른 인지 구조를 갖게 된다는 입장이다. 특히 후자와 관련된 예를 많이 찾아볼 수 있다. 첫째로, 숫자 체계가 미약한 언어를 생각해 볼 수 있다. 예를 들어 브라질 피라하 족이 사용하는 언어에는 1, 2, 다수를 나타내는 3개의 수사만이 있다. 이 부족원들의 산수 능력을 실험한 결과, 실제로 2 이상의 수를 세는 능력이 다른 언어를 사용하는 사람들에 비해 현저히 떨어진다는 결과가 나왔다 (Gordon, 2004). 이는 사용하는 언어가 사고 방식을 결정한다는 워프의 가설이 타당하다는 것을 보여 준다. 비슷한 예로, 다른 언어를 사용하는 다른 문화권의 사람들이 한 가지 대상에 대해 매우 다른 종류의 어휘를 사용해, 지칭하는 경우가 있다. 하늘에서 내리는 '눈'을 뜻하는 단어가 대표적이다. 영어에는 눈을 나타내는 단어로 'snow' 하나가 존재하는 반면, 이누이트 족의 언어에는 눈의 종류를 나누어 지칭하는 다양한 단어들이 있다. 같은 맥락에서 한국어와 영어에서 색깔을 나타내는 단어의 수에 차이가 있는 것 또한 설명이 가능하다. 이러한 증거에도 불구하고, 워프의 주장은 이후 많은 비판의 대상이 되기도 했다.

에드워드 사피어

독일에서 태어나 5세에 미국으로 이주한 사피어는 리어나드 블룸필드(Leonard Bloomfield, 1887~1949년)와 함께 당대의 가장 영향력 있는 언어학자였다. 그는 컬럼비아 대학교 시절 언어학자 프란츠 보아스(Franz Boas, 1858~1942년)의 영향을 받아 현지 조사를 통한 미국 원주민 언어 연구에 매진했으며, 원주민 언어 연구에 비교 언어학을 적용하기도 했다. 또한 인류학과 언어학의 관계에 주목했는데, 그의 제자 워프는 이러한 생각을 언어의 상대성 이론으로 발전시켰다. 그는 또한 음운(phoneme)의 개념을 발전시키는 업적을 세우기도 했다.

벤저민 리 워프

미국의 언어학자 워프는 언어의 상대성, 즉 언어가 사고에 영향을 미친다는 이론으로 잘 알려져 있다. 원래 화학 공학을 전공하고 보험 회사에서 근무했으나, 언어에 대한 관심으로 홀로 언어학 연구를 하게 되었고 학자들에게 큰 인정을 받았다. 느지막하게 그의 스승이었던 사피어와 함께 예일 대학교에서 본격적 연구를 시작한 그는 미국과 멕시코의 부족 언어에도 큰 관심을 가졌고, 영향력 있는 언어학자로 존경받았다. 주요 저서로는 『관습적 사고 및 행동과 언어 간 관계(*The Relation of Habitual Thought and Behavior to Language*)』 등이 있다.

심리학자 비고츠키 또한 언어가 사고에 영향을 미친다고 보았다. 그러나 비고츠키의 주장은 언어와 사고가 독립적으로 발생한다고 보는 데서 워프의 이론과 차이를 보인다. 초기 발달 과정의 아이들에게 생각과 말은 개별적이라 본 것이다. 이 시기의 아이들이 주로 사용하는 단어들은 대상을 지칭하는 상징이라기보다 대상의 속성을 나타내는 것으로, 말소리는 생각과 연결되어 있지 않다. 그러나 아이들이 3세 이상으로 성장하면서 생각과 언어가 연결되기 시작하며 사고가 언어로 표현되고, 언어는 개념이나 대상을 나타내는 표상이 된다. 이때 아이들의 혼잣말은 내재화 과정을 거치면서 '내적 언어(inner speech)'가 된다. 흔히 어떠한 생각을 머릿속으로 혼자 '이야기'하는 방식으로 한다고 보면 이해가 쉽다.

이러한 언어와 사고 간의 상호 의존성을 바탕으로, 피아제와 달리 비고츠키는 3세 이후의 인지 발달이 일부 언어에 의해 이루어지는 것으로 보았다. 그는 또한 언어가 아주 초기의 발달 과정부터 '사회적' 현상의 하나로 발달한다고 보았다. 예를 들어 아이들은 옆에 다른 사람이 있을 때 조차 혼잣말을 하곤 한다. 피아제는 이러한 '자기 중심적 언어(egocentric speech)'가 아이가 사회화를 이루지 못한 데서 나타나는 것으로 보았다. 이에 반해 비고츠키는 아이에게 청자와 자신의 경계가 명확히 인식되지 않아 사회적 맥락에서 자기 중심적 언어가 나타나는 것일 뿐, 상대방이 자신의 말을 이해한다고 느낄수록 자기 중심적 언어의 사용은 점차 줄어든다고 했다. 이러한 자기 중심적 언어는 결국에 내재화되어 내적 언어가 된다.

레프 비고츠키

벨라루스 출신의 구 소련 심리학자로, 37세의 나이에 결핵으로 일찍 세상을 떠나 심리학계의 모차르트라고 불리기도 한다. 그는 10여 년의 짧은 기간 동안 아동의 인지 발달 등에 관해 활발한 연구를 했으며, 『사고와 언어(*Thought and Language*)』, 『심리학의 위기(*The Crisis in Psychology*)』와 같은 저서들은 그가 세상을 떠난 후에야 알려졌다.

언어의 아이들

4 언어의 문이 닫히다

신데렐라의 문: 2세부터 사춘기까지?

아이들의 언어 습득에는 12시가 되면 닫히는 '신데렐라의 문'과 같은 시간이 존재한다. 다시 말해서, 특정 시기가 지나면, 부모가 아무리 노력을 해도, 아이가 모국어를 모국어답게 말하기 어렵게 된다. 참 안타까운 이야기지만, 이 시기를 놓쳐서 결국 모국어가 없는 삶을 살게 되는 아이들도 있다. 오래 전 인터뷰를 했던 학생 한 명은 부모님의 사업차 남미에서 살았는데, 아주 어릴 적에는 스페인 어를 하는 보모에게 맡겨졌다가 조금 더 자라서는 영어를 하는 유치원에 갔다고 한다. 이후 다시 한국으로 돌아와 초등학교에 진학했는데, 그때는 이미 한국어를 쉽게 모국어로 습득할 수 있는 시간이 지나 있었다. 스페인 어를 하기는 했으나, 너무 어렸을 때 인격적인 사랑의 관계가 맺어지지 못한 상태에서 배운 것인 만큼, 구사력이 미숙했다. 영어는 더 말할 것도 없었다. 때늦게 부모가 갖은 노력을 다 했지만, 역

부족이었다. 학생은 가장 편하게 자신을 보듬어 줄 수 있는 모국어가 부재한 채로 자신감 없이 살아갔고, 이것은 언어뿐만 아니라 사회성 발달, 교우관계까지 영향을 미쳤다. 런던에 살면서도 비슷한 경우들을 볼 수 있었다. 일본인 외교관인 아빠와 이탈리아 인인 엄마를 둔 한 학생은 세계 곳곳에 머물렀고, 영어를 쓰는 국제 학교에 다녔는데 자신은 '모국어가 없다.'라고 했다. 영어를 말할 때도, 이탈리아 어를 말할 때도, 일본어를 말할 때도 편하게 느껴지지 않는다고 했다. 이것은 일부만의 경험이 아니다.

여러 언어에 노출되는 것이 꼭 문제는 아니다. 모국어의 기초가 잘 형성되고 다른 언어에 충분하고 자연스러운 노출이 되면, 특별한 노력 없이 여러 언어를 자유롭게 구사하게 되는 사람들이 있다. 이들을 이중 언어 사용자(bilingual) 혹은 다중 언어 사용자(multilingual)라고 하는데, 유럽에 특히 아주 많다. 농담 반 진담 반으로, 벨기에 같은 국가에서는 식당에서 웨이트리스로 일을 하기 위해서도 적어도 3~4개 국어에는 능통해야 한다고 한다. 사실 요즘과 같은 글로벌 시대에 모국어 하나만을 습득하고 구사하는 경우는 오히려 많지 않다. 여기서 중요한 것은, 사고의 언어로 한 가지 언어, 모국어를 자신감 있게 습득해 두는 것이다. 그리고 이 습득은, 특정 시기에 부모나 양육자와 아이들 간의 깊이 있고 일관적인 상호작용이 이루어졌을 때 가능해진다. 모국어 습득이 가장 중요하다고 아이들에게 24시간 우리말 테이프나 TV, 또는 비디오를 틀어 주었다고 하자. 상호작용 없이 아이들이 과연 말을 제대로 습득할 수 있을까? 그렇지 않다. 특히 요즘 아이들은 인터넷 등 온라인, 스마트 환경에 심하게 중독돼 있다. 어딜 가든 스마트폰과 태블릿 PC를 끼고 사는 아이들을 쉽게 볼 수 있다. 이러한 가운데 아이들에게 영상물을 많이 노출시키는 것은, 다른 성인과 말로써 상호작용할 수 있는 기회를 빼앗아간다는 점에서 좋지 않다고 본다. 함께 책을 읽으면 서로 이야기를 주거니 받거니 할 수 있는 소중한 기회를, 동영상을 틀어 주면 얻을 수 없다. 요즘처럼 아이들이 인터넷 동영상에 익숙해진 시대에 부모들은 문제의식을 가질 필요가 있다.

언어학자 에릭 레너버그(Eric Lenneberg, 1921~1975년)는 1967년 『언어의 생물학적 기초(*Biological Foundations of Language*)』에서, 언어 습득에는 아주 중요한 '결정적 시기(critical period)'가 있다고 주장했다. 그 이전에 오스트리아의 동물행동학자 콘라트 로렌츠(Konrad Lorenz, 1903~1989년)는 각인(imprinting) 개념을 재발견했는데, 아주 어릴 적 특정 시기에 어떠한 자극에 노출이 되면 이것이 평생 동안 기억과 행동 양식으로 남아 있게 되는 현상을 말한다. 레너버그는 특히 언어 습득은 2세를 전후해 최고 절정에 이르며 결정적 시기는 사춘기 정도에 끝나는데, 이 시기를 놓치면 모국어 수준의 언어 습득이 정상적으로 이루어지기 어렵다고 보았다. 결정적 시기를 놓친 아이들의 언어는 이해하는 것과 말할 수 있는 것 사이에 차이가 크고, 규칙을 적용할 수 있는 능력이 부족하며, 대개 몇 가지 문형만을 반복해서 사용한다. 새로운 문형을 만들어 내지 못하는 등 전반적으로 발달 속도가 정상적인 아이들의 언어 발달에 비해 훨씬 느려지게 된다. 물론, 이후 학자들은 12시가 되면 문이 닫히는 신데렐라 이야기처럼 어느 순간에 언어 습득의 문이 완전히 닫혀 버린다는 결정적 시기 이론에 수정이 필요하다고 생각했다. 이에 대해서는 IV부에서 차근차근 살펴볼 것이다.

지니 이야기

1970년 초 미국 LA 근교에서 아버지의 학대 속에서 13년간 우리 속에 갇혀 지내던 아이가 발견되는 사건이 있었다. 지니(Genie)는 언어 경험이 거의 없는 상태였다. 지니가 과연 모국어를 습득할 수 있을까에 대해 많은 학자들의 관심이 쏟아졌다. 그중 가장 가까이서 지니와 교감하며 그의 언어 습득을 연구한 UCLA의 수잔 커티스(Susan Curtiss)는 습득 과정을 기록해 책으로 내기도 했다. 이 연구에 따르면, 지니는 어느 정도 단어장을 늘리는 데는 성공했지만 문법을 배우는 데는 실패했다. 다만 지니의 발화 중에는 다음과 같이 다소 복잡해 보이는 세 단어 이상의 발화들도 꽤 있었다.[1]

1971/11/29 Genie love M. (지니는 M을 사랑해.)

1971/12/08 Spot chew glove. (스팟이 장갑을 물어뜯어요.)

그리고 아주 드물게 다음 예들처럼 복잡한 복문이 나타나기도 했다.

1975/03/12 Dentist say drink water. (치과 의사 선생님이 물을 마시라고 했어요.)

1975/04/23 Teacher saw draw bird. (선생님이 새를 그리는 걸 봤어요.)

한편 지니의 발화에서도 규칙이 발견되기는 한다.

1975/03/19 I want mat is present. (나는 매트(깔개)가 있었으면 해요.)

1975/05/02 Father hit Genie cry longtime ago. (아빠가 예전에 지니를 때려서, 지니가 울었어요.)

언어의 아이들

발화(들)의 구조를 정리하면 주어-동사-(주어/목적어)-동사(주어/목적어)-동사 정도로 나타낼 수 있을 것이다. 즉 밑줄 친 단어는 왼쪽 문장의 목적어이면서, 오른쪽 문장의 주어이기도 하다. 이런 구조는 어른들의 문법에서는 발견되지 않는다. 지니는 대부분의 발화에서 새로운 구조가 아닌, 반복과 나열의 활용을 통해 문장을 생성했다. 교사들이 반복해 가르치던 'Give me X', 'Help me X', 'I want X', 'May I have X' 구조의 문장들이 많이 대부분을 차지했다. 지니 스스로 만들어 낸 문장 구조로는 'X hurt'나 'I like' 등이 있었다. 발화를 자세히 살펴보면, 지니는 이 한정적인 구조 유형에 자기 말을 다 끼워 맞추려고 했던 것 같다.

문법이란 무엇일까? 간단한 생각들과 이를 나타내는 단어들을 서로 잇고 구조화해 상황에 맞게 풀어내거나 복잡한 생각을 언어로 표현할 수 있도록 하는 법칙이 아닐까? 문법이 단순히 길이가 긴 문장을 발화할 수 있는 능력을 의미하지는 않는다. 나아가 방금 들은 말을 지속적으로 암기, 반복하고 모방해서 내놓는 능력을 의미하지도 않는다. 단어와 단어를 일관성 있고 체계적으로 구조화함과 동시에, 그렇게 구성한 내용을 문맥과 상황에 맞게 엮어 나가는 능력. 이것이 아이들의 머릿속에 있는, 인간 본유의 언어 능력이자 문법의 핵심이라고 본다.

지니의 발화들을 조금 더 살펴보면, 나름의 창의성이 엿보이는 예들도 찾을 수 있다.

엄마 Who was at grandma's house? (누가 할머니 댁에 있었니?)

지니 Grandpa. Grandfather is stay in bed. Very sick. (할아버지. 할아버지가 침대에 있어요. 많이 아파요.)

커티스 What's the matter with him? (무슨 문제가 있으셔?)

지니 Very bad sick. (아주 심하게 아파요.)

종종 이런 발화들을 하면서도, 지니는 체계적이며 일관성이 있는 방법으로 생각을 단어화하고 그 단어를 엮어 내는 데 성공하지 못했다. 1977년 출간된 커티스 교수의 책에는 지니의 말을 다룬 많은 데이터가 있는데, 이를 체계적인 문법으로 기술해 보는 것도 좋을 듯하다.

지니는 특히 문법 관련 영역의 것들을 배우는 데 실패했다. 첫째로 'who', 'which' 등 wh 단어들, 'that'과 같은 관계절 표지, 대명사, 관사, 지시대명사, 'do'와 같은 대동사들이 어떤 의미를 갖고 어떤 기능을 하는지 전혀 습득하지 못했다. 둘째로, 어순과 관련된 규칙 또한 배우지 못했다. 의문문에서는 wh 단어나 조동사를 앞에 두게 되는 것과 같은, 어순 바꾸기를 전혀 이해하지 못한 것이다. 마지막으로, 가장 문법적이고 덜 어휘적이라고 할 수 있는, 시상이나 서법 표현을 인칭이나 수에 맞게 변형시켜 사용하는 것도 습득하지 못했다.

지니와 달리 희망적인 사례도 있었다. 바로 1930년에 미국 오하이오주에서 발견된 이사벨(Isabelle)의 경우이다. 발견 당시 6세 반이었던 이사벨은 어두운 방에 갇혀 세상과 격리되어 살아왔기 때문에 전혀 말을 할 수 없었다. 그러나 놀랍게도 세상과 접촉한 이후 1년 만에 글을 읽을 수 있게 되었고, 2년 뒤에는 또래의 아이들과 비슷한 수준의 언어 구사를 할 수 있게 되었다. 이 사례를 통해 결정적 시기의 정점을 지난 '5세'가 언어를 모국어 수준으로는 결코 배울 수 없는 때가 아니라, 습득 능력이 서서히 '감소'하기 시작하는 때임을 알 수 있다.

언어의 아이들

언어 습득 시기를 놓친 아이들

언어 습득 시기에 사회에서 격리되어 결국 언어를 제대로 습득하지 못한 사례들은 전 세계적으로 오랫동안 보고되어 왔다. 최초의 사례는 1724년 독일에서 발견된 13세 소년 페터(Peter)다. 페터는 발견 이후 영국으로 이주했는데, 결국 말을 배우지 못한 것으로 알려져 있다. 1828년에 역시 독일에서 발견된 17세 소년 카스파 하우저(Kaspar Hauser)도 수년 동안 고립, 방치되어 있었다. 다만 그는 발견 당시 이미 말을 할 수 있었으며, 이후 글을 읽고 쓰는 법도 배웠다고 한다.

20세기에 와서도 비슷한 사례들이 나타났다. 1920년 인도에서 발견된 자매 중 아말라(Amala, 18개월)는 옹알이를 시작했지만 카말라(Kamala, 8세)는 몇 년이 지나고 나서야 40개 정도의 어휘만을 배울 수 있었다고 한다. 1937년 미국 일리노이 주에서 발견된 안나(Anna, 5세)는 몇몇 단어를 배웠고 다어휘 발화를 약간 할 수 있었다고 보고된다. 대부분은 사회의 품에 안긴 지 몇 년이 지나지 않아 사망한 것으로 알려져 있다. 2004년에는 남아프리카공화국에서 마졸라(Majola) 가족의 아이들이 발견되었다. 아이들은 이미 10~20대였는데, 사회와 동떨어져 있는 오두막에서 살고 있었다. 아이들은 엄마와 마찬가지로 모두 정신지체를 앓고 있었고, 결국 말을 배우지 못했다.[2]

자폐증, '생각보다 더 흔한 장애'

영화 「말아톤」(2005년)의 주인공 초원이는 발달 장애의 일종인 자폐증과 동시에 소수의 자폐증 환자들에게 나타나는 서번트 증후군(Savant Syndrome)이 있어 천재적인 암기 능력과 달리기 능력을 보이기도 했다. 영화 「그것만이 내 세상」(2017년)의 주인공도 서번트 증후군이 있었다. 그러나 자폐증은 기본적으로 사람들 간의 의사 소통 능력, 사회적인 상호작용 능력의 미숙을 초래하는 신경 발달 장애이다. 자폐증은 상대방의 반응을 읽고 적절한 응답을 하게 하는 뇌의 기능에 문제가 발생해서 생긴다. 이로 인해 환자들은 발화를 할 때 감정을 나타내는 다양한 억양 패턴들을 잘 사용하지 못하며, 어린 아이와 같은 말투를 보이기도 한다.

BBC 뉴스는 최근 1990년대 이전에 비해 자폐증 장애가 더 증가해 영국인 1만 명당 4~5명의 자폐증 환자가 있는 것으로 보고된다고 밝혔다. 자폐증이나 자폐 스펙트럼 장애(Autistic Spectrum Disorder, ASD)를 앓고 있는 아이들 또한 전체 아동 인구의 1퍼센트나 되는 것으로 보고되었다.[3] 여기서 자폐 스펙트럼 장애란, 의사 소통 능력이 낮고 다른 사람들과 상호작용을 잘 하지 못하며, 관심사가 한정되어 있고, 반복적인 행동을 보이는 증상을 가진 장애를 통틀어 일컫는다. 미국의 연구 센터인 미국 질병 통제 예방 센터(Centers for Disease Control and Prevention)가 발표한 2014년 논문에 따르면, 68명 중 1명의 아이가 ASD를 가지고 있다고 나타난다. 매우 특이한 점은 여자 아이보다 남자 아이가 ASD를 앓을 확률이 5배나 높으며(여자 아이는 189명 중 1명, 남자 아이는 42명 중 1명이 해당 장애로 판정) 인종, 민족, 사회 경제적 지위와 무관하게 나타난다는 것이다. 또한 이 연구 자료에 따르면 ASD 아동의 절반 가까이(46퍼센트)가 정상 혹은 그 이상의 범주에 드는 지능(지능지수 IQ 85 이상)을 가지고 있는 것으로 나타났다. 이와 비슷한 또 다른 연구에 따르면, 한국에서는 아동 중 약 2.6퍼센트가 ASD를 앓고 있는 것으로 보고된다(Kim 외, 2011).

자폐증은 그 환자의 수가 증가함에 따라 더 이상 희귀 장애가 아니게 되어 가고 있다. 자폐증 환자와 가족들을 위한 건강, 교육, 사회 복지 서비스의 마련과 보급이 시급하다.

5 한 발짝 한 발짝

아이들은 언제부터 언어를 배우기 시작할까? 3장에서 아이들이 말을 하기 이전부터 언어를 이해한다고 언급했다. 언어 습득 과정은 아이가 세상에 태어나자마자 시작되는 것일까?

언어 습득의 비밀

태교의 중요성에 대한 인식이 증가하면서 산모들은 아기의 정서, 신체 발달에 도움이 된다는 갖가지 태교에 관심을 기울이기 시작했다. 영어 태교와 같이, 뱃속의 태아에게 언어를 들려주는 태교는 실제로 효과가 있을까? 놀랍게도 아이들의 언어 습득은 엄마 뱃속에서부터 시작된다. 물론 태아의 청각 기관은 아직 완전한 기능을 하지 못하고, 엄마의 몸을 지나 태아에게 전달되는 말소리는 저주파수대의 제한적인 소리이다. 그러나 청각

기관이 어느 정도 발달하는 약 28주 시기부터 태아들은 엄마, 아빠가 들려주는 말소리를 듣고 언어 습득을 시작한다. 태아들의 심장 박동수를 측정한 언어 연구들에 따르면, 36~40주 태아들은 부모의 언어에서 일부 모음을 구분하고(Zimmer 외, 1993) 모국어와 외국어 발화 시의 목소리, 억양 패턴의 차이에 민감한 반응을 나타낸다(Kisilevsky 외, 2009). 미국과 스웨덴의 신생아들을 대상으로 태어나기 10주 전부터 태아들에게 엄마의 모음 소리를 지속적으로 들려주고 태어난 뒤 며칠 이내에 모국어와 외국어의 모음을 들려준 실험도 있다(Moon 외, 2013). 그 결과 아기들이 모국어보다 낯선 외국어를 들을 때 더 많이 인공 젖꼭지를 빠는 것이 관찰되었는데, 신생아 역시 두 가지 다른 언어의 소리를 구분해 인지할 수 있음을 나타낸다. 즉 태아 때 받는 언어 자극이 모국어 소리 인지에 영향을 미칠 수 있음을 보여 주는 놀라운 결과이다.

아이의 언어 습득은 태아 때부터 알아차릴 틈도 없이, 정해진 스케줄에 따라 한 발짝씩 진행된다. 물론 태아에게 학습의 의도로 언어 자극을 주는 것이 이후 언어를 배우는 데 얼마나 큰 영향을 미칠 수 있을지는 쉽게 단정하기 힘들다. 학계에서는 반복적인 말소리 자극이 태아가 그 소리들을 습득하는 데 도움을 준다고 보고 있지만, 지나친 자극은 오히려 해가 된다. 태교로 인한 끊임없는 소리 자극이 수면 주기를 흐트러뜨려 오히려 태아의 성장에 걸림돌이 될 수도 있기 때문이다.[1]

언어 발달의 단계

아이들이 말을 배우는 것을 관찰해 본 사람이라면, 큰 걸음을 떼는 것

언어의 아이들

처럼 아이의 언어 능력이 눈에 띄게 느는 때가 있음을 알 것이다. 처음에는 "다다다다" 하면서 이해하기 어려운 소리들만 내던 아이들은 어느 순간 "엄마, 엄마" 하며 한 단어를 말하고, 조금 더 있으면 "제시 의자" 이런 식으로 두 단어를 말하기 시작하듯이, 일련의 단계들이 있는 것이다. 이러한 단계들은 여러 기준에 따라 설정되는데, 말하는 단어의 개수에 따라 한 단어 시기, 두 단어 시기와 같이 구분을 짓기도 하고, 아이가 얼마나 어른의 말에 가깝게 말하는가를 기준으로 나누기도 한다. 여러분이라면 어떠한 기준으로 단계를 나누겠는가? 블룸필드는 인간의 발달 단계로 다음 다섯 가지를 제안한 바 있다(Bloomfield, 1933:29-31).

- 아동은 태어날 때부터 소리 내는 능력과 그 소리들을 식별할 수 있는 능력이 있다. 이러한 능력을 바탕으로 많이 듣는 소리들을 반복(repetition)해 습득한다. 한국어의 예를 들어 보면, '마', '빠' 같은 음절들을 듣고 습득한다.

- 아이를 키우는 어른들이 옹알이와 유사한 소리를 내면, 아동은 그 소리를 모방(imitation)한다. 영어에서 인형을 가리키는 'doll'을 'da'라고 하면, 아이들도 따라서 'da'로 말하는 식이다. 한국어의 경우 어른이 아이에게 밥을 표현하기 위해 사용하는 '맘마'라는 소리를 아이가 모방해 발화하는 것이 그 대표적인 예다.

- 상황(context)이나 배경을 토대로, 표현과 경험의 관계를 연상한다.

- 처음에는 상황이나 문맥에 따라 표현을 배우지만, 나중에는 이러한 것들이 배제된 환경에서도 같은 표현을 할 수 있게 된다.

• 발화 시도가 성공할 때 아동은 더욱 고무되어(reinforced) 성인의 언어에 가깝게 다가서게 되고, 실패한 발화는 강화되지 않아 결국 소실된다.

사실 여기서 블룸필드가 말하는 모방과 강화는 아이들의 언어 습득 기제가 아니다. 그렇다면 아이들이 발화하는 단어의 수를 기준으로 언어 습득 단계를 나누어 보는 것은 어떨까? 첫 단어의 발화가 이루어진 시기 이후부터 단계를 간단히 나누어 보자(그림 1 참조).

• 한 단어 발화 시기(12개월~): 옹알이를 하는 시기가 지나고 나면 아이들은 제법 알아들을 법한 단어를 하나씩 말하기 시작한다. 표현하고자 하는 메시지를 한 단어 안에 압축한다고 볼 수 있다. 예를 들어 밥을 달라는 메시지를 전달하기 위해 "맘마!"라고 하거나, '그건 먹기 싫어요!'라는 의미로 "아니."라고 말할 수 있다. 또한 이 시기에는 자신의 의사나 감정을 표현하기 위해서 단어나 의미 없는 음절에 억양을 싣는 표현들도 나타난다. '맘마'라는 단어에 올림 억양을 얹혀 '맘마 안 주세요?' 같은 의사를 표현하는 것이다. 이 시기는 단일어 단계(holophrastic stage)라고도 한다.

• 두 단어 발화 시기(18개월~): 한 단어 발화 시기가 지나고 대략 18~24개월이 된 아이들은 조금씩 단어와 단어를 연결해 말하기 시작한다. "엄마 왔다.", "뽀로로 줘.", "비 와." 같은 말들이다. 두 단어의 발화를 보면 아이들이 아주 기본적인 의미 관계, 예를 들면, 행위의 주체와 행위를 표현하고 있음을 알 수 있다. 이 시기가 되면 아이들은 전보다 더 빠르게 새로운 단어들을 습득한다. 과거 시제(예: -었/-았)나 양태소(예: -네, -게, -구나) 같은 문법 요소를 활용하기 시작하지만, 그 구조가 제한적이라는 것 또한 이 시기의 특징이다.

• 전보적 말하기 시기(2세~): 2세가 넘어가면서 아이들은 점차 더 빠른 속도록 새로운 단어들을 배우게 되고, 3개 이상의 단어들로 이루어진 발화를 하기 시작한다. "사랑이 빠방(차) 타.", "엄마 학교 가.", "형아가 민국이 때렸어." 같은 문장들이다. 일부 문법 형태소가 여전히 결여된 채로 의미를 전달하는 내용어 위주의 문장을 발화하기 때문에 이 시기를 전보적 말하기 시기(telegraphic stage)라고 말한다. 습득한 문법 규칙을 과도하게 적용하는 과잉규치화 현상이 나타난다.

• 3세 이후: 3세 이상이 되면 아이들은 점점 더 많은 단어를 배워 사용하게 된다. 그야말로 일취월장하는 것이다. 4세 이상이 되면 아이들은 어른처럼 아주 복잡한 문법을 이해하고 발화하기 시작한다.

많은 학자들이 다양한 가설을 통해 언어 습득 시기의 기준에 대해 주장하는데, 언어에 따라 차이점도 있고, 공통점도 있다. 한국어에 맞는 시기에 대해서는 이후에 자세히 살펴볼 것이다. 물론 개인의 언어 발달 속도에도 차이가 있음을 염두에 두어야 한다. 그러나 아이들의 말하기에서는 불완전한 발화로 여러 의미를 한꺼번에 나타내는, 한 가지 공통적 특성이 관찰된다. 한 단어 시기의 아이들에게도 예외가 아니다. 예를 들어 제시가 쓰던 '언나(언니)'라는 단어는, 단순히 사라를 부르는 때 외에도 쓰였다. 언니가 과자나 장난감을 안 준다는 것을 엄마에게 이르는 말일 때도 있었고, 언니를 다른 사람에게 소개하는 말일 때도 있었다. 물론 각각의 억양에 차이가 있었지만 말이다. 한국어처럼 생략이 수월한 언어에서는, 이러한 아이들의 말에 훨씬 더 많은 해석의 가능성이 존재한다.

아이들의 통사 발달에 대해 더 자세히 살펴보기 전에, 아이들의 실제 발화 자료를 살펴보자. 시기에 따른 언어 발달 과정을 맛볼 수 있을 것이다. 필자들의 언어 습득 말뭉치 자료의 예시를 보자.

3개월 된 주원이와 6개월 된 준이의 발화를 살펴보자. 이 어린 아기들은 아직 입을 떼지 못했을 뿐 사실 열심히 언어를 습득하는 중이다. 앞에서 살펴보았듯 이 시기의 아이들은 소리에 대한 범주 지각을 하게 되고, 6개월 이후부터 외국어보다 모국어 소리에 더 민감해진다. 아이들이 말을 하지 못하는 가운데서도 엄마가 지속적으로 말을 건네는 모습 또한 볼 수 있다. 놀랍게도 아이들이 여기에 반응하는 모습도 보인다. 8개월이 된 민준이는 첫 단어를 발화하기에는 여전히 너무 어리지만, 엄마의 물음에 '와우와우'와 같은 소리를 내며 옹알이를 하는 모습이 관찰된다. 한편 주원이는 17개월 무렵 '아빠', '엄마', '빠이(bye, 안녕)' 등의 단어를 말할 수 있게 되었는데, 재미있게도 "눈 부셔요?"라는 엄마의 물음에 자신의 눈을 가리키는 것으로 화답한다. '눈'이라는 단어를 이해하고 있음을 보여 주듯 말이다.

아이들이 슬슬 여러 단어들을 연결해 문장을 말하기 시작하는 2세 이후 시기도 살펴보자. 은재(23개월)는 아직 서툴지만, 찰흙을 가리키면서 "엄마, 짜쩌(찰흙)?"라고 말한다. 아마 '저도 찰흙을 가지고 놀고 싶어요'라는 메시지를 엄마에게 전하는 듯하다. 한편 인애(30개월)는 "눈이 2개야.", "오빠는 다섯 살.", "이거 색깔 좋아(해)", "잘 모르는 색깔이야" 등의 말들을 제법 만들어 나간다. 발음은 부정확하지만, 2개 이상의 단어들을 붙여 문장을 만드는 이 시기 아이들의 모습을 잘 대표하고 있다. 이렇던 아이들의 언어는 금세 '폭풍 성장'을 하게 된다. 4세에 가까워질 즈음, 아이들은 매우 다양한 단어와 꽤 복잡한 문장 구조를 활용하는, 유창한 한국어 화자가 되어 간다. 지우(46개월)가 발화한 문장들을 보면 신기하고 재미있다.

치랄라 공주는 옛날에 살고 있었는데, 마음씨도 엄청 착하고, 예쁜, 눈이 반짝 예뻐서…… 많은 왕자들이 공주가 너무 예뻐서…… 많이 와서 많이 그 공주하고 결혼했어. 치랄라 공주는 마음씨가 아주 착해. 그래서 지우가 예뻐서 하는 거야…….

아이들의 말은 어른들의 말과 같은가? 다른가?

아이들의 말은 어른의 말과 좀 다르다. 말소리에도, 말의 구성에도 차이가 있다. 아이 언어와 어른 언어 사이의 관계에 대한 입장으로는 이론적으로 크게 2가지가 있다. 우선 아이들이 어른들의 것과 같은 문법을 갖추고 태어나 이를 '성숙'시켜 나간다는 입장이다. 또한 아이들이 본래는 어른들과 다른 문법 체계를 머릿속에 가지고 있다가 언어 습득 과정이 완성될 때 비로소 어른의 문법 구조를 가지게 된다는 입장이다. 많은 언어학자들은 다소 복잡하게 보이는 이 문제에 많은 관심을 기울여 왔다.

아이들의 문법이 어른의 문법과 같다고 보는 성숙 가설(maturation hypothesis)의 입장(Felix, 1984; Gleitman, 1981)에서는 아이들이 만들어 내는 문장이 해당 언어에서는 비문법적이지만, 다른 언어에서는 가능할 만한 구조, 즉 '가능한 인간 언어(possible human language)'임을 지적한다. 아이들은 세상 어떤 언어도 습득할 수 있는 인간만의 특별한 언어 능력을 가지고 태어난다. 이 언어 능력은 앞서 언급한 보편 문법(UG)을 가리키는 것으로, 아이들이 모국어의 특정적 문법 구조는 다 습득하지 못했더라도 여전히 인간 언어에서 가능한, 보편 문법적인 구조를 따르는 문장을 발화한다는 것이다. 영어를 모국어로 습득하는 아이들은 주어를 생략한 채 'Hit book(책을 쳤어.).'와 같이 발화할 수 있다. 이는 영어에서는 나타나지 않지만 한국어를 비롯한 많은 언어에서 충분히 가능한 구조이다. 또 한국어를 모국어로 습득하는 경우 보통 2세 이전에 과거 시제 어미를 올바르게 사용하기 시작하는데, 아동의 통사 구조가 어른의 통사 구조와 동일하다는 것을 보여 주는 경우다. 예를 들어 "나갈게, 바지 입고(1:10).", "내가 오빠 양말 신었어, 아야 거 없어서(1:11)." 같은 문장에서는 아이들이 꽤 복잡한 문법을 정확하게 구사하는 것이 나타난다. 밑줄 친 서술어는 종속절에 속하는 것으로, 주절과는 달리 시제가 표시되지 않는 공시제(시제가 없는 것) 부분이다. 앞서 언급한 예에서 이러한 공시제를 잘 사용하고 있음을 확인할 수 있다(조숙환 외, 2000).

그러나 반대 입장에서는 아이들의 문법 구조를 보편 문법으로 모두 설명할 수 없다고 했다. 따라서 어른들의 문법 구조는 언어 습득이 모두 이루어졌을 때서야 갖춰진다고 본다. 영어를 예로 들면, 아이들이 언어 발달 시기에 "John said that Tom left(존은 톰이 떠났다고 했어요.)."의 'that'과 같은 보문자(complementizer), 즉 문법에서 성, 수, 격 등을 표현하는 기능적 역할을 하는 기능 범주들을 제대로 사용하지 못하는 점을 지적한다. 한국어 습득 아동들의 경우에도, 성숙가설의 예와는 반대로, 불완전한 동사 어미의 사용이 많이 보고되어 왔다. 예를 들어 "가자요(1:10, 2:4.7).", "저거 먹구 싶어래(2:2.21)."에서 아이들은 '가자', '싶어'를 하나의 동사 원형으로 간주하고 거기에 '-요', '-래' 같은 양태 어미를 이중으로 붙인 것이 보인다(조숙환 외, 2000). 여기서 중요한 점은 이렇게 습득 과정에서 나타나는 불완전한 아이의 언어는 성인 언어를 단순히 모방한 형태가 아니라, 독창적인 자신들만의 문법 체계를 갖춘 것이라는 점이다. 이를 바탕으로 이 가설은 아이들이 하나씩 하나씩 점차적으로 복잡한 문법 사항들을 배움으로써, 결국

언어의 아이들

어른들과 같은 문법 지식을 갖추게 된다고 본다.

언어학자들은 이러한 문제들에 관심을 기울이며 아이들의 문법, 더 나아가 인간 언어의 문법에 대한 이론들을 발전시켜 왔다. 이 이론들은 상반된 입장으로 여전히 공방을 벌이고 있다.

6 님 침스키가
   하는 말

다음 대화[1]를 살펴보자.

교사 뭘 원하니?

학생 더 먹을래, 사과?

교사 누가 사과 더 먹을까?

학생 나, 님 더 먹을래. 사과.

교사 무슨 색깔 사과?

학생 사과, 빨강.

교사 뭐 더 먹을래?

학생 바나나하고 건포도.

이번에는 두 발화자가 산책을 하는 상황이다.

학생 새, 저기.

교사 저기 누가 있지?

학생 새. (다른 방향을 보며 잠시 말을 멈췄다가) 벌레, 꽃, 저기.

교사 그래, 여러 가지가 많네.

학생 (바닥을 뒹굴며) 간지럽혀 줘.

교사 어디?

학생 여기. (다리 가리킴)

교사 (학생을 간질인 뒤) 이제 네가 날 간지럽혀 봐.

학생 (교사를 간질인 뒤) 나 간지럽혀, 로라.

침팬지 님 침스키(Nim Chimsky)와 그의 교사 허버트 테라스(Herbert Terrace)의 대화를 기록한 것이다. 물론 침팬지가 사람처럼 말을 한 것이 아니라, 수화 사인을 이용해 대화했다. 이름에서 추측해 볼 수 있듯이, 이 프로젝트는 놈 촘스키의 학설처럼 언어가 정말 인간에게만 주어진 특별한 능력인지 확인해 보려는 시도였다. 테라스 연구팀은 님 침스키가 문법을 익히고 나아가 대화에 창의적으로 활용하며 어린 아이처럼 말을 배울 수 있을 것이라는 믿음에서 이 연구를 시작했다. 님 침스키의 언어 발달은 다큐멘터리 「님 프로젝트(Nim Project)」(2011년)에 잘 담겨 있다.

님 침스키에게 언어를 가르친 교사들은 1975년 6월 1일부터 1977년 2월 13일까지, 님 침스키가 2개 이상의 수화 사인을 사용한 발화 토큰(token)을 1만 9000개 이상 수집했다. 대다수는 수화 사인 2개의 결합이었는데, 가장 처음 나타난 조합은 "More drink(더 마실래요.)", "More eat(더 먹을래요.)"이었다. 또한 님 침스키는 때때로 "Please machine give apple, please machine show slide, please Tim give Coke(기계 제발 사과를 주세요,

사과 조각을 보여 주세요, 팀에게 콜라를 주세요.)." 같은 그럴싸한 표현도 했다. 그러나 님 침스키가 인간의 언어를 제대로 습득했다거나 문장을 만드는 능력이 있었다고 말할 수는 없다. 새로운 상황에서, 자신이 알고 있는 것과 비슷한 문장 구조를 사용해서 스스로 문장을 만들어 낸 예시는 없었기 때문이다. 님 침스키 연구를 통해 세계 최초로 침팬지 코퍼스(corpus, 말뭉치. 자연 언어 연구를 위해 특정한 목적을 가지고 언어의 표본을 추출해 모아 놓은 대량 자료)를 분석했던 연구자들이 1977년 이 프로젝트를 종결하며 내린 결론도 그러하다. 문장처럼 보였던 말들은 사실 반복에 의한 단순 암기의 결과였거

표 1. 님 침스키가 만든 수화 사인

가장 많이 나타난 수화 사인 두세 개의 조합			
두 개의 사인 조합	나타난 횟수	세 개의 사인 조합	나타난 횟수
play me	375	play me Nim	81
me Nim	328	eat me Nim	48
tickle me	316	eat Nim eat	46
eat Nim	302	tickle me Nim	44
more eat	287	grape eat Nim	37
me eat	237	banana Nim eat	33
Nim eat	209	Nim me eat	27
finish hug	187	banana eat Nim	26
drink Nim	143	eat me eat	22
more tickle	136	me Nim eat	21
sorry hug	123	hug me Nim	20
tickle Nim	107	yogurt Nim eat	20
hug Nim	106	me more eat	19

나 사인들의 연관성 없는 조합이었다는 것이다. 수화 사인 각각이 특정 문맥에서 적절한 것이었어도 그 조합에 의미가 없었기 때문에, 연구진은 님 침스키가 인간의 언어를 습득하지 못했다고 결론지을 수밖에 없었다. 표 1은 님 침스키가 만들어 냈던 2~3개 수화 사인의 조합(횟수가 더 낮게 나타난 항목들은 삭제)들과 나타난 횟수이다.

그렇다면 언어 습득 연구는 어떻게 할까?

아이들의 언어 습득 연구는 언어학은 물론 심리학, 심리 언어학, 뇌과학 등 언어와 관련된 다양한 인접 학문과 함께 발전되어 왔다. 연구의 방법으로는 크게 관찰적인 방법과 실험적인 방법이 있는데, 가장 기본적인 관찰 방법은 연구자(또는 언어를 연구하는 아이들의 부모)가 장기간에 걸쳐 아이의 언어 발달을 관찰해 일기의 형태로 기록하는 것이다. 비슷한 예로, 앞서 소개했던 로이가 진행했던 스피치 프로젝트(Speech Project) 연구도 있다. 이 연구를 위해, 그는 자신의 집에 11개의 비디오 카메라와 14개의 마이크를 설치했다. 그리고 아이가 태어나서 3세가 될 때까지 매일 10시간 분량의 언어 발화 자료를 수집했다. 아이의 발화를 음성이나 비디오로 녹취해 분석하는 식으로 진행되는 관찰적 방법의 연구는, 로이의 연구에서처럼 방대한 양은 아니더라도, 누구든 쉽게 시도해 볼 수 있다.

또한 아이들의 언어 발달을 평가하는 각종 검사들도 있다. 단어를 나타내는 그림으로 아이들의 어휘 발달을 평가하는 각종 어휘력 검사(피버디 그림 어휘 테스트, Peabody Picture Vocabulary Test, Dunn & Dunn, 2007 참조)나, 어휘는 물론 문법의 발달 정도까지 전반적인 아이들의 언어 발달 양상

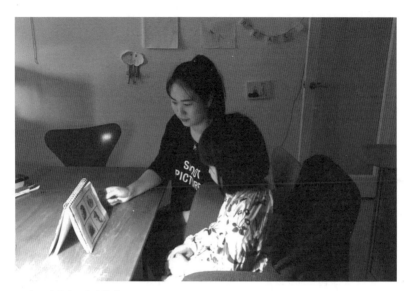

그림 4. 피버디 그림 어휘 테스트

을 평가하는 맥아더-베이츠 의사 소통 발달 평가 기록지(MacArthur-Bates Communicative Development Inventory, Fenson 외, 2007) 같은 검사가 널리 사용되는 대표적 검사들이다. 맥아더-베이츠 의사 소통 발달 평가 기록지는 아이가 해당 어휘나 문법 요소를 표현할 수 있고 이해할 수 있는지를 부모가 평가지에 직접 기록한다.

최근에는 아이들의 발화 녹음 자료를 모아 놓은 코퍼스가 매우 유용하게 사용되고 있다. 가장 대표적인 언어 습득 코퍼스인 CHILDES[2]는 1984년 브라이언 맥위니(Brian MacWhinney, 1945년~)와 캐서린 스노우(Catherine Snow, 1945년~)가 만들었다. 아이와 양육자 간의 대화 자료를 수집, 온라인상에서 공유하는 CHILDES는 언어 습득 연구에 큰 공헌을 해왔다. CHILDES 안에는 20개 이상의 다양한 언어를 습득하는 아이들의 발화 자료와 그 전사 자료가 담겨 있으며, 이 코퍼스 자료를 이용해 3,100개 이상의 언어 연구가 이루어져 왔다.

아이들의 언어 습득, 특히 말소리 지각의 양상을 살펴보기 위해 여러 실험 방법들이 계속 발전해 왔다. 특히 아직 말을 발화하는 단계에 이르지 못한 아이들이 말소리를 어떻게 인지하고 있는지 알아보기 위해서 다양한 실험 방법이 사용되어 왔는데, 가장 대표적으로 고개 돌리기 기법(head-turn technique)이 있다. 아이들이 새로운 자극에 잘 반응한다는 점을 이용한 이 기법에서 /pa(파)/, /pa/, /pa/와 같이 동일한 소리를 계속 듣다가 새로운 소리 /ba(바)/를 듣고 아이들이 고개를 돌리면, 이때 바라보는 쪽에 장난감이 나타나게 하면서 이 반응을 훈련시킨다. 그 후 다양한 소리를 듣고 고개를 돌리는 반응을 관찰해 아이들이 어떠한 말소리를 다른 소리로 듣고 구분할 수 있는지 측정하는 것이다.

비슷한 예로, 더 어린 아기들의 경우 습관화 기법(habituation technique)으로 언어 지각을 실험한다. 공갈 젖꼭지를 빠는 패턴을 활용하는 방법으로, 익숙한 소리가 계속 반복될 때는 자극에 흥미를 잃어 빠는 속도가 감소하고, 새로운 소리를 들었을 때는 그 빠는 속도가 증가하는 원리에 따라 측정이 이루어진다. 이를 통해 아기가 어떠한 소리를 다른 소리로 인지하는지를 측정할 수 있다. 그러나 회의적인 시각도 존재하는데, 젖꼭지를 빠는 속도가 증가하지 않는 이유가 꼭 소리 변화를 인지하지 못해서가 아니라, 단순히 흥미를 잃는 등 다른 이유에 기인할 수도 있기 때문이다.

이 외에도 뇌과학 분야의 기술인 뇌전도(Electroencephalography, EEG), 뇌자도(Magnetoencephalography, MEG), 기능적 자기 공명 영상법(functional Magnetic Resonance Imaging, fMRI) 등 다양한 검사 방법을 사용해 아이들의 뇌파 반응을 측정하기도 한다. 이러한 뇌 반응 측정 방식은 앞서 소개한

언어의 아이들

고개 돌리기 기법에 비해 아이들의 머릿속에서 일어나는 소리에 대한 즉각적 반응을 유도 없이, 직접적으로 측정할 수 있는 장점을 가지고 있다.

언어로 세상의 문을 여는 아이들: 언어를 선물받다

언어는 인간에게 주어진 최고의 선물이다. 그리고 이 세상에 태어나는 모든 아이들에게 이 언어가 주어진다. 이 책에서 이야기하려고 하는 '언어'는 무엇보다 '말' 그 자체를 의미한다. 글은 늦게라도 깨칠 수가 있지만, 말은 그렇지 않다. 말을 배우는 데는 시기가 있다. "응애응애" 하며 이 세상에 태어난 아이들은 어느 순간 옹알옹알 옹알이를 하기 시작한다. 그러다가 '엄마', '아빠', '맘마' 등의 단어들을 내어 놓기 시작한다. 이 아이들의 말은 누군가의 말을 그대로 따라 하는 모방의 일종이라고 보기 어렵다. 아이들은 정말로 듣도 보도 못한 말들을 하기 때문이다. 예전에 영국 친구 데이브의 이야기를 듣고 매우 놀랐던 적이 있다. 당시 매우 어렸던 아들 잭슨을 조부모의 집에 맡겼던 일이 있는데, 다시 아이를 데리러 갔을 때 데이브 부부를 보고 잭슨이 '머미스(Mummies)'라고 했다는 것이다. 엄마, 아빠를 함께 묶어 부르기 어려우니, 자신이 보다 익숙한 단어 '마미(Mommy, 엄마)'에 둘 이상을 나타낼 때 사용하는 규칙을 활용, '엄마 둘'이라는 단어를 즉석에서 고안해 낸 것이 아닐까 생각한다. 이와 같이 천진난만하지만 깜짝 놀랄 만한 아이들의 언어 사용은 단순한 반복을 통한 모방의 일환으로 보기 어렵다.

아이들은 왜 말을 배울까? 말은 왜 필요한 것일까? 그 답은 너무나 자명하게도 '사람과 사람이 소통을 하기 위해서'이다. 아이들이 말을 배우는 것은 이런 관점에서 사회적 행동의 하나로 이해할 수 있다. 말을 못하는 아주 어린 아기들도 주변 사람의 반응, 감정에 신기할 만큼 예민하게 반응한다. 예를 들어 엄마가 갑자기 손짓, 표정, 옹알이 등에 반응하지 않고 아이를 멍하니 보고만 있다고 상상해 보자. 아이는 곧바로 불편한 감정을 느끼고 엄마의 관심과 반응을 되찾으려고 이런 저런 노력을 할 것이다. 그러다 이것이 뜻대로 되지 않으면 울음을 터뜨릴 것이다(이러한 실험을 'Still Face Experiment', 즉 무표정 실험이라고 한다.). 이렇듯 주변 사람들과의 상호작용은 아이에게 매우 중요하며, 따라서 아이의 사회성과 언어 습득 사이에도 긴밀한 관계가 있다. 사회성이 좋고 표현 욕구가 큰 아이들은 말을 금방 배운다. 한국인 부모를 둔 에스더는 42개월 무렵 영국 유치원에 들어가 3개월 만에 영어를 모국어(한국어) 수준으로 능숙하게 구사하게 되었다. 또래 아이들과 놀고 싶은 욕구가 말을 하려는 욕구로 자연스럽게 변한 경우라고 할 수 있다. 이 시기 아이들에게 놀이 언어(play language)의 역할은 그 어떤 상황에서의 언어보다도 중요한 역할을 한다. 이에 관해서는 Ⅲ부에서 더욱 자세히 다루도록 하겠다.

언어의 아이들

II

소리의
세상으로

아이들이 언어를 배우거나 우리가 외국어를 배울 때, 무엇을 배워야 하는지 한번 생각해 보자. 해당 언어의 소리와 그 구조를 시작으로 단어, 그리고 단어들을 조합해 더 큰 의미 단위를 만들어 내는 과정을 배워야 할 것이다. 이와 더불어 말하는 상황에 맞게, 혹은 듣는 사람을 고려해 말하는 법 등 언어 문화적인 요소들도 배우게 될 것이다. 우선 아이들이 어떻게 소리와 소리 구조를 배워 나가는지에 대해서 살펴보기로 하자.

낯선 언어의 말소리를 들었던 경험을 떠올려보자. 그 언어에 대한 지식 없이 이 소리는 낯선 발음과 억양을 가진 무의미한 음성 신호로 밖에 들리지 않을 것이다. 문 닫히는 소리, 우는 소리 같은 다른 종류의 음향 신호가 아닌 어떤 언어의 말소리라는 점은 쉽게 인지가 가능하고, 억양을 통해 전달되는 화자의 감정이 약간 파악될 수도 있지만 말이다. 마찬가지로 백지 상태의 아기들이 처음 접하는 말소리도 의미 없는 연속적인 음성 신호에 불과하다. 그러나 아이들은 우리가 영어를 배울 때 받았던 '발음 교육'이 없이도, 연속적이고 복잡한 음성 신호에서 자연스럽게 말소리 특징과 체계를 습득하게 된다. 성인이 되어 외국어 발음을 배우기가 힘든 이유는, 생후 약 6개월부터 우리 뇌의 지각 체계가 모국어 소리에 최적화되도록 변화하기 때문이다. 마찬가지로 발화의 측면에서 보면, 옹얼옹얼 옹알이를 하던 아이들이 점차 어른들과 비슷한 발음으로 말을 하게 되고, 감정이나 의도를 전달하는 미묘한 억양까지 자유자재로 사용하는 단계에 이른다.

II부에서는 아이들이 소리의 세계를 터득해 가는 원리와 과정을 자세히 다루고, 이에 대한 이해를 돕기 위해 한국어의 음성 특징에 대해서도 추가로 소개하려고 한다. 여기서 소개되는 음성학적 내용은 특히 말소리 연구에 관심 있는 학생들이나 연구자들에게 도움이 되기를 바란다.

1 제일 먼저
소리부터

세상에는 얼마나 많은 소리가 존재하는 것일까?

아이들은 제일 먼저 말의 어떤 모습을 익힐까? 우리가 처음 외국어를 배울 때를 생각해 보자. 예전에는 고등학교에서 대개 프랑스 어와 독일어를 제2 외국어로 가르쳤는데, 한 번 듣고 나면 처음 접하는 학생들도 두 언어를 쉽게 구분할 수 있었다. 프랑스 어는 부드럽고 콧소리가 많이 섞여 있는 것처럼 느껴진 반면, 독일어는 비교적 딱딱하게 들렸기 때문이다. 최근에 제2 외국어로 많은 인기를 끌고 있는 중국어는 음의 높낮이가 더 현란하게 변화해, 어떤 사람들에게는 다소 요란하다는 인상을 주기도 한다. 이는 중국어가 음의 높낮이로 단어의 의미를 구분하는 성조 언어인 것과 관련이 있다. 이렇게 언어들은 저마다 다른 소리 특징들을 가지고 있다.

세상에는 얼마나 많은 소리가 존재하는 것일까? 자음 목록을 조사한 연구에 따르면, 세계의 언어들은 대개 22~25개의 자음을 갖고 있다

(Maddieson, 2013). 하지만 어떤 언어는 6~14개 정도로 적은 수의 자음을 가지고 있는데, 바로 세계 언어들의 자음 수 분포를 보여 주는 그림 5에서 '적음'에 해당하는 언어들이다. 반면에 자음 개수가 34개 이상인 언어도 있는데, 그림의 '많음'에 속한다. 파푸아 뉴기니의 부족어 중 하나인 로토카스(Rotokas)에는 6개의 자음 /p, t, k, b, d, g/만 존재하는데 반해서, 아프리카 보츠와나의 꽁옹 어(!Xóõ)는 자음의 개수가 122개나 된다고 한다. 이 언어는 특히 여러 종류의 흡착음(clicks)을 가지고 있다. 일반적으로 우리가 사용하는 말소리는 기류가 폐에서 입 밖으로 나오면서 만들어지는데, 흡착음은 신기하게도 구강 안의 특정 위치(입술, 치경)와 연구개 사이에서 생긴 공기의 막음이 개방될 때 공기가 입안으로 빨아들여지며 형성된다.[1] 우리가 흔히 '혀 차는 소리'라고 하는, 못마땅하거나 동정하는 것을 표하는 '쯧쯧쯧' 또는 입을 맞출 때 나는 '쪽'과 같은 소리들도 흡착음에 해당된다. 아프리카의 언어에는 이러한 소리가 사람의 이름에도 들어가고 일반

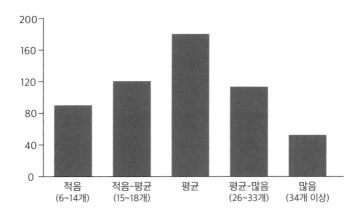

그림 5. 자음 음소 목록 크기 평균(Maddieson, 2013 참조)

언어의 아이들

단어에도 들어간다. 약 562개의 언어를 조사한 결과 평균적으로 자음의 수는 22~25개 정도 되었다. 세계 언어의 음소 목록 크기를 나타낸 언어 지도를 WALS(The World Atlas of Language Structures) 홈페이지에서 직접 볼 수 있다.

모국어의 소리 목록 알아가기

어린 아이들은 별 어려움 없이 자신의 모국어에 존재하는 소리의 목록을 아주 일찍부터 알아간다. 태어난 지 얼마 안 된 아이들에게도 음성 하나 하나를 구분할 수 있는 능력이 과연 있을까? 놀랍게도 그렇다. I부 5장에서 뱃속의 태아도(뱃속에서 노출된) 언어의 일부 소리들을 구분할 수 있고, 태어난 지 며칠 안 된 신생아는 모국어와 외국어의 소리를 구분할 수 있음을 확인했다. 말소리와 다른 소리, 그리고 서로 다른 말소리들을 달리 인식하는 것도 물리적으로 결코 쉬운 일이 아닌데도 말이다.

『조선왕조실록』과 조선 후기 문신 윤휴(尹鑴)의 문집 『백호전서(白湖全書)』를 살펴보면, 임신한 왕비의 태교를 위해 태아의 청각이 발달하기 시작하는 임신 3개월 이후부터는 궁중 악사들이 왕비의 처소에서 가야금이나 거문고를 연주했다고 한다. 이 외에도 많은 연구 결과들이 태어난 지 얼마 되지 않는 영아들이 모국어의 소리 목록과 강세, 장단, 억양, 리듬 등의 운율 패턴을 이미 어느 정도는 머릿속에 갖고 있음을 증명하고 있다.

1970년대 초 실시한 일련의 연구에 따르면(Eimas 외 1971), 태어난 지 약 2개월 된 영어 습득 영아들은 이미 /ta/와 /da/ 혹은 /pa/와 /ba/를 구분하기 시작했다. 또 /p/, /t/, /k/ 같은 소리가 음절의 처음과 끝에 위치했을 때 나타나는 발음의 차이를 인지할 수 있었다고 한다. 이 외에도 파열음과 비음(nasal), 유음(liquid) 등의 다양한 소리들 또한 구분할 수 있었다(말소리의 종류에 대해서는 Ⅱ부 2장 참조). 자음뿐만이 아니다. 아이들은 /a/ 와 /i/와 같은 모음들은 물론, /pa/와 /pi/, /ta/와 /ti/처럼 해당 모음으로 만들어진 음절 또한 구분하기 시작한다. 나아가 멜로디, 리듬 등 말소리의 운율 역시 일찍부터 습득, 구분한다. 영아들은 6~8주가 되면 음의 높낮이(pitch) 패턴을 구분할 수 있다고 한다(Morse, 1972).

즉 아이들은 언어를 습득하기 위한 첫걸음으로 엄마의 뱃속에서부터 말소리를 배우기 시작한다. 아이들이 듣는 말소리는 소리 또는 단어 단위로 분절되어 발화되는 것이 아니라, 연속적으로 이어지는 신호다. 따라서 아무런 언어 지식이 없는 아이들은 이 가운데서 단어를 분절해 내고, 모국어의 자음, 모음, 운율, 소리 체계 등을 배워야 한다. 말소리의 목록과 체계를 습득함으로써 문법, 의미 단위로 발화를 분절할 수 있게 되는 것이다. 조음 기관을 통해 말소리를 산출(production)해 내는 것은, 말소리를 듣고 구분하는 지각(perception) 능력보다 더 더디게 발달한다. 그 이유 중 하나는 아이들의 조음 기관이 덜 발달되어 있기 때문이다. 따라서 어른들이 이해할 수 있는 형태로 말소리를 발음하는 것은 아이들에게 꽤 고난도의 과정이다. 이에 관해서는 Ⅱ부의 3장에서 더 자세히 이야기할 것이다.

2 우리말의
말소리 목록

국제 음성 기호

소리에 대해 이야기하기 전에 언어학에서 음성을 표기하는 데 사용되는, 국제 음성 기구(The International Phonetic Association)의 국제 음성 기호(International Phonetic Alphabet, IPA)를 살펴보자. 국제 음성 기호는 1888년 폴 패시(Paul Passy, 1859~1940년)가 만든 이후, 국제 음성 기구 음성학자들의 수정을 여러 번 거쳐 지금에 이르게 되었다. 로마자를 바탕으로 만들어진 국제 음성 기호는 우리가 영어 사전에서 흔히 볼 수 있는 발음 기호와 유사하다. 그러나 모든 언어의 소리들을 특징에 따라 구분, 표기할 수 있도록 보다 다양한 기호들로 구성되어 있다. 표 2와 표 3은 각각 자음과 모음을 표기하는 IPA기호들을 나타낸다. 조음 방식과 조음 위치가 같은 자음 쌍의 경우, 왼쪽은 성대의 떨림을 동반하지 않는 무성음, 오른쪽은 성대의 떨림이 동반되는 유성음을 나타낸다. 허파 날숨소리(pulmonic) 자음들은

표 2. 국제 음성 기호(IPA)의 자음 기호

	파열음·폐쇄음	비음	전동음	탄설음	마찰음	설측마찰음	접근음	설측접근음
양순음	p b	m	ʙ		ɸ β			
순치음		ɱ		ⱱ	f v		ʋ	
치음					θ ð			
치경음	t d	n	r	ɾ	s z	ɬ ɮ	ɹ	l
후치경음					ʃ ʒ			
권설음	ʈ ɖ	ɳ		ɽ	ʂ ʐ		ɻ	ɭ
경구개음	c ɟ	ɲ			ç ʝ		j	ʎ
연구개음	k g	ŋ			x ɣ		ɰ	ʟ
구개수음	q ɢ	ɴ	ʀ		χ ʁ			
인두음					ħ ʕ			
성문음	ʔ				h ɦ			

표 3. 국제 음성 기호(IPA)의 모음 기호

전설성 / 혀의 높이	전설 모음 (front)	중설 모음 (central)	후설 모음 (back)
고모음 (close)	i • y ———	ɨ • ʉ ———	ɯ • u
	ɪ ʏ		ʊ
중고모음 (close-mid)	e • ø ———	ɘ • ɵ ———	ɤ • o
		ə	
중저모음 (open-mid)	ɛ • œ —	ɜ • ɞ —	ʌ • ɔ
	æ	ɐ	
저모음 (open)	a • ɶ ———		ɑ • ɒ

조음 방식(행)과 조음 위치(열)에 따라서 구분되는 것을 알 수 있다.

　한편 모음은 모음사각도에서 확인할 수 있듯, 조음 시 혀의 높이(세로)와 전설성[1](가로)에 따라 구분된다. 조음 시 혀의 높이와 전설성이 같은 모음은 원순성, 즉 입술을 둥글게 만드느냐 아니냐에 따라 다시 둘로 나뉜다. 모음사각도의 선을 기준으로 왼쪽에 위치한 모음은 원순성이 없는 비원순모음, 오른쪽에 있는 모음은 원순성이 있는 원순모음이다.

　이 기호만으로 세상의 모든 말소리를 정확하게 표시할 수는 없다. 따라서 IPA에는 좀 더 세부적인 음성 특징(구개음화, 무성음화, 원순음화 등을 겪는 소리)을 기술하는 기호들(diacritics)과 소리의 장단, 강세, 성조와 같은 운율 특징을 표시하는 기호들을 부가적으로 가지고 있다. IPA는 소리를 연구하는 언어학자들에게 아주 유용하게 사용되는 기호로, 언어학을 공부하는 학생이라면 숙지할 필요가 있다. IPA 소리들을 직접 들어볼 수 있는 웹사이트[2]도 있다.

우리말 소리 목록

언어의 소리 목록을 익히는 것은, 모국어의 세상으로 들어가기 위한 가장 중요한 과정이다. 말소리 목록을 익히는 과정을 생각하기에 앞서 우리말에는 어떤 소리들이 있는지 생각해 보자. 얼핏 보기에 복잡하고 무질서해 보이는 말소리들은 사실 아주 체계적으로, 질서정연한 분포를 이루며 존재한다. 예를 들어 /ㄱ/, /ㄲ/, /ㅋ/ 세 소리는 연구개음(velar)으로, 입안의 동일한 위치(연구개)에서 조음이 되는 공통점을 지닌다. /ㅂ/, /ㅃ/, /ㅍ/로 구성된 소리 묶음 역시 양입술이 열리면서 소리가 나는 양순음들이다. 이렇게 조음 위치가 서로 다른 /ㄱ/, /ㄲ/, /ㅋ/와 /ㅂ/, /ㅃ/, /ㅍ/, 그리고 /ㄷ/, /ㄸ/, /ㅌ/ 같은 소리 묶음들은 한편으로 모두 동일한 방식으로 조음된다. 모두 입안에 공기를 가두었다가 터뜨리는 방식으로 조음되는 '파열음(plosive)'에 해당되는 것이다. 이번에는 이 소리들을 /ㅅ/, /ㅆ/, /ㅎ/ 같은 소리와 비교해 보자. /ㅅ/, /ㅆ/, /ㅎ/는 입안의 공기가 순간적으로 터지면서 나는 소리가 아니라, 입안의 좁은 틈으로 공기가 새어나오는 과정에서 생기는 마찰로 조음이 이루어지는 마찰음이다. 그러나 조음 위치상으로 /ㅅ/, /ㅆ/는 /ㄷ/, /ㄸ/, /ㅌ/와 동일하게 혀가 치경 부위에 닿아 발음되는 치경음(alveolar)이다. 이렇게 가지각색의 말소리들은 조음의 위치와 방법에 따라 아주 체계적으로 분포하고 있다. 우리말의 소리 분포에 대해 하나씩

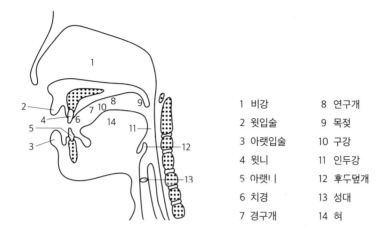

1 비강	8 연구개
2 윗입술	9 목젖
3 아랫입술	10 구강
4 윗니	11 인두강
5 아랫니	12 후두덮개
6 치경	13 성대
7 경구개	14 혀

그림 6. 말소리가 만들어지는 조음 기관의 위치

자세히 살펴보기로 하겠다.

그림 6은 말소리가 만들어지는 조음 기관의 위치를 설명하고 있다. 말소리 조음 시 가장 중요하게 사용되는 것은 바로 우리 입의 '혀'와 '입술'이다. 혀와 입술이 움직이면서 다양한 위치에서, 다양한 방법으로 말소리를 만든다. 양순음은 양 입술 즉 조음 기관 2, 3을 사용해 만들어지는 소리다. 한국어에는 양순음으로 /ㅂ/, /ㅃ/, /ㅍ/, /ㅁ/가 있다. 이 소리들을 천천히 발음해 보면 양입술을 막았다 떼면서 조음된다는 것을 알 수 있다.

/ㅂ/, /ㅃ/, /ㅍ/는 조음 방법상 파열음에 해당되는 소리인데, 이렇게 파열음이 삼중 대립을 이루는 것은 우리말의 특징적인 부분이다. 파열음은 구강 내에 기류를 잠시 막았다가 그것을 터뜨리면서 내는 소리다. 가령, 양순음이라면 입술을 막았다 열며 내는 식이다. 천천히 '바', '빠', '파'를 발음해 보며, 파열음이 조음되는 과정을 느껴보자. 얇은 종이 한 장을 입 앞에 두고 '바', '빠', '파'를 차례로 발음해 보면서, 종이의 움직임을 관찰해 보

자. 파열이 되면서 생기는 기식의 정도에 따라 종이가 움직이는 정도가 달라질 것이다.

역시 양순음에 해당되는 /ㅁ/ 소리의 경우, 양입술이 붙었다 떨어지며 나는 소리임은 앞의 /ㅂ/, /ㅃ/, /ㅍ/와 동일하지만 조음 방법상 '비음', 즉 콧소리에 속한다. 우리가 흔히 프랑스 어에서 콧소리가 많이 난다고 느끼는 것 또한, 실제로 이 언어의 말소리에 비음이 많기 때문이다. 비음인 /ㅁ/를 발음할 때는, 연구개(velum, 입천장의 뒤쪽 연한 부분)를 내림으로써 비강, 즉 콧길을 열어 소리를 낸다(물론 우리가 이 과정을 느낄 수는 없을 것이다.). 따라서 기류가 콧길을 통해 나가게 되고, 이러한 '콧소리'의 특징을 가지게 되는 것이다.

다음으로 치경음(alveolar)은 혓날(혀끝에서부터 10~15밀리미터 되는 부분) 혹은 혀끝과 혓날이, 조음 기관의 위치 그림 6의 6번 치경부위에 닿으면서 조음되는 소리인데, /ㄷ, ㄸ, ㅌ, ㄴ, ㅅ, ㅆ, ㄹ/이 있다. 이를 조음 방법에 따라 나누면 /ㄷ/, /ㄸ/, /ㅌ/는 파열음, /ㄴ/은 비음으로 구분되며, /ㅅ/, /ㅆ/는 마찰음에 해당된다. 이 가운데 /ㅅ/ 소리를 길게 늘어뜨리며 내어 보자. 마치 풍선에서 바람이 새어나가는 것 같은 소음이 들린다. 이렇게 마찰음은 구강 내에서 좁은 틈으로 기류를 내보냄으로써 '마찰'을 만들어 내는 소리이다. 한편 /ㄹ/소리는 유음에 해당된다. 유음은 모음 사이에서는 혀가 윗잇몸을 살짝 치면서 만들어지는 탄설음(tap, flap) [ɾ]으로 발음되며(예: 바람, 구름), 어말이나 자음 앞, 그리고 설측음(lateral) 뒤에서는 설측음 [l]으로 발음된다(예: 발, 들판, 달리기). 영어의 /l/ 소리가 설측음에 해당되는데, 설측음은 혓날을 치경부위에 댄 채 혀의 양 옆으로 기류를 내보내면서 내는 소리를 말한다. 혀의 모양을 설측음을 낼 때처럼 만든 뒤 숨을 들이마시면, 혀의 양 옆으로 공기의 흐름이 느껴질 것이다. 한국어의 유음 /ㄹ/은 '라디오'나 '레몬'과 같은 외래어의 경우를 제외하고는 어두에서 흔히 나타나지 않는다(요즘 아이들의 이름 가운데는 '라임', '라희'와 같이 과거에는 보기 어려웠던 'ㄹ'로 시작하는 이름이 늘고 있는데, 일종의 언어 변화를 보여 주는 재미있는 현상이다.). 이러한 환경에서 /ㄹ/은 탄설음 혹은 설측음으로 발음될 수 있다.

치경경구개음(alveolopalatal)은 혓날이 조음 기관의 위치 그림 6의 7번, 입천장의 딱딱한 부분인 경구개의 앞쪽 부위와 접촉하면서 만들어진다. 이때 혀끝은 5번, 아랫니 혹은 아랫니와 아랫잇몸에 경계에 닿는다. 한국어의 치경경구개음은 /ㅈ/, /ㅉ/, /ㅊ/ 세 가지의 파찰음이 존재하는데, 파찰음은 앞서 설명한 파열음과 마찰음이 반반씩 합쳐진 소리라고 보면 된다. 즉 파열음을 조음할 때처럼 혀를 경구개와 맞닿게 해 구강 내의 기류를 막았다가, 순간적인 개방을 하지 않고, 마찰음처럼 약간의 틈을 열어 기류를 개방함으로써 마찰 소음을 만든다. 역시 천천히 '자', '짜', '차'를 조음해 보자.

연구개음은 혓몸과 입천장의 말랑말랑한 연구개, 조음 기관의 위치 그림 6의 8번 부위를 접촉하면서 조음이 되는 소리이다. 한국어의 연구개음으로는, 연구개 파열음인 /ㄱ/, /ㄲ/, /ㅋ/와, 받침에서 'ㅇ'으로 표기되는 음절말의 /ㅇ/ 소리가 있다. 음절말의 /ㅇ/은 /ㅁ/, /ㄴ/과 함께 비음에 해당된다. 이외에도 한국어에는 /ㅎ/소리가 있는데, 이것은 성문 마찰음에 해당된다. 즉 그림의 13번, 성대 사이의 틈을 말하는 성문(glottis)에서 기류가 나오면서 마찰을 일으켜 나는 소리(성문음, glottal)이다.

표 4의 세로 열은 조음의 방법을 기준으로 자음을 구분한 것이다. 보다시피, 폐쇄음(stop) 혹은 파열음, 파찰음(affricative), 모두 앞서 말한 삼중 대립을 보이고 있다. 즉 기식이 강하고 조음 시 성대의 긴장이 수반되는 /ㅍ/, /ㅌ/, /ㅋ/ 같은 유기경음(주로 'aspirated', 기음이라고 함), 상대적으로 기식

표 4. 한국어의 자음 구분

조음 방법 \ 조음 위치		양순음	치경음	치경 경구개음	연구개음	성문음
폐쇄음 혹은 파열음	평음	p (ㅂ) 바다	t (ㄷ) 다리		k (ㄱ) 감자	
	경음	p* (ㅃ) 아빠	t* (ㄸ) 딸기		k* (ㄲ) 색깔	
	기음	pʰ (ㅍ) 파도	tʰ (ㅌ) 털		kʰ (ㅋ) 콩	
마찰음	평음		s (ㅅ) 산			h (ㅎ) 해
	경음		s* (ㅆ) 쌀			
파찰음	평음			tɕ (ㅈ) 잠		
	경음			tɕ* (ㅉ) 짬		
	기음			tɕʰ (ㅊ) 춤		
비음		m (ㅁ) 물	n (ㄴ) 눈		ŋ (ㅇ) 공	
유음			l (ㄹ) 머리			

표 5. 한국어의 단모음 구분

혀 위치 / 혀 높이	전설	후설	
	평순	평순	원순
고	i (ㅣ) 이, 이름	ɯ (ㅡ) 으악	u (ㅜ) 우유
중	ɛ (ㅔ/ㅐ) 게, 새	ʌ (ㅓ) 엄마	o (ㅗ) 오리
저		ɑ (ㅏ) 아빠	

이 약하면서 조음 시 긴장이 수반되지 않는 /ㅂ/, /ㄷ/, /ㄱ/같은 무기연음(주로 'lax', 평음이라고 함), 마지막으로 기식성을 띠지 않으며 조음 시 긴장이 수반되는 /ㅃ/, /ㄸ/, /ㄲ/ 같은 무기경음(주로 'tense', 경음이라고 함)으로 구분된다. 또한 이 세 종류의 소리들은 기본적으로 모두 무성음에 해당된다(무기연음은 유성음 사이에서 유성음화될 수 있다.). 앞서 언급했듯 한국어의 파열음, 파찰음에 등장하는 삼중 대립은 다른 언어에는 잘 발견되지 않는 아주 특이한 음소쌍이다. 앞에서 실험해 보았듯, 기식이 많은 소리일수록 파열 시 종이가 더 움직이는데, 이 기식의 정도가 큰 소리일수록 음향적으로 VOT 값이 크다. 또한 기음과 경음의 경우에는 조음 시 후행 모음의 음 높이가 평음보다 더 높게 나타나는 특징이 있다(특히 뒤에서 배울, 강세구의 처음에 나타날 때). '바', '빠', '파'를 차례로 발음하면서 이러한 높낮이의 차이를 느껴보자.

　우리말의 모음은 어떨까? 모음은 기본적으로, 조음 시 혀의 높이와 전설성, 입술의 원순성 3가지 요소로 구분된다. 혀의 높이는 조음 시 혀의 최고점이 입천장에서 얼마나 떨어져 있는지, 즉 입이 얼마나 열려 있는지를

F2(Hz)

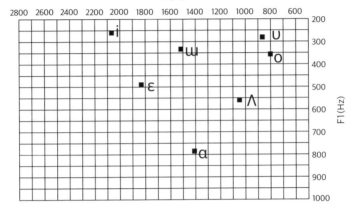

F2(Hz)

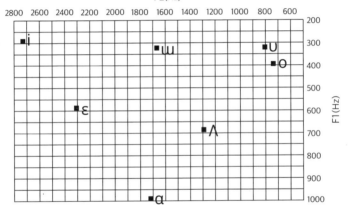

그림 7. 한국어 모음 포먼트 차트(Shin, Kiaer &Cha, 2013 참조)

언어의 아이들

나타낸다. 전설성이란 조음 시 혀의 최고점이 입안에서 얼마나 앞에 혹은 뒤에 놓이게 되는지를 말한다. 원순성이란 조음 시 얼마나 입술이 둥글게 되는지를 나타낸다. 그렇다면 혀가 얼마나 높이, 얼마나 앞에 놓이게 되는지는 어떻게 정확히 알 수 있을까? 과거에는 음성학자들의 음가 기술이 주로 청각 인상에 근거해서 이루어질 수 없었다. 현재는 음향 특징을 통해 모음을 분석하는 것이 가장 일반적인데, 다음 그림은 모음의 제1 공명 주파수[3](F1)와 제2 공명 주파수(F2)에 따라 한국어 모음의 특성을 나타낸 것이다. 세로의 F1는 혀의 높이(개구도, 입이 벌어진 정도), 가로의 F2는 전설성과 연관되는 것으로, 앞서 보았던 모음사각도와 비슷하다. 포먼트 차트에 표시된 한국어 모음들을 IPA의 모음 기호와도 비교해 살펴보자. 최근에는 초음파를 이용한 울트라사운드(Ultrasound) 등 다양한 실험 기술의 발전으로, 조음 기관의 움직임과 모양을 더 정확하게 측정하는 것이 가능하다.

현대 표준 한국어에는 하나의 음가로 이루어진 단모음(monophthong)이 /ㅣ, ㅔ, ㅐ, ㅓ, ㅏ, ㅜ, ㅗ, ㅡ/ 8개 존재한다. 그러나 젊은 한국어 화자 대부분이 더 이상 /ㅔ/와 /ㅐ/를 구분하지 않기 때문에 실제로 사용되는 단모음은 7개라고 보면 된다. 또한 이제는 눈([눈ː], snow)과 눈([눈], eye)의 예시처럼 국어 시험에도 가끔 등장했던, 모음의 장단 구별도 사라진 상태이다. 그렇다면, 모음들의 특성을 비교해 보자. 전설 모음인 /ㅣ/와 /ㅔ/, /ㅐ/부터 살펴보자. 이 모음들은 조음 시 혀가 경구개에 가깝게 위치하는데, /ㅣ/의 경우 전설 고모음으로 혀의 최고점이 가장 높게 위치한다. 즉 입이 가장 많이 닫힌 상태로 조음이 이루어지는 것이다. /ㅔ/와 /ㅐ/를 조음할 때에도 혀는 경구개와 가깝게 위치하지만 /ㅣ/보다 혀의 최고점은 좀 더 낮게 위치하며, 따라서 입이 좀 더 열린 상태로 조음이 된다.

후설 모음인 /ㅜ/, /ㅗ/도 역시 혀 높이로 구분된다. /ㅜ/는 /ㅗ/보다 더 고모음으로, 입이 더 닫힌 상태로 조음된다. 그러나 이 후설 모음들의 경우, 앞서 설명한 /ㅣ/와 /ㅔ/, /ㅐ/, 즉 전설 모음과 달리 조음 시 혀가 훨씬 뒤로 후퇴되어 발음된다(/ㅣ/와 /ㅜ/를 연속적으로 발음해 혀가 뒤로 움직이는지 느껴보자.). 이때 혀의 뒷부분은 연구개에 가깝게 위치한다. 또 한 가지, /ㅜ/, /ㅗ/는 원순모음에 해당한다.

중설 모음인 /ㅏ/모음은 저모음으로 조음 시 입이 가장 열린 상태로 조음된다. /ㅓ/의 경우는 후설 저모음으로 발음되는데, 저모음이지만, /ㅏ/보다는 혀의 최고점이 높다. 한편, 후설 고모음인 /ㅡ/는 동일한 후설 모음인 /ㅜ/, /ㅗ/와 달리 원순성이 없이 입술이 펴진 상태로 조음되고, 고모음인 만큼 입이 많이 닫힌 채 조음된다. 포먼트 차트의 F2값에서 볼 수 있듯이, 혀의 최고점이 다른 후설 모음 /ㅜ/, /ㅗ/보다는 앞쪽에 위치하고 있다. 기성 세대에서 젊은 세대로 올수록 /ㅡ/모음 조음 시 혀의 최고점이 점차 더 앞으로 이동하고 있음이 보고 된 바 있다(Kang, 2014)[4]. 경상도 방언 화자들은 /ㅓ/와 /ㅡ/를 구분하는 데 어려움을 겪는데, 20대 이상[5]의 경상도 방언 화자들의 발화에서는 이 두 모음이 모두 /ㅓ/와 /ㅡ/의 중간에 가까운 소리로 발음되는 것으로 나타났다.

표 6. 한국어의 이중 모음

	이중 모음
/j/계 이중 모음	ja (ㅑ), jʌ(ㅕ), jo (ㅛ), ju (ㅠ), jɛ(ㅖ[6]/ㅒ) 양, 여자, 교회, 윷, 예시/얘기
/w/계 이중 모음	wɑ(ㅘ), wʌ(ㅝ), wɛ(ㅚ/ㅞ/ㅙ), wi (ㅟ) 과일, 원장, 외가/웬일/왜, 위
/ɰ/계 이중 모음	ɰi (ㅢ) 의사

한국어에는 단모음 이외에도 이중 모음(diphthong)이 존재한다. 이중 모음이란 한 모음 내에서 음가가 하나에서 다른 하나로 변하는 모음인데, 활음(glide)과 단모음으로 구성된다. 활음은 음성학적으로는 모음과 같은 원리로 발화되나, 빠르고 약하게 발음되며, 혼자서 음절을 이룰 수 없다. 활음을 반모음(semivowel)이라고도 한다. 이 반모음을 기준으로 한국어의 이중 모음을 나누어 보면 /j/계 이중 모음, /w/계 이중 모음, 그리고 /ɰ/계 이중 모음이 존재하며, 표 6에서 그 목록을 살펴볼 수 있다. 'ㅖ'와 'ㅒ'는 현대 한국어에서 같은 음가(je)로 발음되며, 'ㅚ/ㅞ,' 'ㅙ' 또한 같은 이중 모음(wɛ)으로 발음된다.

모음은 혀의 높이, 전설성, 원순성 이외에 어떤 특성을 가지고 있을까? 말소리에서 모음은 모두 유성음으로 조음된다. 즉 모음을 조음할 때는 성대가 진동하게 된다. 모음을 길게 연속해서, 예를 들어 '이-' 라고 발음하며 목에 성대 부위에 손을 살며시 갖다 대어 보자. 떨림이 느껴질 것이다. 물론, 자음이라고 해서 모두 무성음인 것은 아니다. 우리가 흔히 배우듯이, 영어에는 유성성으로 구분되는 자음들이 많이 있다(s와 z는 각각 무성음, 유성음으로 구분). 우리말에서도 비음이나 유음은 유성음으로 실현된다. 유성음을 조음할 때에 성문은 아주 빠른 속도로 여닫는 과정을 반복한다.

스파이더맨과 피터 파커: 음소와 음성의 개념

흔히 생각하는 소리에는 2가지 종류가 있음을 주의해야 한다. 하나는 추상적인 소리인 음소(phoneme)이고, 하나는 물리적인 소리인 음성(phone)이다. 음소는 주로 // 안에, 음성은 [] 안에 표기한다. 예를 들어 한국 사람들에게는 '달', '딸', '탈'은 첫 자음에 따라 의미가 구분되는 단어들이다. 이렇게 단어의 의미를 구분하게 하는 소리의 최소 단위를 음소라고 한다. 각각의 음소들은 물리적, 음향적으로도 서로 다른 특성을 보이지만, 해당 언어를 사용하는 화자의 머릿속에 추상적으로 존재하는 소리의 구분이라고 볼 수 있다. 따라서 '우회전', '할아버지', '흙', '힘' 등의 단어에서 사용되는 /ㅎ/ 소리는 실제로 음향적인 특성에 차이가 있지만(음성학자가 아니라면) 그 차이를 인지하지 못하고 모두 같은 /ㅎ/로 듣게 된다. 조금 더 설명을 보태면, /ㅎ/소리는 기류가 성문을 통과하는 과정에서 마찰을 일으켜 나는 성문마찰음으로, 후행하는 모음의 혀 위치에 따라 다르게 발음된다. '흙'에서는 후설 고모음 /ㅡ/의 영향을 받아 연구개 마찰음 [x]로, '흰색'에서는 전설 고모음 /ㅣ/의 영향으로 경구개 마찰음 [ç]으로 발음되는 식이다(이호영, 1996). 여기에서 물리적, 음향적인 각각의 소리들을 음성이라고 하고, 하나의 음소이나 음성적으로 달리 실현되는 소리들을 변이음(allophone)이라고 한다. 이와 비슷한 예로, 영어의 무성 파열음 /p/ 도 'pin'에서처럼 어두에서 발음될 때와 'spin'에서처럼 /s/ 뒤에서 발음될 때, 소리 특성에 있어 상당한 차이를 보인다. 어두에서는 강한 기식을 동반한 파열음으로 발음되지만, /s/ 뒤에서는 그 기식성을 잃고 한국어의 /ㅃ/와 비슷한 소리로 발음된다. 그러나 대부분의 사람들은 이 두 소리의 물리적인 차이를 전혀 인지하지 못한다. 모두 하나의 음소 /p/에서 실현된, 변이음이기 때문이다.

한 음소의 변이음들은 상보적 분포(complementary distribution)라는 특성을 보인다. 「스파이더맨」의 주인공 피터 파커(Peter Parker)는 방사능에 노출된 거미에게 물리면서 스파이더맨의 초인적인 힘을 얻게 된다. 그는 악당들에 맞서 싸울 때에는 스파이더맨의 모습으로 도시를 누비지만, 그 외의 일상생활에서는 피터 파커로 살아간다. 물론 스파이더맨과 피터 파커는 생김새, 신체적 특성이 매우 유사하다. 그러나 눈여겨보면 스파이더맨과 피터 파커는 절대 같은 시간, 같은 장소에 등장할 수 없다는 것을 알 수 있다. 한 음소의 변이음들도 피터 파커와 스파이더맨처럼 상보적 분포의 특성을 지닌다. 즉 한 음소의 변이음들은 같은 음운 환경에서 나타나지 않는다는 것이다. 예를 들어 연구개 마찰음으로 변한 /ㅎ/ 소리는 후행하는 모음이 /ㅡ/일 때만 나타나고, 경구개 마찰음으로 변한 /ㅎ/ 소리는 후행하는 모음이 /ㅣ/나 반모음 /ㅣ/([j])일 때만 나타난다. 거꾸로 말하면, 서로 다른 음소들은 같은 환경에서 나타날 수 있다는 것을 말한다. 비상보적 분포를 이루는 것이다.

그러나 상보적 분포를 보인다고 해서, 즉 같은 음운 환경에서 출현하지 않는다고 해 동일한 음소의 변이음이라고 볼 수는 없다. 어떠한 음소들은 특정 음운 환경에서만 나타나는 독특한 특징을 가지고 있기 때문이다. 예를 들어 받침으로 사용되는 /ㅇ/, 즉 [ŋ]는 음절 말에만 나타나는 성질이 있다. 반면, 성문 파열음 /ㅎ/ 소리([h])는 음절 앞에서만 출현하고 음절 말에서는 절대 나타나지 않는다. 이 두 소리의 분포는 영어에서도 마찬가지로 나타난다. 그러나 이렇듯 상보적 분포를 이룬다고 해, [h]와 [ŋ]을 같은 음소의 변이음이라 할 수는 없다.

언어마다 그 음소의 종류와 개수는 각기 다르다. 앞서 언급했듯 한국어처럼 파열음이 삼중 대립을 보이는 언어는 세계적으로 드문데, 따라서 이러한 삼중 대립이 존재하지 않는 영어를 모국어로 하는 영국 사람들에게는 이 소리들을 구분해 듣고, 발음하는 것은 아주 힘든 일이다. 처음 영국에 와 이름(송지은)을 소개할 때, 굳이 /ㅈ/ 발음을 영어의 [dʒ]으로 바꾸어 '친절하게' 발음해 주지 않았다. 한국어식으로 '지은'이라고 발음하자, 사람들은 대부분 "뭐? 춘? 치은? 지은?"이라며 잘 알아듣지 못했다. 결과적으로 사람들이 필자의 이름에 익숙해지는 데에는 상당한 시간이 걸렸다. 우리는 잘 의식하지 못하지만, 한국어의 /ㅈ/ 소리는 영어의 'judge[dʒʌdʒ]'의 /dʒ/ 소리와 꽤 다르다. 우선 한국어의 /ㅈ/는 파열 시 동반되는 기식의 정도가 영어의 /dʒ/보다 강한 무성음이지만, 영어의 /dʒ/는 유성음[7]으로 구분된다(물론 영어 화자들에게는 '은'의 /ㅡ/ 모음도 매우 낯선 발음이다.). 여기에다가 /ㅊ/, /ㅉ/, 즉 기음과 경음까지 배워야 한다니 외국인 한국어 학습자들은 한국어의 삼중 대립에 골머리를 앓을 수밖에 없다.

한국어는 파열음 체계가 복잡한 데 반해, 마찰음의 수는 다른 언어보다 적어 /ㅅ/, /ㅆ/, /ㅎ/ 3개뿐이다. 아이들이 언어를 습득할 때 가장 늦게 배우는 소리 범주가 이 마찰음이기도 하다. 우리말의 비음도 아주 흥미롭다. 한국어의 비음은 비음성이 다소 약해서, 단어 앞에서 나타날 때에는 비음보다 파열음에 가까운 음향적 특성을 보인다(Kim, 2011). 이러한 음성 특징을 한국어 비음의 비비음화(非鼻音化, denasalisation)라고 한다. 그래서 한국 사람들이 '네-네-'라고 할 때, 이를 외국인들이 '데-데-'로 인지하는 경우가 흔하다. 즉 같은 종류의 소리라고 해도 각 언어의 소리들은 세부적인 음성 특징에서 미묘하게 차이가 나며, 아이가 모국어의 소리를 습득한다는 것은 이러한 세부적인 특징까지도 모두 습득하는 것을 말한다고 할 수 있다.

한국어에서 특징적으로 나타나는 음운 현상에 대해서도 간단히 살펴보겠다. 우리는 잘 의식하지 못하지만, 실제로 발음되는 단어들은 음소의 발음이 그대로 실현되지 않을 때가 많다. 음소는 어떠한 음운 환경에 놓이느냐에 따라 필수적으로, 혹은 수의적으로 다른 음운의 소리로 바뀌어 발음된다. 다음 단어들을 자연스럽게 읽어보자.

(아기를) 낳다, 놓다, 국민, 앞머리, 난리,(~이 ~보다) 낫다, 입다

'낳다'와 '놓다'는 각각 [나타], [노타]로 발음된다. 받침 /ㅎ/이 다음 음절의 /ㅂ/, /ㄷ/, /ㄱ/를 만나 격음화(기음화)를 겪은 것이다. 이렇듯 한국어에는 격음화를 겪는 단어가 아주 많은데, /ㅂ/, /ㄷ/, /ㄱ/가 앞 음절 말에 있고, /ㅎ/가 다음 음절에 나오는 단어들이 그렇다. 예를 들면, '밝히다[발키다]', '젖히다[저치다]' 등이 있다. 다음으로, '국민'과 '앞머리'는 [궁민], [암머리]로 발음된다. 두 번째 음절의 비음에 영향을 받아 첫 번째 음절 말의 자음도 역시 같은 조음 위치의 비음으로 바뀌는 비음화 현상이다. 반대로 '난리'가 [날리]로 발음되는 것은, 두 번째 음절의 유음 때문에 앞 음절 말의 비음이 유음화된 예이다. 다음으로 '낫다'와 '있다'를 읽어보면, 두 번째 음절의 평음이 경음으로 변해 [낟따], [입따]로 발음되는 것을 알 수 있다. 이것을 경음화 현상이라고 하는데, 평음이 앞 음절 말의 장애음 (obstruents)[8]을 만나 경음으로 발음되는 아주 흔한 음운 현상이다.

언어마다 음운 현상도 다르게 나타난다. 한국 사람이 미국의 맥도날드에 가서 빅맥을 주문하며 한국어의 비음화 현상을 적용해서 '빙맥'을 달라고 했더니, 점원이 어리둥절했다는 이야기가 있다. 비슷하게 영어 이름 헨리(Henry)를 '헬리'라고 읽는 것도 한국인들이 영어에 한국어의 유음화를 적용해 발생하는 발음 오류에 해당된다. 이렇게 언어의 소리 체계는 미묘하고 복잡하다. 단순히 자음, 모음을 각각 정확하게 구사한다고 해서 그 언어의 소리 체계를 다 배운 것이 아니다. 결국 언어는 자, 모음을 가장 작은 단위로, 단어, 구, 문장을 구성하는 더 커다란 소리 뭉치를 다루는 것이기 때문이다. 소리 덩어리에 얹히는 리듬과 멜로디, 즉 운율 또한 아주 중요하다. 이 운율에 대해서는 다시 자세히 살펴보기로 한다.

외국인들은 한국어의 소리를 잘 습득할 수 있을까?

ㅂ ㅃ ㅍ?

ㄱ ㄲ ㅋ?

ㄷ ㄸ ㅌ?

세상 모든 언어들은 각기 다른 소리 목록을 가지고 있다. 음소가 비슷한 경우도 있지만, 이 또한 음향적인 특징이나 음운론적 성격에 있어 차이를 보일 수 있다. 언어마다 적용되는 음운 규칙의 종류나 적용 범위 등도 모두 다를 수 있다. 따라서 태어나서부터 노출된 모국어의 소리가 아니라면, 외국어의 소리를 완전히 습득하기란 매우 어려운 일이다(제2 언어의 습득에 대해서는 IV부에서 더욱 자세히 다룰 것이다.). 이미 하나의 언어를 모국어로 습득한 사람은 그 언어의 소리 체계에 완전히 굳어져 있기 때문에, 외국어 또한 모국어 소리 체계의 '체'로 걸러서 듣기 마련이다(Trubetzkoy, 1939). 따라서 발화를 할 때에도, 비슷한 모국어의 소리들로 외국어 소리를 대신해 발음하게 된다. 한국 사람들의 영어 발음에서 한국어의 특징이 들리는 이유도 바로 이 때문이다.

그렇다면 다른 언어를 모국어로 사용하는 화자들이 한국어의 소리를 얼마나 정확히 배울 수 있는지 간단히 살펴보겠다. 최근 한국어를 배우는 외국 학생들의 수가 증가하면서 이에 관한 연구 또한 점차 활발해지고 있다. 영어 모국어 화자와 핀란드 어 모국어 화자들이 한국어 파열음의 삼중 대립을 어떻게 습득하는지 연구한 결과도 있다(Kim, 2005). 영어의 파열음에는 /b/, /d/, /g/와 /p/, /t/, /k/, 즉 유성 파열음과 무성 파열음의 구분이 존재한다(영어의 유성 파열음이 음향적으로 완전한 유성음이 아님을 앞서 언급한 바 있다.). 그리고 핀란드 어에서는 일반적인 핀란드 어 어휘에 사용되는 /p/, /t/, /k/와 외래어에만 사용되는 /b/, /d/, /g/의 구분이 존재한다. 이때 /p/, /t/, /k/는 한국어의 경음 /ㅃ/, /ㄸ/, /ㄲ/와 VOT 값이 비슷하게 나타나며, /b/, /d/, /g/는 음향적으로도 완전히 유성음화되어 발음된다. 이렇게 같은 파열음이라도 각 언어마다 음소들이 다른 체계로 분포하고 있다. 즉 영어와 핀란드 어는 한국어와 같이 기식과 성문의 긴장 여부 모두로 파열음을 구분하는 언어가 아니기 때문에, 이 언어의 화자들이 한국어의 삼중 대립을 습득하는 것은 매우 어렵다.

영어와 핀란드 어 화자들은 지각 실험 과정에서 기음와 평음을 구분하는 데 어려움을 겪었다(Kim, 2005). 한국어 이름의 성씨 '박'은 'Park', '강'은 'Kang'으로 쓰는 것처럼, 평음을 'p', 't' 'k'로 표기하는 경우가 있다. 이는 한국어의 평음이 외국어 화자들에게 기음처럼 들릴 수 있기 때문이다. 필자의 이름과 관련된 에피소드도 이와 비슷한 예이다. 앞서 언급했듯 영어, 핀란드 어 화자들은 한국어의 세 파열음을 정확히 발음하는 데에 어려움을 겪었는데, 이 가운데서도 경음은 발음의 정확도가 가장 낮았다. 특히 핀란드 어는 /p/, /t/, /k/의 VOT 값이 한국어의 경음과 상당히 비슷하게 나타나는 언어임에도, 그 화자들이 영어 화자와 비슷한 정도의 어려움을 겪었다. 이는 한국어의 파열음 체계가 상당히 복잡하다는 것을 보여준다. 한국어 화자라면 3세 정도면 쉽게 할 수 있는 /ㅂ/, /ㅍ/, /ㅃ/의 구분이 외국어 학습자들에게는 아주 어려운 일일 수 있다. 우리는 모국어라는 렌즈를 통해서 일종의 '필터링'을 거쳐 언어의 세상을 접하게 된다.

아이 눈높이에 맞추어 말하기

아이들은 엄마의 뱃속에서부터 언어를 배운다고 했다. 그러나 어린 아기들이 처음부터 엄마가 하는 말의 문장 구조를 분석할 수 있거나, 어휘의 의미를 아는 것은 절대 아니다. 그저 큰 뭉텅이로 들려오는 음성 신호를 들을 뿐이다. 그렇다면 아이들은 어떤 음성 신호를 주로 접하게 될까? 어른들이 아기들이나 어린 아이들에게 말할 때에는, 성인들 간의 대화 시와는 달리 과장되고 명료한, 혹은 좀 더 아이 같은 말투를 쓰는 것을 흔히 볼 수 있다. 이러한 발화 스타일을 '아동 지향어(child-directed speech, CDS)'라고 한다. CDS는 기본적으로 말소리의 평균 기본 주파수(음높이)가 높고, 억양 패턴이 과장되게 나타나며, 문장의 길이가 짧다는 특징이 있다. 이외에도 어휘나 문법 또한 일반적인 말하기와는 차이가 있다(예를 들어 '떼끼', '지지', '빠방'과 같은, 아이들에게만 사용하는 어휘를 사용하는 식이다. 이에 대해서는 Ⅲ부에서 더 논하기로 하자.).

이 특별한 말하기 방식은 아이에게 애정을 표현하는 기능을 하기도 하지만, 언어학적으로 아주 흥미로운 의미를 가진다. 영어, 스웨덴 어, 러시아어 등 몇몇의 언어를 대상으로 조사한 결과, 아동 지향어 발화에서는 모음들끼리 서로 더 구분이 가기 쉽도록, 각 모음들 간의 간격이 넓어지는 특징이 나타났다(Kuhl 외, 1997). 아이가 알아듣기 쉽도록, 더 분명하게 말해 주는 것이다. 자음의 경우에도, /b/, /p/ 같은 유성 파열음과 무성 파열음의 VOT가 어른들의 대화에서보다 분명하게 구분되어 발화되는 양상이 나타났다(Englund, 2005). 몇몇 연구에서는 CDS의 이러한 특징들이 아이들이 소리를 더 잘 배울 수 있도록 해 언어 습득에 긍정적인 영향을 준다는 결과를 보여 주기도 했다(Liu 외, 2003). 비슷한 맥락에서, CDS의 과장된 억양 패턴으로 아이들이 연속적인 발화에서 단어를 분절하는 데 도움을 받는다는 연구도 있었다(Thiessen 외, 2005). 물론 CDS가 언어 습득에 중요한 역할을 한다는 데에 모든 학자들이 동의하는 것은 아니다. 예를 들어 서사모아 지역의 부족과 파푸아 뉴기니의 칼룰리 족의 경우, 어른들이 아이에게 이러한 말투로 이야기하지 않는다고 보고된 바 있다(Ochs & Schieffelin, 1982). 이 부족은 문화적으로 자신의 감정과 생각을 자유롭게 표현하지 않을 뿐더러 어린 아이가 언어를 이해하지 못한다고 생각하기 때문이다. 그러나 이 문화권의 아이들이 언어를 배우지 못하는 것은 아니다.

아동 지향어가 무엇인지, 직접 연습해 보자. 듣는 상대방이 어린 아이라고 가정하고 '김치', '다람쥐'를 발음해 보면 마지막 음절을 평소보다 올리며, 과장된 억양으로 말하고 있음을 알 수 있다. 그림 8~10은 소리의 음향 특징을 보여 주는 스펙트로그램(spectrogram)으로, 그 위에 표시된 음의 높낮이를 나타내는 검은 곡선을 통해 억양의 특징을 대략 알 수 있다. 그림 8에서 아이에게 '김치'와 '다람쥐'를 말했을 때의 특징을 살펴보자.

실제로 우리가 어른에게 말을 할 때와 어린 아이에게 말을 할 때 어떠

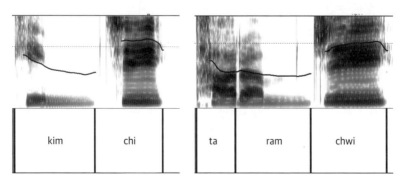

그림 8. 아이에게 말하는 '김치'와 '다람쥐'의 스펙트로그램

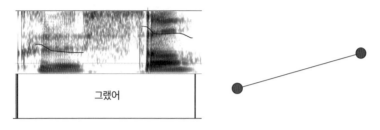

그림 9. 어른에게 말하는 '그랬어?'의 스펙트로그램(좌)과 피치 곡선(우)

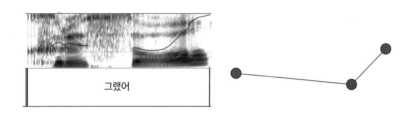

그림 10. 아동 지향적 말하기의 '그랬어?'의 스펙트로그램(좌) 피치 곡선(우)

한 차이점이 있는지 짧은 문장을 통해 직접 비교해 보기로 하자. 예를 들어 '그랬어?'라고 말한다고 해 보자. 특히 우리는 어린 아이가 한 말에 호응해 줄 때 친근함을 담아 이런 말을 사용하는데, 어른에게도 이렇게 말한다면 매우 어색할 것이다. 그렇다면 어른과 어린 아이에게 평소에 말하듯 이 문장을 읽어 보고, 어떤 차이가 있는지 그림 9와 그림 10에서 살펴보자.

스펙트로그램과 피치 곡선에서 볼 수 있듯이, 아이에게 말할 때에는 마지막 음절이 평소에 비해 더 길어지고 마지막 음절에서 낮은 음조에서 높은 음조로 상승하는 억양 패턴이 쓰일 수 있다(이것을 오름조, 혹은 LH% 경계 억양이라고 한다. 억양에 대해서는 II부의 5장에서 더 자세히 알아보도록 하자.). 아이에게 꾸중이나 칭찬, 위로하는 말을 할 때나 아이의 관심을 끌 때, 영어,

이탈리아 어, 프랑스 어, 독일어에서 이와 비슷한 억양 패턴이 사용되는 경향이 있다(Fernald, 1992).

물론 아이들이 이런 식의 조금은 과장된 억양과 발음에 지속적으로 노출이 된다고 해서, 결과적으로 이렇게 말을 하게 되지는 않는다. 아이들은 이를 말을 배우기 위해 거쳐가는 단계로 인식하고, 때가 되면 금세 자연스러운 발음을 익힌다. 아이들은 언어 습득 과정에서 자연스럽게 이런 종류의 튜닝 작업을 거친다.

3 먼저 익히는 소리,
   많이 말하는 소리

언어 발달은 엄마의 뱃속에서부터 시작되지만, 아이가 첫 단어를 내뱉기까지는 약 1년의 시간이 필요하다고 했다. 어린 아이가 말소리를 내는 것이, 아이들에게 가장 익숙한 '울기'에서 기인한다는 연구가 있다(Stark, 1980). 그렇다면 아기가 말을 하기 전까지의 과정을 살펴보자. 태어난 지 얼마 안 된 아기들이 낼 수 있는 소리는 우는 소리나 기침하는 소리 정도이다. 그러다가 생후 1~4개월이 되면 초기 옹알이(cooing, 원래 비둘기가 내는 구구 소리를 의미)를 시작한다. 성대의 떨림을 동반하는 모음과 '비스름한' 소리들을 내는 것이다. 약 3~8개월 때 아기들은 완전히 모음의 특성을 가진 소리들을 내기 시작하고, 소리지르거나 속삭이는 등의 다양한 종류의 소리를 낼 수 있게 된다. 시간이 지남에 따라 아기의 조음 기관도 점차 발달해가고 5~10개월에는 '바바바', '마마'같이 자음과 모음으로 이루어진 하나의 온전한 음절(CV)들을 반복해 내는 반복 옹알이(canonical babbing) 시기가 찾아온다. 이때 아이들은 주변의 언어에 최적화되어 가며 '엄마', '아

‘빠’ 등과 얼추 비슷한 첫 단어를 말할 준비를 갖추어 가는 것이다(Kuhl & Meltzoff, 1996 참조; 아기들이 내는 여러 종류의 소리를 아이들의 언어 발달 정보를 공유하는 사이트(VocalDevelopment.com)에서 직접 들어볼 수 있다.).

　앞에서 살펴본 것처럼, 언어마다 음소 목록이나 음성의 특징이 모두 다르다. 그러나 범언어적으로 더 쉽게, 더 빨리 배우게 되는 소리가 있다. 우연의 일치라고 보기 어려울 만큼 많은 언어에서, 아이들이 가장 먼저 배우는 ‘엄마’, ‘아빠’를 의미하는 단어들이 양순음으로 시작하고 있다. 이번 장에서는 말소리 산출(production)을 중심으로 아이들이 어떠한 소리를 먼저 배워 말하는지 살펴보려 한다. 표 7은 영어 자음의 발달 단계를 대략적으로 도식화한 것으로, 어둡게 표시된 부분이 해당 자음의 습득이 이루어지는 기간(언제 습득이 시작되어 언제 완성되는지)을 뜻한다.(Sander, 1972) 양순음이 가장 먼저 습득되고 마찰음이 가장 늦게 습득되는 것을 볼 수 있다.

　한국어를 습득하는 아이들의 자음 발달 순서는 어떨까? 언어마다 음

표 7. 영어 습득 아동들의 음소 발달 순서(Templin, 1957; Wellman 외, 1931; Sander, 1972 참조)

습득 연령(년) / 자음	1	2	3	4	5	6	7	8
p, m, h, n, w, b	■	■	■					
k, g, d		■	■	■				
t, ng[ŋ]		■	■	■	■	■		
f, y[j]		■	■					
r, l			■	■	■	■	■	
s			■	■	■	■	■	■
sh[ʃ], ch[tʃ]				■	■	■	■	
z				■	■	■	■	
j[dʒ]				■	■	■	■	
v				■	■	■	■	■
th[θ]					■	■	■	
th[ð]					■	■	■	
zh[ʒ]						■	■	

　　　　　　　　　　　　　　　　　　　　　　언어의 아이들

표 8. 한국 아동들의 자음 발달 순서(김영태, 1996 참조)

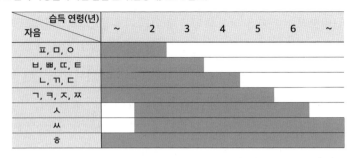

소 목록과 체계가 다르기 때문에 습득 순서도 다르게 나타날 수 있다.

아동 말소리 발달 연구에서는 조음 발달, 조음 장애 여부를 관찰하기 위해 그림을 활용하는 조음 검사 방식을 활용한다. 아이들에게 특정 단어를 나타내는 그림을 보여 줌으로써, 단어를 발음하도록 해 음소의 발달 정도를 확인하는 것이다. 이와 같은 방식으로 한국어를 습득하는 2~6세 아동들이 자음을 어두, 어중, 어말, 음절의 특정 위치에서 정확히 발음할 수 있는지 실험한 결과를 표 7과 비슷한 형태로 표 8에 정리했다(김영태, 1996). 아이들이 어느 시기에 자음을 습득하는지 알 수 있다[1].

언어 발달 시기의 아이들은 구강, 혀 등의 조음 기관은 물론 그 기관들의 운동을 조절할 수 있는 능력이 덜 발달되어 있다. 따라서 일부 말소리는 정확히 발음하는 데 생리적인 제약을 받게 된다. 예를 들면 조음 동작이 복잡한 /r/, /l/ 같은 유음이나 마찰과 파열이 모두 필요한 파찰음이 그 예이다. 야콥슨은 아이는 어떤 언어를 배우든 언어 보편적인 순서를 따라서 말소리를 습득한다고 했다(Jakobson, 1941, 1968). 언어 보편적으로 더 흔히 나타나고 선호되는 무표적(unmarked)인 소리가 있듯이, 아이들도 무표성을 띤 파열음, 비음, 활음, 설정음(coronals, 치음(dental))이나 치경음처럼 혀끝과 혓날을 사용해 만들어지는 소리)을 유표적인(marked) 소리보다 더 쉽게 배운다는 것이다. 일반적으로 조음 위치가 앞쪽에 있는 자음들이 더 먼저 습득되는 경향이 있는데, 이러한 경우가 그 예이다. 15개의 언어에서 /p, b, t, m, d, n, k, g, s, h w, j/ 소리가 초기 옹알이에서 가장 흔히 나타난다고 보고된 바 있다(Locke, 1983). 그리고 아이들의 옹알이 패턴이 첫 단어 발화와는 무관하다는 주장(Jakobson, 1941, 1968)과는 다르게, 이후 학자들은 옹알이 패턴이 첫 단어 발화는 물론 음운 발달에도 많은 연관성을 가짐을 밝혔다(Stoel-Gamman & Cooper, 1984; Vihman, 1996). 한편 모음의 경우, 산출과 지각 모든 면에서 습득이 자음보다 더 일찍 이루어지는 것으로 알려져있다. 대개 3세 이전에 대부분의 모음들이 습득된다. 그러나 옹알이 형태를 들여다보면, 모음 역시 아이들이 범언어적으로 더 선호하는 것들이 존재함을 알 수 있다. 유아들의 옹알이 패턴을 분석한 연구를 보면, 여러 언어에서 중모음과 저모음, 그리고 전설 모음과 중설 모음이 다른 모음들보다 선호됨을 알 수 있다(MacNeilage & Davis, 1990).

　언어의 습득은 분명히 범언어적, 보편적인 경향성을 띠고 이루어진다. 그러나 아이들은 점차 모국어의 소리 체계에 익숙해진다. 따라서 언어의 발달 또한, 모국어로 습득하는 특정 언어의 소리 특성과 체계에 최적화되어 진행될 수밖에 없다. 표 8을 보면 한국어에서도 역시 양순음, 특히 /ㅍ, ㅁ/가 다른 소리에 비해 가장 먼저 습득됨을 알 수 있다. 다음으로 치경음(/ㄷ/, /ㄸ/, /ㅌ/), 연구개음(/ㅇ/, /ㄱ/, /ㄲ/, /ㅋ/)이 습득되고, 치경경구개음(/ㅈ/, /ㅉ/, /ㅊ/)은 상대적으로 더디게, 5세가 되어야 대부분의 아이들이 습득할 수 있다. 한편, 성문 마찰음 /ㅎ/은 8세 정도가 돼서도 완전히 숙달되지 않을 만큼 습득에 오랜 시간이 소요된다. 다른 연구에서도 자음의 조음 위치와 관련해 비슷한 결과가 나타났는데, 2개월에서 22개월 사이에 양순음

(10개월), 치경음(13개월), 연구개음(15개월) 순으로 습득이 이루어짐이 관찰되었다(Jun, 2006).

조음 방법에 따라서는 파열음이 가장 빨리, 유음과 마찰음이 특히 느리게 습득되는 것으로 나타났다. 가장 습득이 더딘 소리는 /ㅅ/, /ㅆ/로, 6~7세가 되어야 대부분의 아이들이 이 소리군을 습득할 수 있었다. 반대로 비음, 특히 /ㅁ/와 음절 말 /ㅇ/은 매우 이른 시기인 2세에 대부분의 아이들이 익히는 소리로 나타났다. 그리고 유음 /ㄹ/의 습득은 늦게 이루어지는 편인데, 음절 앞 환경에서 먼저 습득되는 다른 소리들과는 달리, 음절 말 환경(예: 말, 달)이 더 쉽게 습득되는 경향이 있음이 나타났다. 앞서 설명했듯 한국어 유음은 환경에 따라 음성적으로 다르게 실현되는데, 음절 말에서는 설측음으로 나타난다. 이는 곧 설측음의 습득이 탄설음의 습득보다 먼저 일어난 것을 보여 준다. 배소영(1994)과 엄정희(1994)의 연구에서도 김영태(1996)의 연구와 비슷하게, 한국어 습득 아동들이 비음 – 파열음 – 파찰음 – 유음 – 마찰음의 순서로 말소리를 습득한다고 보았다.

한국어 아동들의 소리 발달 양상을 나타낸 표 9에서는 아이들이 경음, 평음, 기음을 습득하는 순서를 나타내고 있으며, 김영태(1996)의 연구

표 9. 한국어 아동들의 자음 발달 순서(배소영, 1998 참조)

모음＼나이(세)	2	2.5	3	3.5	4
비음	ㅁ	ㄴ ㅇ			
파열음	ㅃ ㄸ ㄲ[2]	ㅂ ㄷ ㅍ ㄱ ㅌ ㅋ			
파찰음			ㅉ ㅈ[3] ㅊ		
마찰음			ㅎ ʃ[4]	ʃ	ㅅ ㅆ
유음				l[5]	ɾ[6]

와는 달리 해당 말소리가 다양한 환경에서 2회 이상 바르게 발음되었던 시기를 보여 주고 있다.

그렇다면 아이들은 한국어의 평음, 경음, 기음 중 어떤 것을 더 어려워할까? 야콥슨에 따르면 아이들은 무성 무기 파열음(voiceless, unaspirated stops)을 유성 파열음(voiced stops)이나 유기 파열음(aspirated stops)보다 먼저 습득한다(Jakobson, 1941, 1968). 2세 이전의 한국어 습득 아이들도 무성 무기음인 경음을 비교적 정확하게 사용한다(배소영, 1994). 또 아이들이 상대적으로 미숙한 기음이나 평음을 경음으로 대치해 발음하는, 음운 변동 현상도 나타난다. 예를 들면 '코'를 '꼬'로, '발'이나 '밥'을 '빠'[7]라고 발음하는 것이다. 기음이나 평음보다 경음을 먼저 습득한다고 보는 비슷한 연구 결과가 있다(Jun, 2006)[8]. 이 연구에서는 이 원인이 아동 지향적 말하기에서 경음이 높은 빈도(token frequency)로 나타나고(예: 아빠, 뽀뽀, 빠이빠이), 경음 뒤에 따라오는 모음의 강한 음의 세기와 높은 음높이, 그리고 경음의 긴 폐쇄 구간이 경음을 더 잘 들리게 하기 때문이라고 설명하고 있다. 한국어 습득 아동들이 평음을 가장 늦게 배운다는 연구도 있다(Kim & Stoel-Gammon, 2011). 언어 유형론적으로 드문 소리인 경음을 이렇게, 평음보다 쉽게 습득한다는 것이 신기하다.

다음으로 아이들이 모음을 습득하는 양상을 간단히 살펴보자. 영어를 습득하는 아동들은 모음을 자음보다 더 빠르게 습득한다. 마찬가지로, 3~5세의 한국어 습득 아이들을 대상으로 한 연구에서도 아동들이 3세에 단모음을 완전히 습득했다고 보았다(엄정희, 1998). 이중 모음은 일반적으로 단모음보다 습득이 느린데, /ㅑ/, /ㅕ/, /ㅛ/ 의 경우에는 비교적 습득이 빨리 이뤄진 반면 상대적으로 어려움을 겪는 다른 이중 모음들은 5세 이후까지 발달이 이어졌다. 옹알이 시기에 단모음이 /ㅏ/ - /ㅔ/, /ㅐ/ - /ㅓ/, /

ㅜ/, /ㅣ/(6개월) - /ㅡ/(9개월) - /ㅗ/(13개월)의 순서로 습득되는 것이 관찰되었다(Jun, 2006). 물론 아이들의 몇몇 발화 자료만으로 판단하기에는 개인차를 비롯한 변이성(variability)이 크기 때문에 이러한 습득 순서를 일반화하기 위해서는 더 많은 연구가 필요할 것이다.

언어의 세상에 입문하기 위해 아이들은 이렇게 한 소리 한 소리, 소리의 세계를 정복하며 한 발짝 한 발짝 나아간다. 국내에서는 한국 아동의 말소리 습득이 특히 언어 치료 관련 분야에서 많이 연구되고 있다. 다만 기존 연구들이 음향적인 데이터에 근거하기보다는 연구자의 청각 인상에 의존한 경우가 많아 앞으로 좀 더 객관적이고 과학적인 방식을 통한 연구가 활발히 이루어져야 할 것이다.

4 함미, 함머니, 할머니

어린 아이들은 말소리를 이해하고 구분하는 만큼 정확하게 말, 발화를 하지는 못한다. 제시는 '다람쥐'를 한동안 '담담지'라고 하고 다녔다. '감사합니다'는 '감지요(↗)'라며 끝을 올려서 말했다. 이렇게 뭉뚱그려 말을 하는 것은 자연스러운 소리 습득의 과정이다. 신기한 것은, 아이와 많은 시간을 보내는 부모나 형제, 자매의 경우 이런 아이의 말을 용케도 잘 알아듣는다는 것이다. 때문에 손님이나 친척이 오면 아이보다 나이가 많은 형제, 자매가 통역사 역할을 맡기도 한다. 이것은 아이들의 발화가 중구난방으로 아무런 규칙이 없이 나타나는 것이 아니라 어느 정도 체계를 갖추고 일관되게 이루어지며, 아이들의 '얼추 말하기' 속 체계를 익힌 가족들은 그 발음들을 더 잘 알아들을 수 있게 된다는 것이다. 그리고 이러한 얼추 말하기는 언어 발달이 진행되면서 점차 정확한 발음으로 변화하게 된다. 제시가 한 단어 발화를 시작하던 시기에 '할머니'를 '함미'라고 불렀다. 그러나 그 이후 '함미'가 점차적으로 '함머니'로, '할머니'로 바뀌는 과정을 관찰

111

할 수 있었다.

이 얼추 말하기 현상을 일부 학계에서는 '음운 변동'이라고 부르기도 하는데, 그 종류는 다양하다. 대표적으로 해당 소리를 습득하지 못해 이미 습득한 다른 소리로 '대치'하거나, 음절이나 음소를 '탈락'시키거나, 없는 소리를 '첨가'하는 것이 있다. 이외에도 발음하려는 음소를 다른 음소로 대치하는 것은 아니지만, 정확한 발음을 구현하지 못해 음성적으로는 다른 소리로 발음하는 경우도 있다. 즉 이 얼추하는 발음들은 마구잡이로 내는 것이 아니라, 목표하는 소리와 비슷하면서도 상대적으로 발음하기 쉬운 소리나 음절 구조로 발음하는 것이다.

영어 습득 아동들에게서 나타나는 얼추 말하기의 예를 살펴보자 (Ingram, 1976). 괄호 안에 있는 것이 아이들의 실제 발음을 나타내는데, 한 음절 전체를 몽땅 버리고 발음하는 것(음절 탈락), 음절 말 자음 탈락, 마찰음을 파열음으로 발음하는 것(파열음화), 동일한 음절을 반복해 말하는 중첩(예: baba) 등의 특징이 보인다. 이러한 패턴들은 영어를 습득하는 아이들이 언어 습득 과정에서 흔히 범하는 오류 특징들이다.

제니카(15~16개월) blanket[ba, babi], bye-bye[ba, baba], see that[siæt], that[da], dot[dat, dati], no[nodi, dodi, noni]

힐데가르드(10~13개월) ball[ba], sch-sch[s-s], bimbam[bi], kick[ti], pretty[prti]

존(10~19개월) bottle[ba], down[da], lamp[lap], out[at], pocket[bat], fuff[af, faf]

한국어를 습득하는 아이들 역시 얼추 말하기식의 발음 오류들을 흔

언어의 아이들

히 보여 준다. 우선 대치 현상부터 살펴보도록 하자. 배소영(1998)의 연구에서 1~3세 아동 10명을 대상으로 자음 습득 과정을 살펴보았다. 아이들은 기음이나 평음보다는 경음을 먼저 습득하는 경향을 보였는데, 이 때문에 특히 2세 아동들에게서 '토끼'를 '또끼'로, '기타'를 '기따'로 발음하는 것과 같이 기음을 경음으로 대치하는 현상이 흔히 관찰되었다. 또한 상대적으로 발음하기 어려운 마찰음이나 파찰음을, 좀 더 쉬운 파열음으로 대치하는 파열음화도 2~4세 아이들에게 매우 활발히 일어났다. 예를 들면 '술'을 '툴', '쓰고'를 '뜨고', '전철'을 '더털'이라고 발음하는 것이다. 유음 /ㄹ/도 마찰음과 더불어 습득에 상대적으로 오랜 시간이 걸리는 소리였는데, 이 때문에 유음을 다른 소리로 대치하는 양상 또한 많이 나타난다. 특히 이런 현상은 2세에 시작해 유음의 습득이 완성되는 4세 이전까지 나타났는데, 유음을 활음 /j/, /w/로 대치해 '놀랬다'를 '노옜다'로, '보리차'를 '보위차'로 발음하는 경우가 있었다. 3~6세 아동을 관찰한 연구에서는 유음을 비음으로 대치하는 현상도 적지 않게 일어남을 밝혔는데, '라면'을 '나면', '리본'을 '니본'으로 발음하는 것이 그 예이다(엄정희, 1996). 또한 유음을 아예 삭제해 '이렇게'를 '이어케'로, '신발'을 '힌바'로 발음하는 양상이 있다고 했는데, 이는 2세, 4세 아동에게서 활발히 나타났다(김수진, 2014). 조음 위치과 관련된 음운 변동으로는, '여기써'를 '여디써'로 발음하는 것처럼 연구개음의 조음 위치가 앞으로 이동되어 구개음이나 치경음으로 발화되는 전설음화(fronting)가 관찰된다. 이는 4세를 지나면서 점차 나타나지 않는 것으로 나타났다(김수진, 2014).

아이들의 모음 습득을 조사한 연구는 상대적으로 적은데, 3~6세 아이들 96명의 발화를 분석한 결과 이중 모음의 단모음화가 가장 흔히 일어나는 음운 변동이었다(김태경 & 백경미, 2010). 단모음화는 이중 모음에서 나타나는 전이음, 즉 활음 /j/나 /w/를 탈락시켜 발음하는 오류이다.

> 바퀴[바키](3세), 화나서[하나서](4세), 주사위[주사이](5세), 귀엽다[기엽따]
> (6세), 안경[안경](4세)

'안경'의 예를 제외하고는 모두 /w/를 발음하지 못해 생긴 오류에 해당하는데, 이는 아동들이 /w/계 이중 모음들(/ㅘ, ㅝ, ㅞ, ㅚ, ㅟ, ㅙ/)을 발음하는데에 훨씬 더 어려움을 겪는다는 것을 의미한다. 대화체 발화를 연구한 김수진(2014)의 연구는 2~4세 아이들에게서 '좋아요[조아요]'를 '저아요'로 발음하는 것과 같은 원순 모음(ㅜ, ㅗ)의 비원순화 현상이 일어난다고 보고했다.

앞서 아이들은 범언어적으로 더 선호되는 자음-모음(CV)의 음절 구조를 더 쉽게 배운다는 것을 살펴보았다. 이 때문에 아이들의 발화에서 음절 말 자음이 탈락되는 현상이 자주 일어난다. 다음은 어말이나 음절 말의 자음, 특히 파열음 [kˉ][1]이 탈락된 예이다.

> 보라색[보라새](3세), 칙칙폭폭[칙치포포](3세)

이외에도 놀자[노르자], 같지[가트지], 먹는[머그는]처럼 용언 활용 시 사용되는 매개 모음 'ㅡ'(예: 먹으러)가 불필요하게 삽입되거나, 부르자[불르자], 다른[달른]처럼 다음 음절이 /ㄹ/으로 시작될 때, 음절 말에 /ㄹ/이 삽입되는 음운 변동도 보고되었다(김태경 & 백경미, 2010). /ㄹ/ 삽입은 아이들이 모음 사이에서 탄설음으로 발음되어야 하는 /ㄹ/을 설측음화해 길게 발음함에 따라 발생한 것으로 보인다(김태경 & 백경미, 2010).

언어의 아이들

그 밖에 아이들이 범하는 음운 오류의 하나로 자음 동화 현상도 있다. 자음 동화란 자음이 주변 자음의 소리 특징을 닮아서 그 자음과 동일하거나, 비슷한 소리로 변하게 되는 음운 현상을 말한다. '신라면'을 '실라면'이나 '신나면'으로 발음하게 되는 한국어의 자음 동화는 우리에게 아주 자연스러운 음운 현상이다. 그러나 다음 예시처럼 연구개음 [ŋ]이나 유음이 후행하는 자음의 영향으로 후행 자음과 동일하게 변화하는 자음 동화 현상이 보고되었다(김태경 & 백경미, 2010). 이러한 자음 동화는 성인들이 발화에서는 관찰되지 않는 음운 현상이다.

양말[얌말](5세), 장난감[잔난감](5세), 할머니[함머니](3세)

조금 더 큰 소리 덩이인 음절을 단위로 일어나는 음운 변동 현상을 들여다보자. 이중 모음의 단모음화 다음으로, 음절 탈락(축약)이 많이 나타난다(김태경 & 백경미, 2010). 음절 하나가 몽땅 탈락된 다음 예들을 살펴보자.

만들었어요[만드써요](3세), 뭐하고요[머고요](5세), 할아버지[하버지](3세), 비행기[뱅기](4세)

또한 이 연구에서는 2세 이전의 아동들이 발화 시 보이는 중첩(한 음절을 반복하는 현상, 예. 모모, 워워)이나 음절 도치(음절의 위치를 뒤바꾸어 말하는 것) 같은 현상이, 3~6세 아이들에게서는 나타나지 않는다고 보고했다. 기존 연구에서도 2세 이전의 아동들에게는 '짝짜꿍'을 '꼬꼬꼬'로 발음하는 중첩이 나타나는 데에 반해, 2세 이상의 아동들에게는 이러한 현상이 보이지 않는다고 했다(배소영, 1994).

얼추 맞추기식 오류들은 언어 발달 과정에서 매우 자연스럽게 나타나는 현상이다. 연령이 올라갈수록 오류의 출현 빈도가 낮아진다. 즉 정상적으로 언어를 배우는 아이들은 이러한 오류를 줄여가면서 점차적으로 성인과 비슷하게 발화를 구사해 나간다는 것이다. 아이가 이와 다른, 일반적인 발달 과정에 어긋나는 오류의 패턴을 보인다면 정상 언어 발달을 하지 못하고 있기 때문일 수도 있다(Stoel-Gammon, 1991; Dodd 외, 2003). 따라서 이러한 음운 변동은 정상적인 언어 발달이 이루어지고 있는지 평가할 수 있는 척도가 되기도 한다.

의외로 한국어 습득 아이들의 소리 습득에 관한 언어학적 연구는 그리 많지 않다. 언어학자들은 아이들을 관찰함으로써 소리 습득에 관한 언어 보편적인 현상, 그리고 언어 특정적인 현상을 발견하고, 아이들의 불완전한 소리 세계 속에 숨어 있는 신기한 언어 원리를 찾으려고 한다. 각자 주변의 아이들을 통해 재미있는 아이들의 소리 세상에 귀를 기울여 보자.

5 운율 익히기

말소리는 음악처럼 일종의 리듬과 멜로디를 가지고 있다. 리듬과 멜로디 없이 말을 한다면 영화 속 로봇이 내는 소리와 비슷함은 물론, 듣는 사람이 그 의미를 파악하기도 힘들 것이다. 이렇게 자음과 모음(분절음, segment) 위에 얹히는 음의 높이, 길이, 크기 같은 요소들을 운율적 요소 혹은 초분절적(suprasegmental) 요소라고 부르는데, 이러한 운율(prosody)은 언어에서 중요한 역할을 한다. 문장에 얹히는 음의 높낮이 패턴, 억양(intonation)은 의문문, 평서문 등 문장의 종류를 결정 짓는 통사적 기능을 하기도 하고, 문장 안에 감정을 실어 표현하는 화용적 기능을 하기도 한다. 동일한 문장이라도 억양에 따라 그 의미가 달라질 수 있는 것으로, 억양이 없다면 자연스러운 의사 소통은 불가능에 가까울 것이다. 사람들이 흔히 "저 사람의 말에는 ○○ 지역 억양이 있다."라고 하는 억양은 한 지역이나 계층의 말씨를 전반적으로 칭하는 것으로 그 의미가 잘못 쓰이는 경우가 많이 있다. 따라서 억양의 정의를 정확히 알아 둘 필요가 있다. 억양에 대해서는 더 자세히 소개할 것이다.

한편 중국어처럼 성조(tone)를 가진 언어에서는 어떤 음의 높낮이 패턴, 즉 어떤 성조가 얹히느냐에 따라서 말의 의미가 완전히 달라진다. 성조가 자, 모음처럼 단어의 의미를 분별하는 데 사용되기 때문이다. 우리가 영어를 배우면서 익혔던 강세(stress)도 운율에 해당된다. 영어에는 단어마다 강세가 있는데, 영어 강세에 익숙지 않은 우리는 종종 이를 무시하기 쉽다. 예를 들면, 'fifteen(숫자 15)'과 'fifty(숫자 50)'는 들었을 때 꽤나 혼동되는 경우가 많은데, 나도 이것 때문에 애를 먹은 적이 있다. 영국 친구들과 한국 식당에 가서 통닭이 15파운드(약 2만 2000원)라고 했더니, 모두 놀라 눈이 휘둥그렇게 되었다. 두 단어는 마지막 음절의 분절음도 [tiːn]과 [ti]로 다르지만, 강세가 각각 둘째 음절(fifTEEN)과 첫 음절(FIFty)에 있어 구분되는 단어들이다('fifteen'은 둘째 음절에 제1 강세, 첫 음절에 더 약한 제2 강세가 온다.). 그런데 이 강세 패턴을 정확하게 살려 말하지 못했기 때문에, 모두들 15파운드를 50파운드(약 7만 3000원)로 알아들었던 것이다. 즉 우리가 생각하는 것보다 영어를 모국어로 하는 화자에게 강세 정보는 꽤 중요하다.

이 장에서는 언어 습득 과정에서 아이들이 운율을 어떻게 배워나가는지 살펴보도록 할 것이다. 아기들은 엄마 뱃속에서부터 말소리를 듣기 시작한다고 했다. 그런데 말소리는 태아의 귀에 전달되기까지 엄마 배와 양수를 통과하면서 일종의 여과(filtering)를 거친다. 이 과정에서 고주파대에 음향 정보가 많은 자음보다는 저주파대에서 전달되는 모음, 그리고 운율적인 특징이 태아에게 더 쉽게 전달된다. 아이들은 엄마 뱃속에서부터 운율을 배우기 시작한다.

고작해야 한두 단어 정도를 붙여 말하는, 2세도 채 되지 않은 어린 아기들도 뜻을 잘 모르는 노래 가사를 듣고 흥얼흥얼 멜로디를 따라 부른다.

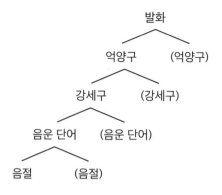

그림 11. 한국어의 운율 구조

전화 받는 흉내도 곧잘 낸다. 받아치고 응수하는 등 여러 가지 반응을 보이며 놀곤 한다. 이 시기 아이들은 이미 우리말의 여러 가지 화용적인 의미들이 어떤 형태소나 단어뿐 아니라 특정한 억양 패턴을 통해 실현된다는 것을 알고 있다. 예를 들면, 같은 어미 '-어'를 올라가는 억양과 더불어 써서 질문을 하기도 하고, 내려가는 억양과 써서 단순한 진술을 하기도 한다. 여기서 잠깐 우리말의 운율적 특징을 짚고 넘어가 보자. 이 책에서는 기본적으로 서울말의 발음을 중심으로 이야기할 것이다.

지영이는 서울 갔고, 나영이는 부산 갔어.

발화는 운율적 단위들이 계층적 구조를 이루며 존재한다. 어떤 운율 단위가 어떤 구조로 존재하는지는 언어마다 다른데, 한국어는 그림 11에서 나타난 것과 같은 운율 구조를 갖는다(한국어 억양에 관해서는 Jun, 1993, 1998; Lee, 1990; 이호영, 1997 참조). 즉 발화는 하나 이상의 억양구(intonation phrase, IP)로, 억양구는 하나 이상의 강세구(accentual phrase, AP)로, 강세구는 하나 이상의 음운 단어(phonolgical word, PW)로, 음운 단어는 하나 이상의 음절(syllable)로 구성된다. 위의 문장을 예로 살펴보면, '지영이는 서울 갔고, 나영이는 부산 갔어.' 전체가 하나의 발화라 할 수 있다. 기본적으로 화자가 어떻게 말하느냐에 따라 억양 구조가 달라질 수는 있으나, 자연스럽게 읽었을 때 '갔고'와 '나영이는' 사이에서 문장의 큰 억양 단위가 나뉘는 것을 알 수 있다. '지영이는 서울 갔고'와 '나영이는 부산 갔어.'가 각각 하나의 억양구로 발화될 수 있는 것이다. 하나의 억양구 끝에는 약간의 쉼, 휴지를 두거나 음절을 늘여 말하기도 한다. 또한 각 억양구는 하나 이상의 강세구로 이루어져 있다. 앞의 문장에서는 '지영이는', '서울 갔고', '나영이는', '부산 갔어' 각각이 강세구를 이룰 수 있다. 순우리말로는 억양구는 '말마디', 강세구는 '말토막'이라고 일컫기도 한다. 그렇다면 자연스럽게 '지영이는'과 '나영이는'을 읽어 보자.

　각 강세구(지영이는, 나영이는) 내에서 음의 높낮이가 그림 12의 왼쪽과 같이 변화하고 있는가? 한국어에서는 흔히 강세구가 이러한 LHLH(L = 저, H = 고)의 억양 패턴을 갖는다. 그러나 첫 자음이 /ㅃ, ㅍ, ㄸ, ㅌ, ㄲ, ㅋ, ㅉ, ㅊ, ㅅ, ㅆ, ㅎ/ 같은 강자음(격음, 경음, 마찰음)일 경우, 첫 음절이 높게 발음되어 HHLH의 패턴이 나타난다. '지영이는' 대신 '희영이는'을 읽어보자. 그림 12의 오른쪽과 같은 HHLH 패턴이 실현될 것이다. 5음절 이상으로 구성된 강세구도 마찬가지다. 두 번째 성조 H와 세 번째 성조 L 사이에 하나 이상의 음절이 놓이며 자연스럽게 연결될 것이다. 본래 한국어 강세구는 2~5음절로 구성되는 경우가 가장 흔하며(신지영, 2011), 4음절보다 짧은 음절로 구성된 강세구는 두 번째나 세 번째 성조는 실현되지 않고 LH, LHH, LLH, HH, HLH, HHH 같은 패턴으로 나타난다. 이러한 강세구

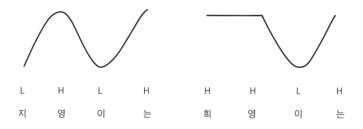

그림 12. 한국어 강세구의 LHLH(좌), HHLH(우) 억양 패턴

억양은 한국어의 독특한 특징으로, L(H)HLH의 억양만 들어도 한국어 같다는 느낌이 들 것이다. 한국어에서 강세구는 여러 음운 현상이 일어나는 중요한 단위이기도 하다. 가령, 앞서 설명한 경음화 현상은 장애음과 평음이 같은 강세구 내에 나타날 때만 일어난다. '집 앞 거리'라 한다면, '앞'과 '거리' 사이에 강세구의 경계를 두느냐 마느냐에 따라 '거리'의 첫 소리 /ㄱ/의 경음화 여부가 결정된다.

하나 이상의 강세구가 모여 이룬, 억양구의 마지막 음절에 얹히는 경계 억양은 다양한 통사적, 화용적 의미를 전달한다. 조금 더 간단한 문장을 통해 이를 살펴보자.

빵 먹었어

마지막 음절에 어떤 억양이 실리냐에 따라서, 이 문장은 그 의미가 완전히 달라질 수 있다. 단순히 빵을 먹었다는 사실을 전할 수도 있고, 빵을 먹었냐고 물을 수도 있으며, 빵을 먹었다는 상대에게 어떻게 그럴 수 있냐고 화를 낼 수도 있다. 연기를 하듯이 다양한 의미로 읽어 보자. 각 예시 문장의 소리도 들어 보며 다음의 스펙트로그램에 나타난 마지막 음절 '어'의

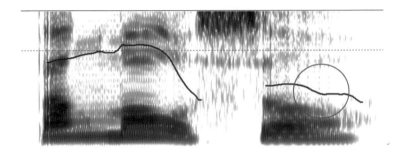

그림 13. 평서문 "빵 먹었어."

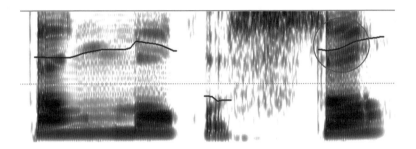

그림 14. 의문문 "빵 먹었어?"

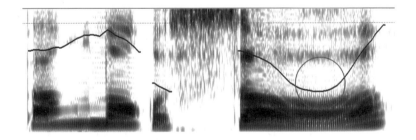

그림 15. 화(분노)의 감정이 담긴 "빵 먹었어!"

높낮이 변화를 눈여겨보자. 그림 13의 평서문의 경우, '어'를 낮은 음조로 말해 '(내가) 빵을 먹었다'는 의미를 전달할 수 있다(L 수평조 - L%'). 반면, 그림 14의 의문문은 마지막 음절의 음높이가 이전 음절보다 높게 실현되어, '(네가) 빵을 먹었냐'고 묻는 의미를 나타낸다(H 수평조 - H%).

'어떻게 빵을 먹을 수 있느냐'고 화를 낼 때에는 어떤 억양을 사용할 수 있을까? 다음 그림을 살펴보면, 마지막 음절 '어'에 내리오름조 억양(HLH%), 즉 내려갔다 올라가는 억양이 사용될 수 있음을 알 수 있다.

억양 패턴이 전달하는 의미는 어느 정도 언어 보편적인 특성이 있다. 그러나 한국어를 습득하기 위해서는 한국어만의 특징적인 억양 패턴을 익히고, 화용적 의미에 따라 미묘한 패턴들을 잘 사용할 수 있어야 한다.

운율 단위들은 문법적 단위들과 무관하지는 않다. 그림 16은 한국어의 문법 단위들을 계층적으로 나타낸 것으로, 운율 구조(그림 11 참조)와 매우 닮아 있음을 알 수 있다. 그러나 문법 단위와 운율 단위가 꼭 일대일로 대응되는 것은 아니다. 하나의 어절('단어+조사'의 구성처럼, 띄어쓰기로 나누어진 단위)이 하나의 강세구를 형성하는 것이 일반적이지만, 2개의 어절이 하나의 음운구를 형성하기도 한다. 또 대체로는 절의 경계와 억양구의 경계가 일치하지만, 절의 경계가 있는데 억양구 경계가 없을 수도 있고, 반대로 절의 경계가 없음에도 억양구 경계가 형성되기도 한다. 의미 단위(문법 단위)와 소리 단위(운율 단위)가 일치됨으로써 의미가 효과적으로 전달되기도 하지만, 소리의 산출은 생리적 제약을 비롯해 말의 속도, 스타일 등 여러 요소에 따라 달라질 수 있기 때문에, 이 두 단위가 일대일로 대응 관계를 성립하기는 어려운 것이다.

아버지가방에들어가신다.

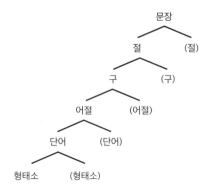

그림 16. 한국어의 문법 구조

띄어쓰기의 중요성을 강조할 때 흔히 언급되는 문장이다. 띄어쓰기는 표기법의 문제이지만, 사실 이 예시는 말을 할 때 적절한 억양 구조로 단어를 분절하지 못하면, 전혀 다른 의미를 전달할 수도 있다는 중요한 사실을 보여 준다. '아버지가 방에'를 '아버지 가방에'로 잘못 나누어 말하게 되면, 즉 강세구의 경계가 '아버지'와 '가방에'의 사이에 놓이면, 아버지가 방이 아닌 가방으로 들어가신다는 뜻이 된다. 「SNL Korea」 한국말 나들이 편에서는 외국인이 '내동생고기'라는 간판을 보고 내동 지방의 생고기가 아닌, 내 동생(의) 고기로 해석했다는 에피소드를 다룬 적이 있다. 언어의 습득을 위해서는 이렇듯 각 문장의 통사 구조와 전달하려는 의미에 적합한 운율 구조로 말할 수 있어야 한다. 그렇다면 이렇게 복잡하고 미묘한 언어의 운율 체계를 아이들은 어떻게 배울 수 있을까?

아이들도 알까?

아이들은 이러한 운율 특징들을 언제쯤 배우게 될까? 자음과 모음을 완전히 배우고 나서일까? 그렇지 않다. 생후 1개월이 지난 아기들도 강세 패턴이 다른 단어를 구분할 수 있고, 생후 9개월이 되면 주변 언어의 강세 패턴을 선호하기 시작한다. 또 12개월쯤이면 강세로 단어를 구분할 수 있는 능력이 생긴다. 그러나 산출은 지각보다 느리게 진행되기 때문에, 올바른 강세 패턴으로 단어를 직접 구사하게 되는 데까지는 더 오랜 시간이 걸린다(Ota, 2016 참조).

아이들은 오름 억양, 내림 억양, 내리오름 억양 등, 화용적인 의미를 나타내는 다양한 억양 패턴을 아주 일찍부터 사용한다. 단어를 발화하지 못하는 어린 아이들도 요청, 흥미, 불편함 등 자신의 느낌이나 의도를 전달하기 위해 특정 억양 패턴을 모음이나 기타 무의미한 소리에 얹곤 한다(Clumeck, 1980; Vihman, 1996).

보다 구체적으로, 한국어를 배우는 아이들이 언제 어떻게 운율을 습득하는지 몇몇 연구들의 결과를 살펴보겠다. 한 여아의 2~22개월 동안 음운 발달 과정을 살펴본 연구에서는 옹알이 시기부터 모음이 없이 발음되는 '음-[m]', '응-[ŋ]' 같은 소리에 의미를 전달하는 억양 패턴을 얹혀 사용하는 것으로 나타났다(Jun, 2006). 예를 들어 '음-'을 올림 억양으로 발화해 엄마에게 "이건 뭐예요?" 같은 의미를 표현하는 것이다. 생후 16개월에도 의미가 없는 CV 음절에 요청이나 질문의 의도를 담은 오름조 억양(LH%) 등 다양한 억양 패턴을 얹어서 사용하는 경향이 관찰되었다. 그리고 한 단어 시기에 이르자 단어에 L%, HL%의 경계 억양을 얹어 발화했고, 구를 발화하는 단계에서는 단어에는 강세구를, 발화 전체에는 억양구를 얹혀 말했다. 특히 질문을 나타내는 H%, 요청을 나타내는 LH%, 짜증이나 주장을 나타내는 LHL% 등 다양한 경계 억양과 초점 억양을 사용하고 있었다. 이 연구는 한 명의 아이를 대상으로 했다는 점에서 한계가 있으나 한국어에서 억양이 분절음보다 더 일찍 습득될 수 있음을 시사했다는 데 의미가 있다. 때문에 앞으로 이와 관련해 더 많은 연구가 이루어질 필요가 있다. 한편, 같은 맥락에서 중국어 같은 성조 언어나 일본어 같은 고저악센트 언어처럼 운율적 요소가 단어의 의미를 구분하는 데에 사용되는 경우, 아이들은 자, 모음 같은 분절음보다 성조, 고저악센트 등 운율적인 요소들을 더 먼저 습득한다고 한다(Li & Thompson, 1977).

3~4세 아이들이 강세구 억양, 휴지 등의 정보를 이해하고 있는지 살펴본 한 연구(Choi & Mazuka, 2009)에서는 '아버지가 방에 들어가신다'와 '아버지 가방에 들어가신다'처럼 중의적으로 해석될 수 있는 문장의 의미를 제대로 파악할 수 있는지 실험했다. 신기하게도 아이들은 80퍼센트 이상의 정확도로 이러한 문장들을 이해했는데, 우연의 일치라고 보기 어려운 수치다. 물론 이보다 복잡한 통사적 중의성은 5, 6세가 되어도 정확히 이해하지 못하는 것으로 나타났다(예: [기린(모양의) 과자를] [먹어요]와 [기린(이)] [과자를] [먹어요]). 즉 복잡한 통사 구조를 적절한 억양 구조로 분절해 말하고 이해하는 데까지는 더 오랜 시간이 걸린다. 결과적으로 아이들은 엄마 뱃속에서부터 주변 언어의 운율을 자연스럽게 듣기 시작해 다양한 운율의 기능과 의미들을 하나 하나 터득해 나가며, 일찍부터 감정이나 기분을 표현하거나 요청 등을 하는 의사 소통의 도구로 억양을 사용한다.

언어의 아이들

소리의 세상으로: 새롭게 만나는 세계

지금까지 아이가 어떻게 언어의 소리 세계를 터득해 나가는지 자세히 살펴보았다. 특히 한국어를 습득하는 아이들이 다른 언어와는 다른 한국어의 말소리 특징을 어떻게 마스터하며, 언어 보편적인 말소리 습득의 단계와 원리가 무엇인지를 살펴보았다. 말소리의 세계를 알아가는 것은 언어 습득에 있어 가장 중요한 초석을 닦는 일이다. 귀가 들리지 않는 아기가 수화도 배우지 않고 그대로 방치된다면 어떤 종류의 언어도 배우지 못하는 것처럼, 인간이 가지고 있는 언어 습득 장치를 가동시키 위해서는 주변 말소리를 듣고, 그 음성의 실타래에서 단어 경계를 분절해 의미를 배워 나가야 한다. Ⅲ부에서는 백지 상태의 아이들이 어떻게 단어의 의미를 터득해 가며 머릿속 사전을 만드는지, 그리고 더 나아가 어떻게 말의 구조와 의미를 분석하고 만들어 가는지 이야기해 보려고 한다.

III

아이들의
머릿속 사전

아이들이 말을 배우는 과정에서 가장 눈에 띄게 발전을 관찰할 수 있는 영역은 바로 어휘, 단어 수의 증가이다. 아이들이 말을 하기 시작하면 아주 빠른 속도로 단어를 습득하는 소위 '단어 폭발' 현상이 관찰된다. 아이들은 사전에서 단어의 의미를 찾아보지 않고도 자연스럽게 어떻게 단어를 습득하는 것일까? '사과'라는 단어를 들었을 때, 이것이 빨간색 사과만을 의미할 수도 있고 사과 껍질을 의미할 수 있는데도, 아이들은 무한한 의미의 가능성 속에서 스스로 정확한 사과의 의미를 터득한다.

Ⅲ부에서는 아이들의 단어장이 어떤 모습으로 형성되고 변화하는지에 대해서 생각해 보려고 한다. 이 단어장을 머릿속 사전이라고 부르기로 하자. 아이들의 머릿속에 어떤 사전이 어떻게 있는지는 알아내기가 쉽지는 않다. 사람들이 흔히 쓰는 '사전'과 달리 이 머릿속 사전은 지속적으로 수정, 업데이트된다. 그러나 그 과정에서 아이들은 결코 '아무렇게나' 단어들을 쑤셔 넣지 않으며, 단어들은 분명한 체계 속에 차곡차곡 정리, 저장된다. 즉 머릿속 사전은 패턴과 원칙이 있는 정리 방식 아래 형성되는 것이다.

'먹는다'라는 단어를 배울 때 우리는 단순히 그 의미와 소리만을 배우는 것이 아니라, 먹는 주체나 먹는 것의 대상이 될 수 있는 것이 무엇인지에 대한 정보까지 머릿속 사전에 저장하게 된다. 또 어휘 습득은 문법 습득과도 긴밀하게 연결되어 있다. 특히 한국어 어휘 중 조사와 어미의 습득은 문법 습득과 아주 긴밀하게 연결되어 있다. 동사가 뒤에 등장하는 한국어의 특징이 한국 아동들의 어휘 습득 패턴에 어떠한 영향을 미치는지도 생각해 볼 문제이다.

한 사회의 단어는 끊임없이 생겨나고, 끊임없이 사라진다. 언제부터인가 '택배 아저씨', '스마트폰', '유튜브' 같은 새로운 어휘가 매일 사용된다. Ⅲ부 마지막 부분에서는 필자들이 실시한 아동 어휘 습득 연구를 소개하면서, 현재 대한민국 아이들의 단어장에는 어떤 단어들이 중요한 위치를 차지하고 있는지, 이 단어들이 우리 사회의 변화를 어떻게 반영하는지도 살펴볼 것이다.

언어의 아이들

1 새로운 단어가
만들어지다

언어는 약속이다. 말을 배우는 것은 사회의 약속을 배우는 것이다. 구조주의 언어학의 선구자라고 할 수 있는 페르디낭 드 소쉬르(Ferdinand de Saussure, 1857~1913년)는 어떤 공동체나 사회에서 사용되는 '말', 언어는 집단적 습관 혹은 일종의 약속(convention)이라 볼 수 있다고 했다. 아이들이 말을 배우면서 새로운 단어들을 스스로 만드는 경우는 많다. 하지만 그렇다고 아이들이 자기만의 독특한 말을 만들어 가는 것은 아니다. 말을 배우는 과정은 결국 사회의 일원으로 역할을 하기 위해 약속의 체계를 익혀 나가는 것이다. 사라는 처음에 미끄럼틀을 '본또노'라고 칭했다. 이 기간은 꽤 오랫동안 이어지는 듯했는데, 어느 순간 변화가 생겼다. 사라는 다른 아이들처럼 미끄럼틀을 미끄럼틀이라 부르는 데 동의(?)를 했는지 본또노라는 자신만의 단어를 더 이상 사용하지 않았다. 비슷한 예로 제시는 한동안 "I love you(사랑해요.)."라는 문장을 '아빠쥬'라고 자신만의 말로 표현했다. 그러나 이러한 시기는 결코 계속되지 않았다.

어른들은 원하는 바를 전달할 수 없는 표현이 없을 때 새로운 단어를 만든다. 이것은 아이들도 마찬가지이다. 말하고자 하는 바에 딱 들어맞는 단어가 있다면, 굳이 조어를 하지 않는다. 적당한 단어가 없기 때문에, 혹은 기존의 단어가 표현하고자 하는 의미를 다 담지 못하거나 그 의미와 차이가 있기 때문에 조어를 한다. 이브 클락(Eve V. Clark, 1942년~)은 이렇듯 형태가 다르면 의미 또한 다르다는 개념을 '대조의 원칙'이라 했다. 요약하면 간단하다. 사람들이 쓰고 있는 단어 중에 내가 말하고자 하는 의미를 잘 담는 단어가 있으면, 우선적으로 그것을 사용한다. 그런 단어가 없으면, 기존의 것들과는 의미가 다른 단어를 새로 만든다. 아이들은 이 대조의 원칙을 정확하게 염두에 두고 있으며, 이를 기반으로 단어를 익혀 나간다.

단어 폭발: 얼마나 많이?

아이들이 태어나서 첫 단어를 발화하기까지는 대략 1년의 시간이 걸린다. 그러나 말이 좀 트이고 나면, 어느새부터인가 '폭발적' 속도로 단어를 배우게 된다. 이것을 '단어 폭발(vocabulary spurt)'이라고 부른다. 그림 17은 한 아동을 대상으로 월령에 따라 몇 개의 단어를 습득했는지 조사한 결과를 그래프로 나타낸 것이다. 아동은 15개월 이후부터 단어 습득량이 급격히 증가했음을 볼 수 있다. 물론 단어를 '폭풍 습득'하게 되는 찰나의 변화 시점이 모든 아이들에게 나타나는지, 정말 이러한 폭발이 존재하는지는 의견이 분분하다. 그러나 언어를 습득하는 이 시기의 아이들이 엄청난 양의 단어를 배우는 것만은 확고한 사실이다.

영어를 모국어로 하는 아이들은 2세 정도부터 하루 평균 한두 개의

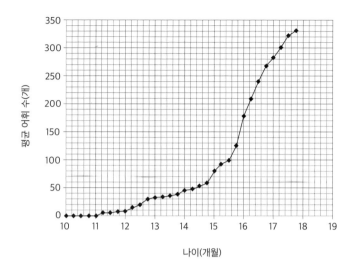

그림 17. 한 단어 단계에서 나타나는 단어 폭발(Saxton, 2010 참조)

표 10. 연령별 하루에 배우는 평균 단어의 수(Saxton, 2010 참조)

나이	하루에 배우는 단어 수(개)
12~16개월	0.3
16~23개월	0.8
23~30개월	1.6
30개월~6세	3.6
6~8세	6.6
8~10세	12.1
11~17세	7.8

단어를 배우게 되며, 6세가 되면 1만 4000개 정도의 단어를 습득한다. 표 10에서 연령별로 하루에 배우는 평균 단어의 수를 살펴보자. 아이들이 학령기까지도 지속적으로 새로운 단어를 배운다는 것을 알 수 있다.

단어 구분해 내기

아이들은 어떻게 단어를 배우는가? 단어의 의미에 대해 이야기하기 전에, 말소리에 대한 이야기로 돌아가보자. 앞에서도 이야기했듯 아이들이 듣는 언어는 띄어쓰기로 '친절하게' 단어마다의 경계가 구분돼 있는 것이 아니다. 즉 아이들이 노출되는 언어는 단어별로 분절된 형태가 아니라, 문장 단위, 더 나아가 발화 단위로 된 말소리의 연속이다. 그렇다면 이 길고 복잡한 소리의 연속에서, 단어를 하나도 배우지 못한 아이들은 어떻게 개별 단어를 구분해 들을 수 있는 것일까?

우선 아이들은 단어를 분절하기 위해서 말소리의 '운율'을 단서로 사용한다. 예를 들어 영어는 단어의 70퍼센트 정도가 강세 음절로 시작된다. 즉 상대적으로 음의 세기와 높이가 더 강하고 높으며 모음의 음가(vowel quality)가 축약되지 않은 음절을 첫 음절로 보면, 단어의 분절이 용이해진다(Cutler, 1993). 각 언어마다 허용되는 소리의 연속이 다름을 나타내는, '음소 배열 규칙' 또한 단어 분절에 영향을 끼친다. 영어에서는 'string'과 같이 음절 앞에서 여러 개의 자음이 연이어 나타나는 것이 가능하지만, 한국어에서는 자음군이 음절 시작에 나타날 수 없다는 것이다. 아이들은 운율뿐 아니라 이러한 음소 배열 규칙까지도 활용해 말소리의 연속에서 음절의 경계를 구분하고 단어의 시작과 끝을 찾아간다.

언어의 아이들

그러나 이러한 음성적 정보만이 다는 아니다. 아이들은 단어를 구분해 내기 위해서 음절의 분포에 대한 정보를 활용한다. 여기서 음절의 분포라 함은 각 언어에서 특정한 음절 다음에 어떠한 음절이 나오게 되는 전이 확률(transitional probability)을 말하는 것인데, 이 확률은 한 단어 내의 음절들끼리는 높고, 단어의 경계에 걸쳐 있는 음절들끼리는 낮다. 한국어에서 '언'이라는 음절을 들으면 그 뒤에 어떤 음절이 이어질지 생각해 보자. '-니(언니)', '-어(언어)', '-제(언제)' 등이 떠오를 것이다. 이렇게 한 단어를 이루는 음절들의 조합은 한정되어 있기 때문에 '언'과 '니', '어', '제'는 서로 긴밀한 연결을 가지고 있다. 따라서 이러한 음절의 분포를 학습하게 되면, 단어를 다 알지 못하더라도 '…밥을먹다가동생과언니는싸웠…' 하는 말소리를 들었을 때, '언'과 '니'를 하나의 단어로 묶을 수 있게 된다. 그렇다면 '언니'의 '니' 뒤에는 어떤 음절이 따라 나올지 생각해 보자. 그 가능성은 무한하다. 언니라는 단어 다음에 나올 수 있는 단어는 아주 많을 것이다. 따라서 '니'와 '는'의 결합은 그 전이 확률이 낮고, 이 부분이 단어의 경계가 될 거라 추측할 수 있게 된다.

이러한 통계적 추론 능력은 언어 특정적인 것이 아닌 일반적인 학습 능력이다. 단순히 언어 자극에의 노출로 통계적 정보를 학습, 언어를 습득한다는 설명은, 언어 습득을 위해서는 특별한 장치가 필요하다는 촘스키의 관점과는 대비되는 것이다. 그러나 아이들이 말소리에서 단어를 분절할 때에는 이러한 통계적 능력이 유용하다는 증거가 있다(Saffron 외, 1996). 이 연구에서는 생후 8개월 된 아기들에게 'tupiro, golabu, bidaku, padoti' 같은 인공 언어의 단어들을 2분 동안 무작위로, 경계 없이 연이어 들려주고(예: bidakupadotigolabubidaku…) 아이들이 이 언어의 음절 전이 확률을 습득해 단어가 될 수 있는 조합과 아닌 조합을 구별해 낼 수 있는지 실험했다. 단어 내의 음절 연속으로 전이 확률이 높은 'bida'와, 단어의 경계에 걸쳐 있어 전이 확률이 낮은 'kupa'를 구분할 수 있는지 확인한 것이다. 신기하게도 아기들은 이 언어에서 나타나지 않는 음절의 연속으로 새로운 단어를 구분해 냈다. 즉 생후 8개월의 어린 아기들이 아주 짧은 시간 안에 이 새로운 언어의 음절 분포를 배우고 이것을 단어 분절에 사용할 수 있다는 것이다. 물론 아이들이 이러한 통계 추론 능력을 단어 분절에 사용한다고 해, 언어 습득 장치의 존재를 부정하는 것은 아니다.

아이들의 단어장

아이들은 단어를 접했을 때, 그 소리(발음)는 물론 의미도 기억해야 한다. 이 과정에서 아이들은 단어의 의미를 몇 가지 영역으로 나누고 분류해 기억한다는 주장과 그 근거가 있다. 그리고 이 의미 영역 상자는 물건, 움직임, 상황, 관계, 상태와 특성로 나눌 수 있을 것으로 본다. 이 상자들을 기준으로 아이들이 초기에 배우는 단어를 분류할 수 있다. 표 11은 18개월 이상의 아이들이 사용하는 단어들을 분류할 의미 영역을 구분지어 본 것이다(Clark, 1979).

언어마다 약간의 차이는 있겠지만, 아이들이 처음 배우는 단어 목록은 크게 다르지 않다. 우선, '엄마', '아빠'와 같은 호칭어들부터 배우고 말하기 시작한다. 특히 호칭어가 발달되어 있는 한국의 아이들은 이 단어들을 더 세세하게 배운다. 사라와 제시의 경우 모두 약 17개월 정도부터, '엄마', '아빠' 이외에도 '할머니, 할아버지, 아저씨, 아줌마, 언니, 이모, 삼촌, 사모님' 등의 단어들을 매우 정확하게 사용하기 시작했다. 제시는 길거리

언어의 아이들

표 11. 아이들의 의미 영역(Clark, 1979; Pan, 2005 참조)

아이들의 의미 영역
음식, 음료
가족
동물
신체 부위
의류
놀이, 생활
장난감
익숙한 물건
동작
상태 표현
소리 효과

에 지나가는 사람들을 가리켜 '아줌마', '아저씨'라고 부르기도 했다. 영국 아이들은 이렇지 않다. 영어에는 호칭어가 잘 발달되어 있지 않기 때문이다. 영국 엄마들을 인터뷰하거나 문헌을 찾아보면, 이 시기 나타나는 호칭 관련 단어는 'mummy(엄마)', 'daddy(아빠)' 정도이다. 표 12는 사라가 15개월 때 배운 단어들을 나열해 놓은 것이다.

한편 표 13은 영어를 습득하는 아동들이 12~18개월 때 주로 사용하는 단어들을 정리한 것으로, 매월 수집된 발화 자료에서 50퍼센트 이상 관찰되는 단어를 추렸다.

표 12. 영어-한국어 이중 언어 화자인 사라가 15개월에 배운 단어들

어휘 범주	개수	단어
사람(이름 포함)	18	baby, man, mummy, boy, girl, people 엄마, 아빠, daddy, 할미함머니(할머니), 하비하버지(할아버지), 어마남->사마님(사모님), 언누/언니, 이모, 삼촌, 애기(아기), 친구
동물	25	cat, dog, rabbit, duck, mouse, zebra, animal 꽥꽥이, 멍멍이, 악어, 미야우(고양이), 곰, 사자, 말, 쥐, 꼬끼오(닭), 비둘기
탈 것	18	car, truck, train, bike, sled, fire-truck 빠방(자동차), 기차, 빈쟁기(비행기)
신체 부위	14	nose, toe, eye, head, finger, hand, knee 머리, 발, 눈, 코, 입, 귀
의류	14	diaper, sock, jacket, shirt, button 기저귀, 신발
장난감	35	block, ball, clown, doll, bus, slinky, toy 공
가구	12	chair, cushion, table, rug, bed, bath 의자
집안 도구	39	telephone, light, kettle, plug, clock, stairs
음식	31	milk, juice, cheese, nut, egg, carrot, food, cereal 우유, 맘마, 밥, 빵, 옥쭈쭈(옥수수), 파인애플, 아이스크림, 감자, 고구마, 복숭아
음식 만드는 도구들	11	bottle, cup, spoon, plate, lid, bowl, glass
자질이나 상태	24	hot, big, stuck, wet, tight, shut, sleepy
동작	74	get, put, go, do, up, out, fall, jump, drive 응가, 쉬, 떠어졌어(떨어졌어), 젖었다, 찾았다, 미안해요, 감사합니다
감탄사, 담화 표지어들		오, 아, 으쌰, 때찌, 애비

표 13. 영어 습득 아동(12~18개월)이 사용하는 단어(Fenson 외 1994:93 참조)

어휘 범주	단어(사용 시기)
사람	daddy, mommy(12개월), baby(15개월), grandma, grandpa(18개월)
음식	banana, juice, cookie(16개월), cracker, apple, cheese(17개월)
신체 부위	eye, nose(16개월), ear(17개월)
의류	shoe(16개월), sock, hat(18개월)
동물	dog(14개월), kitty, bird, duck(16개월), cat, fish(18개월)
탈 것	car(16개월), truck(18개월)
장난감	ball(15개월), book, balloon(16개월), boat(18개월)
집안 도구	bottle(16개월), keys(17개월)
소리, 동작, 상태	uh oh, woof, moo, ouch, baa baa, yum yum(16개월), vroom, up, down(17개월)

보이는 세상에서 보이지 않는 세상으로

아이들이 주로 사용하는 어휘들은 실체적인 개념들을 표현하는 경우가 대부분이다. 장난감, 음식, 옷같이 눈앞에 보이는 명확한 물체들, TV나 그림책에서 보는 동물, 주변에 보는 가족 구성원이 그 예이다. 특정 단어를 들었을 때 추상적인 개념을 떠올리기보다 눈앞의 실체적인 사물과 연관시키기 때문이다. 많은 경우, 언어 습득 초기의 아이들이 움직임을 나타내는 동사보다는 이름을 지칭하는 명사를 더 쉽게 배우는 경향이 나타난다. 특히 추상적인 개념을 나타내는 명사보다는 실체적인 사물을 나타내는 명사를 더 많이 배운다.

나에서 타인으로

아이들은 첫 단어를 말하는 시기인 1세 전후에 의사 소통에서 전달되는 상대방의 의도를 이해하는 능력이 생긴다. 이렇게 아이는 이심전심의 원리를 터득하면서 '나'를 넘어 '우리'를 배우고 언어를 터득할 준비를 하게 된다.

아이들의 단어 습득은 아이들의 인지 발달과도 긴밀한 연관이 있다. 아이들의 인지 발달 연구에 기념비적인 기여를 한 피아제는 아이들이 아직 언어를 완전하게 습득하지 못한 18개월 이전의 시기에도 기본적인 인지 능력은 이미 상당히 발달해 있다고 주장했다. 특히 그는 이 시기의 아이들이 어떤 물체가 눈앞에 보이지 않고 만질 수 없대도 존재하고 있음을 알고 있다고 했다. 까꿍 놀이를 떠올려 보면, 손으로 가려진 얼굴이 보이지 않아도 아이들은 엄마가 손바닥 뒤에 있다는 것을 안다. 이외에도 공간 지각이 발달하고, 어떤 행동의 주체가 누구였는지 이해하며, 원인과 결과를 나타내는 인과 관계를 이해하기 시작한다.

또한 인지 발달이 진행되면서 아이는 주변 사람들의 행동이나 메세지의 '의도'를 이해하는 능력을 배우게 된다. 누군가 "서랍에서 그것 좀 꺼내 줘 봐."라고 한다면, 우리는 대부분 '그것'이 의미하는 바가 무엇인지 대화 상대와의 이전 경험, 여러 가지 상황과 문맥을 통해 어렵지 않게 이해한다. 상대방의 의도가 무엇인지 이해하는 '사회적' 인지 능력은 언어 습득을 위해 아주 중요하다(Tomasello, 2008). 14개월짜리 아이에게 장난감이 있는 쪽을 가리켜 보았다. 이전에 엄마와 함께 장난감을 정리해 본 적이 있는 아이는 엄마의 행동이 장난감을 정리하라는 의도를 담고 있다고 이해했다. 반면 낯선 사람, 즉 이러한 경험을 함께 공유하지 않는 어른이 장난감을 가리키면, 아이들은 장난감을 치우는 행동을 하지 않는다고 한다(Liebal 외, 2009).

빵과 쿠키의 다른 점은? 곰과 하마는 같은가?

어른들에게 빵과 쿠키의 차이는 분명하게 다가오지만 사실 물리적으로 이 둘의 차이를 꼬집어 내기는 쉽지 않다. 사라에게 빵과 쿠키가 어떻게 다른지 물어보았더니 아이는 이렇게 말했다.

Bread is fluffy and cookie is hard! (빵은 보들보들하고, 쿠키는 딱딱해요.)

이처럼 어린 아이들도 질감이나 단단함 등 사물마다의 특징을 어느 정도 인지하고, 이를 사물의 이름을 구분 짓고, 이름과 대상을 연결 짓는 기준으로 활용한다. 그러나 관찰한 사물에 비해 이를 나타낼 수 있도록 습득한 단어의 수가 턱없이 부족한 아이들은, 많은 경우 기존에 알고 있는 단어를 특성이 비슷해 보이는 다른 사물에도 확대 적용(over-extension)해서 사용하기도 한다. 아이들은 처음에 강아지, 곰, 말, 고양이, 하마, 양, 당나귀 등 등 모든 동물을 다 '개(doggie)'라고 불렀고, 사과, 복숭아, 체리, 딸기, 오렌지와 같은 과일들을 전부 '사과(apple)'이라고 불렀다(Thomson & Chapman, 1977). 이러한 단계는 아이들의 언어 발달에서 아주 보편적으로 관찰된다. 특히 18~30개월 아이들이 사용하는 단어들을 살펴보면 이러한 확대 적용의 예가 40퍼센트 정도나 발견된다고 한다(Rescorla, 1980).

물론 이러한 확대 적용이라는 것도 아무런 규칙 없이 일어나는 것은 아니다. 만약 아이가 고양이를 보고 '개'라고 한다면, 이 두 대상이 크기가 비슷하며 네 발 달린 포유류라는 같은 범주에 속하기 때문이다. 즉 아이에게 고양이와 개는 동일한, 모두 포유류 동물을 가리키는 말일 수 있다. 그 원인이 무엇이든, 알고 있는 단어의 수가 턱없이 부족한 아이들은 이런 식으로 의사 소통을 위해 자기 나름의 단어들을 구현해 낸다.

어떤 대상에 대해 일반화를 하고, 이름을 붙이는 것은 결코 쉽지가 않다. 즉 다른 대상과 비교해 특정 대상만의 고유 특징을 뽑아내고 분석해 일반화하는 것이, 아이들에게는 어려운 일이라는 것이다. 사실, 어떤 사과는 배처럼 생겼을 수도 있다. 어떤 배는 사과처럼 생겼을 수도 있다. '의자'라는 단어를 한번 생각해 보자. 세상에는 색깔과 형태가 다른 의자들이 다양하게 존재한다. 아이들이 이 많은 종류의 의자들을 일반화해 '의자'라는 단어로 명명할 수 있는 것은 참 놀라운 일이다.

사람들에게 참새가 새인지 물어보면, 타조가 새인지 물어볼 때보다 그렇다는 대답이 훨씬 빨리 나온다는 연구 결과가 있다. '원형(proto-type)'에 가까울수록, 그러니까 새가 새다울수록 이해가 쉽다는 것이다. 참새는 새의 특성을 다 잘 갖고 있다. 날개와 깃털이 있으며, 무엇보다 날 수 있다. 이러한 맥락에서, 닭이나 펭귄은 어떻게 그림을 그리든지 아이들은 '새'라고 인식하지 않는다(Kintsch, 1980).

단어의 습득이 사물과 단어를 1:1로 대응하는 것만을 배우는 것은 아니나, 이러한 대응 또한 생각만큼 쉬운 일은 아니다. '사과'라는 단어와 이에 해당하는 과일을 한번 생각해 보자. 특징을 기술해 보자면 빨갛고, 둥글고, 달다. 사실 빨갛지 않은 사과도 있다. 모양이 사과처럼 생긴 과일은 많으며, 맛이 사과 같은 과일도 꽤 있다. 아이들은 최초에 사과라는 과일을 어떻게 인지하고 기억하는 것인지, 또한 어떻게? 마치 어른들처럼 그 맛

　　　　　　　　　　　　　　　　　　　언어의 아이들

과 모양, 색이 조금씩 다른 경우의 과일들도 사과라고 인지할 수 있는지 궁금하고 놀라울 따름이다.

아이들은 분류 편향성(taxonomic bias)으로 단어를 습득한다. 아이들이 '바지'라는 단어를 배운다고 가정해 보자. 만약 '할머니가 얼마 전 사 주신 꽃무늬 바지'라는 특정 물체로 이 단어를 배웠고 그에 따라 단어를 이 물체와만 연관 짓게 된다면, 이후 다른 종류의 바지는 바지라고 부르지 못할 것이다. 그러나 아이들은 단어가 어떤 특정한 물체 하나를 지칭하는 것이 아니라, 물건의 특정 범주, 종류를 지칭하는 이름이라는 것을 이미 알고 있다. 따라서 다른 바지를 보아도 그것이 '바지'임을 알고 그 단어의 쓰임을 스스로 확장할 수 있는 것이다.

이렇게 아이들의 단어 습득을 지배하는 여러 가지 편향성에 대해서 좀 더 이야기할 것이다. 말을 배우는 아이들은 모두 '뭐야 뭐야(모야 모야)' 시기를 거친다. 마치 긴 잠에서 깨어나 새로운 세상을 접하는 사람처럼, 돌 이후 말문이 열린 아이들은 한 단어 시기를 지나며(어른들에게는) 지겨우리만큼 자주 "(이건) 뭐야?"라는 질문을 던진다. 아이가 이 시기에 이르게 되면 한 가지 생각해 볼 점이 있다. 아이들이 물어보는 것과 내가 대답한 것이 같을까? 이것을 어떻게 보장할 수 있을까?

가바가이 문제

철학자 윌러드 밴 오먼 콰인(Willard Van Orman Quine, 1908~2000년)의 이야기를 들어 보자. 한 언어학자가 한 번도 배운 적 없는 한 부족 언어를 조사하기 위해 외딴 곳에 가 부족원 한 명을 만나서 그 언어에 대해 이것

저것 이야기를 듣고 있었다. 이때 토끼 한 마리가 껑충 뛰어가자, 부족원은 "아! 저건 바로 '가바가이(gavagai)'라고 합니다!"라고 말했다. 자, 그럼 가바가이는 무엇을 의미할까? 흰 토끼? 토끼의 귀? 토끼의 발? 껑충하고 뛰는 토끼? 이 상황에서 가바가이라는 단어가 의미할 수 있는 것은 무궁무진하게 많다.

아이가 처음 단어를 배울 때도 비슷한 상황에 속한다. '엄마'라는 단어를 처음 들었을 때, 그것이 아줌마를 의미하는지, 부모님을 의미하는지, 아니면 그날 엄마의 헤어스타일을 이야기하는지 도대체 어떻게 알겠는가? 그렇지만 신기하게도 이것은 아이들에게 전혀 문제가 되지 않는다. 우리가 가바가이가 흰 토끼나 뛰고 있는 토끼가 아니라 일반적인 '토끼'를 일컫는 명칭임을 쉽게 유추해 내듯이, 아이들 역시 그렇다. 그렇기 때문에 아이들은 순식간에 어른들이 사용하는 단어의 정확한 의미를 이해하고 사용할 수 있게 되는 것이다.

백지 상태였던 아이들은 단어를 습득할 때, 결코 그 의미를 되는 대로 추측하지 않는다. 아이들은 특정한 편향성을 바탕으로 단어의 의미를 추측하게 된다. 가장 대표적으로, 아이들은 모르는 단어를 들었을 때 눈앞에 있는 물체의 '모양'와 그 단어를 연관시키는 경향이 강하다. 이것을 모양 편향성(shape bias)이라고 한다. 예를 들어 그림 18처럼 아이에게 왼쪽에 있는 'ㄴ'자 모양의 물체를 보여 주며, 그 이름이 '닥스(dax)'라고 가르쳐 주었다고 하자. 그런 다음, 오른쪽처럼, 그 물체와 각각 질감, 색깔, 모양이 동일한 물체들을 주고 아이들에게 이 가운데 'dax'를 골라 보라고 한다. 아이들은 어떤 물체를 고를까? 많은 경우, 아이들은 모양이 같은 세 번째 물체를 고른다고 한다(Landau 외, 1988).

아이들은 단어를 물체의 부분보다는 전체와 연관시키는 경향이 강하

언어의 아이들

그림 18. 아이들의 모양 편향성

다(Hollich 외, 2007). 이러한 경향성은 전체 물체 편향성(whole-object bias)이라고 불린다. 따라서 '가바가이'를 들었을 때도 그것이 토끼의 발이나 귀보다는 토끼라는 동물 자체를 의미하는 것으로 받아들이기가 더 쉬워진다.

어떤 단어를 배우고, 어떻게 기억하는가

아이들의 머릿속 사전은 어떤 모습일까? 아이들은 수많은 단어와 그 의미를 어떻게 기억할까? 우선, 아이들은 단어가 어떻게 발음되는지를 기억해야 하고, 그 다음에는 그 단어의 구조는 어떠하며 품사는 무엇인지 등을 기억해야 한다. 가령 단어가 동사라면, 어떤 목적어가 필요한지도 알아야 한다. 우리말에서 새로운 단어를 만드는 방법, 즉 조어법을 배워야 한다. 하나 이상의 의미를 갖는 단어의 경우에는 각각의 의미가 어떠한 상황에서 어떻게 쓰이는 것인지도 파악해야 한다. 나아가서, 대화 상대가 그 단어를 사용한 이유가 무엇인지 의도도 파악할 수 있어야 한다. 단어란 무엇일까? 표준국어대사전에는 단어를 다음과 같이 정의한다. "분리하여 자립적으로 쓸 수 있는 말이나 이에 준하는 말. 또는 그 말의 뒤에 붙어서 문법적 기능을 나타내는 말."

단어는 무엇보다도 자립적으로 의미를 갖는 최소 단위이다. 따라서 '먹었다'는 단어이지만, '었먹다'는 단어일 수 없다. 단어와 단어 사이에 순서는 바꿀 수 있지만, 단어 안 형태소들의 위치는 바꿀 수가 없기 때문이다. 어떤 단어는 동일한 형태로 전혀 다른 의미를 나타내기도 한다. 우리말 '배'를 생각해 보자. 맥락이 없다면 과일 '배'인지 신체의 일부인 '배'인지, 아니면 교통 수단의 '배'인지 발음으로는 구분을 할 수 없다. 이런 단어들은 생각보다 여기저기 있다. 사라가 3세 즈음에 시장 놀이를 하기에 물건 값을 깎아 달라고 해 보았다. 그랬더니 아이는 대뜸 일어나서 연필깎이를 들고 왔다. '깎다'를 연필 등의 표면을 벗겨 낸다는 의미로만 쓰는 동사로 이해하고 있었던 것이다. 이렇게 동일한 형태의 단어가 두 가지 이상의 의미를 가지는 것을 다의성(polysemy)이라고 한다. 연필을 깎는 것과 물건 값을 깎는 것이 공통적인 의미를 갖는다고 직관적으로 이해하고 일반화하기란 쉽지 않을 수 있다. 그러나 우리말에는 이러한 단어, 즉 연관성이 크지 않아 보이는 여러 의미를 일반화해 이해해야 하는 다의어들이 수두룩하다. 아이들은 이 정보들을 어떻게 정리, 이해하고 기억할까? 아이들의 머릿속에서 '깎다'는 어떻게 기억되고 있을까?

언어 보편적으로 아이들은 명사를 동사보다 더 쉽게 배운다(Gentner, 1982). 이것은 아이들이 단어를 주로 눈앞에 있는 실체적인 사물들과 연관 짓는 경향성을 가지고 있기 때문이다. 또한 이러한 주장은 특히 단어 폭발 시기에 습득되는 단어들이 주로 명사라는 점에서 더 설득력을 얻는다(Nelson, 1973). 모든 언어에서 이러한 경향성이 발견될까? 관련한 연구의 대다수는 영어를 대상으로 이루어졌는데, 한국어에서도 같은 경향성이 관찰될까?

그 답을 찾고자 한 연구를 살펴보자(Choi & Gopnik, 1995). 이 연구에서

언어의 아이들

는 영어 습득 아동과는 달리, 한국어를 습득하는 아동은 명사보다 동사
를 더 빨리 배운다고 밝혔다. 이는 기본적으로 한국어, 영어 간의 차이점
과 관련이 있다. 영어에서는 명사로 이루어진 주어나 목적어 같은 문장 성
분들이 생략되지 않으며, 인지적으로 더 두드러지는 문장 끝에 명사가 위
치하는 경우가 많다. 'I love dogs(나는 개를 좋아한다.).'라는 문장에서 볼 수
있듯, 영어의 문장 성분은 주어(Subject)-동사(Verb)-목적어(Object)의 순서
로 배열된다. 이러한 특징을 지닌 언어를 SVO언어라 한다. 그러나 한국어
의 경우를 생각해 보자. '먹었어', '가니?', '와!' 같은 일상적인 문장들을 떠
올려보면, 한국어에서는 명사로 이루어진 주어, 목적어 등의 문장 성분들
이 아주 쉽게 생략됨을 알 수 있다. 또 영어와는 대조적으로 동사가 문장
말미에서 놓임으로써 인지적으로 동사가 더 두드러진다('철수를 영희를 사랑
한다.' 같은 문장과 같이 한국어는 목적어가 동사보다 앞에 위치하는 SOV언어이다.). 이
연구에 따르면, 1~2세 한국어 습득 아동 9명 가운데 7명이 명사 폭발과 동
사 폭발을 모두 겪고 있었으며, 그중 6명에게서 명사 폭발보다 동사 폭발
이 먼저 일어났다. 동일한 연령대에 거의 명사 폭발만이 압도적으로 나타
나는 영어 습득 아동들과는 대조적인 결과였다. 표 14는 조사 대상 아동
들의 어휘부에서 명사와 동사가 차지하는 비율을 보여 준다. 전반적으로
영어 습득 아동의 경우, 사용 어휘의 65퍼센트가 명사로 동사(11퍼센트)에
비해 압도적인 수치로 사용되고 있음을 알 수 있는 반면, 한국어 습득 아

표 14. 한국어·영어 습득 아동의 사용 단어 범주(Choi & Gopnik, 1995; Choi, 2000 참조)

범주	명사	동사	기타 범주	계
한국어 습득 아동	50개(45%)	39개(35%)	23개(20%)	112개(100%)
영어 습득 아동	53개(65%)	9개(11%)	21개(24%)	82개(100%)

동의 경우 45퍼센트로 명사를 가장 많이 사용하고 있는 가운데서도 동사 또한 35퍼센트 정도 사용하고 있어 그 차이가 크지 않음을 확인할 수 있다. 또한 아이에게 말하는 성인의 발화도 분석한 결과 한국인 어머니들이 미국인 어머니들에 비해 명사보다 동사를 더 많이 사용하고 있는 것으로 나타났다.

다른 연구를 좀 더 살펴보자. 12~18개월 시기의 한국어 습득 아동들이 동사와 명사를 어떻게 습득하는지 살펴보았다(최은희 외, 2001). 이 문제를 정확히 밝히고자 이 연구에서는 13~18개월 된 한국 아동들의 어휘 발달 양상을 횡단적 연구 방법(cross-sectional study)과 종단적 연구 방법(longitudinal study) 모두를 사용해 살펴보았다.

횡단적인 연구 방법이란, 발달 과정을 살펴볼 때 여러 연령 집단의 피험자를 동시에 연구해 집단 간의 차이, 예를 들어 1세 집단과 2세 집단의 차이를 살펴보는 것이다. 반면 종단적 연구 방법이란 동일한 피험자 개인

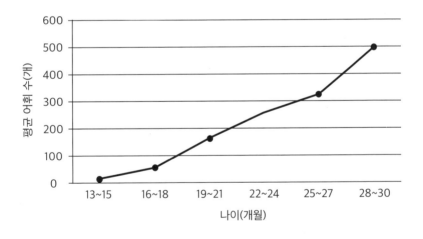

그림 19. 연령에 따른 평균 어휘 수의 변화(최은희 외, 2001 참조)

언어의 아이들

이나 집단의 발달 과정을 일정 시간에 걸쳐 반복적으로, 즉 1~2세의 걸친 변화 과정을 추적해 관찰하는 방법이다.

우선 횡단적 연구 방법에 따른 조사 결과를 살펴보면, 이 연구에서는 기존의 연구들을 참고, 656개의 어휘를 23개 범주로 목록화한 뒤 조사에 사용했다. 조사 방법은 설문 작성으로, 그 어머니를 통해 아이들이 해당 어휘를 어떻게 사용하는지 답변하도록 했다. 그림 19는 연령이 다른 180명의 아동들을 대상으로 평균 어휘 수를 조사한 결과이다. 연령이 높아짐에 따라 어휘 수가 증가하는 경향을 쉽게 확인할 수 있다. 19~21개월까지는 여자 아동이 남자 아동보다 평균적으로 사용하는 어휘의 수가 더 많은 것으로 나타났으나, 이러한 성별 차이는 이후 점차 좁혀졌다. 여아의 언어 습득이 남아보다 조금 앞선다는 결과는 기존 연구에서도 나온 바가 있으나

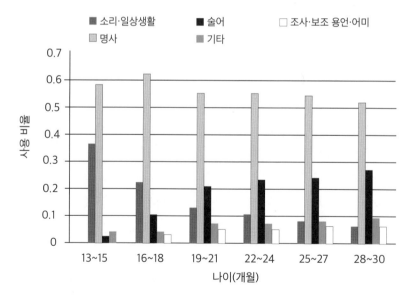

그림 20. 연령에 따른 어휘 범주별 사용 비율 변화(최은희 외, 2001 참조)

(예: Fenson 외, 1994), 이것은 아주 근소한 차이이며 발달이 지속됨에 따라 없어지기 마련이다.

그림 20은 어휘 항목들을 어휘 범주에 따라 나눈 뒤, 대상 아동들의 연령대별로 각 범주의 사용 비율을 조사해 나타낸 것이다. 전 연령대에 걸쳐 명사가 다른 네 가지 범주보다 월등히 높은 비율로 사용됨을 알 수 있다. 언어 습득 초기에는 명사 사용 비율이 독보적으로 높지만, 16~18개월이 지나면서 그 비율이 조금씩 낮아지는 것이 관찰된다. 반면 동사가 중심이 되는 술어, 즉 서술어는 연령이 증가함에 따라 사용 비율이 계속 증가하는 것을 알 수 있다. 소리, 일상생활 어휘는 13~15개월 때 30퍼센트 이상 쓰였으나, 연령이 증가하며 그 사용률이 현저히 줄었다.

그렇다면 종단적 연구 방법으로 실사한 조사 결과는 어땠을까? 30명의 아동을 대상으로 조사한 결과, 결론은 비슷했다(Fenson 외, 1994). 언어 습득이 진행될수록 명사와 술어의 사용 비율 차이가 점차 좁혀졌으나, 명사의 비율이 계속적으로 크게 높았다. 기존 연구(Choi & Gopnik, 1995)와는 상반되게 한국어 습득 아동들의 어휘에서도 명사의 사용 비율이 다른 범주에 비해 월등히 높은, 50퍼센트 이상이라는 결론이 나왔는데, 논문에서는 이 결론이 아동 어휘 습득이 언어 특정성의 가설보다 언어 보편성 가설을 지지하는 근거라 해석했다.

비슷한 연구에서는 12~24개월 유아들의 자유 발화를 녹음해 품사별로 아이들의 어휘 발달 양상이 어떻게 나타나는지 살펴보았다(이필영 외, 2004). 매달 관찰된 어휘 수의 변화를 그래프로 나타내보면 그림 21과 같다. 말문이 처음 열리는 12개월부터 약 16개월까지는 명사를 중점적으로 어휘를 배우는 시기로, '명사 중심기'라 명명했다. 17~20개월 시기는 '품사 확장기'로 보았는데, 이때는 아이들이 점차 단어와 단어, 특히 명사와

언어의 아이들

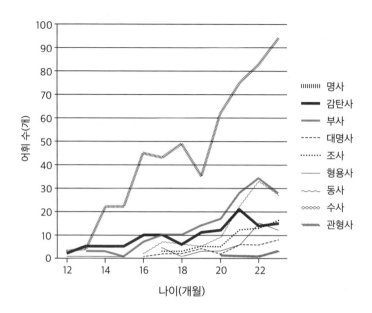

그림 21. 12~24개월 유아의 어휘 습득 양상(이필영 외, 2004 참조)

동사를 조합해 말하는 두 단어 시기와 맞물린다. 이에 따라 동사와 형용사, 즉 용언의 사용은 점차 증가하고, 명사의 사용은 상대적으로 줄어든다. 또한 용언의 사용이 늘어남에 따라 조사의 사용도 증가하는 것이 관찰되었다. 20개월 정도가 되면 9품사를 모두 사용하게 되고, 21~23개월 시기에는 '단어 폭발'이 나타난다. 이 시기에는 습득하는 어휘의 수가 폭발적으로 증가하면서 아이들의 발화가 점차 문법적으로 완전한 형태로, 구색을 갖추어 감이 관찰된다. 이 시기에는 특히 동사, 형용사뿐 아니라 조사의 사용도 급격하게 늘어나며, 습득이 늦은 관형사 또한 증가세를 보이게 된다. 따라서 이 시기를 '품사 확립기'로 구분할 수 있다. 결론을 내리자면, 한국어 습득 아동들이 영어 습득 아동보다 동사의 습득이 두드러지게 빨리 이루어지는 것은 사실이지만, 아이들의 어휘 습득에서 중요한 위치를 차지하고 있는 것은 역시 명사임을 알 수 있다.

한국어의 명사에 대해 좀 더 자세히 알아보자. 우리말에서 체언이란 문장의 '몸', 즉 주어가 될 수 있는 단어들로, 보통 명사, 고유 명사, 의존 명사, 대명사, 수사가 포함되는 개념이다. 여기서 보통 명사는 '엄마, 아빠, 물, 책, 집'처럼 일반적으로 두루 쓰이는 명사들이며, 고유 명사는 특정한 사물이나 사람 등의 이름을 나타내는 명사, 예를 들면 '사라, 뽀로로, 런던, 코코몽' 같은 것을 말한다. 의존 명사는 다른 단어와 결합해 문법적인 기능을 하는 명사로, '-것', '-수', '-번' 같은 것들이 포함된다. 사람이나 사물의 이름을 대신 나타내는 대명사에는 '나', '너', '우리' 같은 인칭 대명사와 '이것', '저것', '그것' 등의 지시 대명사가 있다. 수사는 숫자를 나타내는 명사로, '하나, 둘, 셋, 일, 이, 삼'이 그 예이다.

2~5세 아동들의 일상 대화를 수집, 그 말뭉치에서 체언이 나타나는 빈도를 조사한 논문에서는 체언이 나타나는 빈도를 유형 수와 사용 빈도

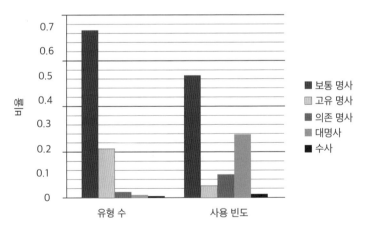

그림 22. 체언 종류별 유형 수, 사용 빈도 비율(차재은 외, 2014 참조)

로 구분해서 살펴보고 있다(차재은 외, 2014). 유형 수(type frequency)란 발화 자료에서 나타난 어휘 '종류'의 개수를 말하며, 사용 빈도(token frequency)란 각 어휘가 실제로 사용된 횟수를 통틀어 계산한 빈도를 말한다. 같은 단어가 10번 쓰였다면 사용 빈도가 10회 더 추가되는 것이다. 그림 22를 살펴보자. 유형 수의 비율에 따르면 아이들은 보통 명사(73.4퍼센트)>고유 명사(21.3퍼센트)>의존 명사(2.2퍼센트)>대명사(1.6퍼센트)>수사(1.5퍼센트)의 순서로 명사 어휘들을 사용했다. 사용 빈도의 비율에 따르면, 보통 명사(53.9퍼센트)>대명사(27.9퍼센트)>의존 명사(10.4퍼센트)>고유 명사(6.1퍼센트)>수사(1.8퍼센트)순으로 명사 어휘들이 빈번하게 나타났다.

아이들은 보통 명사에 해당하는 단어를 가장 다양하게, 그리고 가장 자주 사용했다. 한편 대명사와 의존 명사는 유형 수는 적지만 사용 빈도는 상대적으로 높게 나타났는데, 이는 해당 단어들의 특징에 따른 것이다. '이것', '그것'과 같은 대명사, '것', '수', '데' 등의 의존 명사는 종류가 제한적이지만 문장을 구성하는 데 중요한 문법적 기능을 해, 적은 유형 수에도 사용 빈도가 높아지는 것이다. 반대로 특정한 것을 지칭하는 고유 명사는 유형 수는 높지만, 사용 빈도는 낮게 나타났다.

논문에서는 연령에 따라 사용 의존 명사의 유형 수가, 보통 명사만큼은 아니어도, 증가하고 있음을 밝히고 있다. 아이들은 2세에 '것', 3세에 '데', 4세에는 '줄'이라는 의존 명사를 고빈도로, 새롭게 사용했다. 수사의 경우에도 유형 수 면에서 연령 간 차이가 나타났다. 한국어의 수사는 고유어계 수사(하나, 둘, 셋)와 한자어계 수사(일, 이, 삼), 그리고 이러한 기수사와는 구분되는 서수사(첫째, 둘째, 셋째)로 분류할 수 있는데, 아이들은 고유어계 수사를 한자어계 수사보다 빨리 배우고, 기수사를 서수사보다 빨리 습득하는 경향을 보였다. 고유명사의 유형 수와 사용 빈도는 연령 간 차이를 나타내지 않았다. 재미있는 것은, '뽀로로', '폴리', '짱구'와 같은 '문화 어휘'가 전체 고유 명사 빈도의 14.5퍼센트를 차지하고 있었다는 점이다(차재은 외, 2014). 고빈도 어휘 목록을 표 15에 정리했다.

더불어 이 연구에서는 아이들이 의미적으로 '인간, 물건' 범주에 속하는 단어들을 더 많이 알고 사용한다고 했다. 비실체적이거나 추상적인 개념보다는 실체성을 띠는 개념을 나타내는 어휘들을 주로 사용하는 것이다. 그 외에도 연령에 따라 '것'이나 '수' 같은 의존 명사의 사용이 잦아지는 것이 '-ㄹ/ㄴ 것 같다' 등 양태 표현을 배우는 것과 관련이 있다고 했다. 즉 어휘의 사용이 문장, 의미 구조의 발달과 함께 변화한다는 것이다.

표 15. 2~5세 아동의 고빈도 어휘 목록(차재은 외, 2014 참조)

보통명사	엄마, 아빠, 언니, 아이, 때, 집, 책, 물, 차, 밥, 선생님, 말, 애기, 형, 사람, 소리, 손, 할머니, 누나, 오빠, 친구, 머리, 꽃, 똥, 아이스크림, 잠깐, 유치원, 고기, 그 다음, 자동차, 공, 다음, 아가, 맛, 불, 공룡, 냄새, 놀이, 옷, 칸, 토끼, 문, 앞, 뒤, 밖, 색깔, 한번, 조금, 비행기, 위, 맘마, 완전, 우유, 얼굴, 나무, 방, 옛날, 할아버지
고유명사	뽀로로, 폴리, 스노우맨, 짱구, 크롱, 코코몽, 엠버, 파워레인저, 기타 사람 이름
의존명사	것, 개, 수, 번, 살, 데, 씨, 원, 분, 시
대명사	이것, 나, 여기, 내, 뭐, 그것, 어디, 우리, 누구, 요것
수사	하나, 둘, 셋, 일, 넷, 이, 다섯, 구, 사, 여섯, 십, 열, 삼, 백, 이십, 일곱, 아홉

2 구조와 의미를
만들고 이해하며

조사와 어미의 기능

우리말은 대부분의 경우 동사가 문장의 마지막에 위치하는 것을 제외하고는 영어 등 다른 언어에 비해 상대적으로 어순이 자유롭다. 상황에 따라서 "지나가 그 빵을 먹어요."라고 할 수도 있고, "그 빵을 지나가 먹어요."라고도 할 수 있다. 각각의 상황을 보다 적절하게 표현하는 어순이 있기는 하다. 많은 학자들이 영어와 같이 동사가 일찍 나오는 언어들의 경우, 어순을 통해 전개 구조를 점진적으로(incrementally) 이해하는 데 무리가 없다고 보았다. 동사가 구조를 결정하는 가장 중요한 요소라고 보았기 때문이다. 이러한 맥락에서 어순이 상대적으로 자유롭고 동사가 늦게 등장하거나 생략되기까지 하는 한국어 등의 언어에서는 구조에 대한 점진적 이해와 구성이 불가능하다고 여겨졌다. 'John ate the bread(존이 빵을 먹었다.)'라는 문장에서 영어 화자들은 'John ate(존이 먹었다.)'만 들어도 뒤에 따라

올 구조와 의미를 예측하는 것이 가능하지만, 한국어 화자들은 그렇지 않다는 것이다. 과연 한국 사람들이 문장의 일부만 듣고 전체적인 구조와 의미를 예측하는 것이 불가능할까? 그 답은 명확하다. 전혀 그렇지 않다. 영어 화자만큼이나 한국어 화자도 문장의 전개에 따라 정보를 습득해 가며, 해당 문장의 구조와 의미가 무엇인지 예측한다. 당연해 보이는 이 논리는 1995년에서야 과학적인 사실로 받아들여지기 시작했다(Mazuka & Itoh, 1995). 그리고 많은 후속 연구들이 이뤄짐에 따라, 이제는 사람들이 동사의 위치에 상관없이 언어의 다양한 기제로 문장을 점진적으로 이해한다는 것이 정설로 받아들여지고 있다. 어순이 상대적으로 자유롭고 동사가 뒤에 위치한 언어들의 수가 그렇지 않은 언어들, 즉 주어-동사-목적어(SVO) 순의 언어들보다 적은 것은 결코 아니다. 세계 언어 지도(WALS)에 따르면 영어와 어순이 같은 언어는 488개가 발견되는 한편, 한국어와 같은 어순의 언어는 565개가 발견된다고 한다.

조사와 어미에는 구조 정보와 함께 표현 정보도 담겨 있다. 마치 동전의 양면과 같다. 영어와 달리, 한국어는 어순이 같더라도 어떤 조사를 쓰느냐에 따라 의미가 바뀐다. 다음 예를 살펴보자. 한국어로 쓰인 두 문장은 조사를 바꿈으로써 의미가 반대가 되었다. 그러나 영어로 된 문장의 경우, 어순이 바뀌었을 때 의미가 바뀌었다.

지나가 미나를 때렸지?
지나를 미나가 때렸지?
Did Jina hit Mina?
Did Mina hit Jina?

'이', '가'나 '을', '를'와 같은, 소위 격조사들은 구조적 기능이 강하지만 '은', '는' 등 보조사나 여러 어미들은 문장에 다양한 뉘앙스를 더하는 표현적 기능이 더 강하다. 아이들의 언어 습득 과정에서 조사나 어미가 처음부터 등장하는 것은 아니다. 습득 초창기 아이들의 말은 매우 짧기도 하지만, 굳이 조사를 사용하지 않아도 그 구조와 의미가 파악되는 경우가 대부분이다. 여기서 한 가지 한국어의 '자유로운' 어순에 대해서 생각해 볼 필요가 있다. 많은 언어학자들이 어순이 매우 자유롭다고 가정하는 것과 달리, 한국어에서 목적어가 주어를 선행해 나타나는 것은 결코 흔치 않은 경우다. 특정한 의미 효과를 기대하지 않는 상황이라면 말이다. 특히 아이들 언어의 경우에는 더욱 그렇다. 이론적으로는 어순에서 자유롭다 해도 실제적으로 아이들이 산출하는 발화는 주어부터 시작되는 경우가 대부분이라는 것이다. 때문에 이런 상황에서 아이들은 굳이 조사를 사용해 주어와 목적어를 표시해 줄 필요가 없어진다. 어린 아이들에게 격조사는 격을 나타내는 표지라기보다는 표현적인 기능소로 주로 쓰인다. 아이들은 주격 조사 '가'를 사용해 의지를 표현하고자 한다.

(엄마가 밥을 먹여 주려는 상황에서 직접 먹겠다는 의미로) 사라가! 사라가!

아이들의 발화에서 조사가 격조사로 출현하는 때는 많은 경우 단문이 아닌 복문을 사용할 때다. 복문을 이해하는 데 조사는 실제로 매우 유용하다. 그렇지만, 단순히 "밥 먹었니?" 같은 단문에서 굳이 '밥'이 목적어임을 표지해 주기 위해서 '을'이라는 조사를 붙일 필요는 없다는 것이다. 실제로 한국어 화자들은 특별히 강조하려는 의도가 없으면 "밥을 먹었니?"라고 하기보다 "밥 먹었니?"라고 한다.

한국어의 구조

이어서 조사와 어미 출현을 주제로 진행된 연구들을 몇 가지 구체적으로 살펴보려 한다. 그 가운데 생후 36개월까지의 조사, 어미 사용 양상을 관찰한 연구에서는 해당 기간 아이들이 사용하는 조사, 어미의 종류와 그 사용 빈도가 급격히 증가했음을 알 수 있다(이희란 외, 2008). 조사와 어미로 표현되는 한국어의 다양한 뉘앙스나 의도 등 여러 가지 양태를 아이들은 이 시기에 습득하게 되는 것이다.

먼저 기본적인 한국어의 '단위'에 대해서 짚고 넘어가자. 우선 말을 이루는 단위로 완결된 생각을 나타내는 가장 작은 단위인 '문장'을 떠올릴 수 있다. 다음 글에서 어떤 것이 문장에 해당하는지 생각해 보자.

나는 고개도 돌리지 않고 일하던 손으로 그 감자를 도로 어깨 너머로 쑥 밀어 버렸다. 그랬더니 그래도 가는 기색이 없고, 뿐만 아니라 쌔근쌔근하고 심상치 않게 숨소리가 점점 거칠어진다. 이건 또 뭐야 싶어서 그때에야 비로소 돌아다보니 나는 참으로 놀랐다. 우리가 이 동네에 들어온 것은 근 삼 년째 되어 오지만 여태껏 가무잡잡한 점순이의 얼굴이 이렇게까지 홍당무처럼 새빨개진 법이 없었다. 게다가 눈에 독을 올리고 한참 나를 요렇게 쏘아보더니 나중에는 눈물까지 어리는 것이 아니냐. 그리고 바구니를 다시 집어들더니 이를 꼭 악물고는 엎어질 듯 자빠질 듯 논둑으로 횡하게 달아나는 것이다. ─ 김유정, 『동백꽃』

바로 다음과 같은 예시들을 떠올릴 수 있을 것이다.

나는 고개도 돌리지 않고 일하던 손으로 그 감자를 도로 어깨 너머로 쑥 밀어
버렸다.

그랬더니 그래도 가는 기색이 없고, 뿐만 아니라 쌔근쌔근하고 심상치 않게
숨소리가 점점 거칠어진다.

이건 또 뭐야 싶어서 그때에야 비로소 돌아다보니 나는 참으로 놀랐다.

이 문장들을 더 작은 단위로 쪼갤 수 있을까? 실제로 문장은 '형태소, 단
어, 어절, 구, 절' 같은 더 작은 단위 요소들로 구성되어 있다. 이 중 최소 단
위는 바로 '형태소'이다. 형태소란 뜻을 가진 가장 작은 덩어리라고 정의
할 수 있다. 그리고 이런 형태소들이 뭉쳐 혼자서 쓰일 수 있는 가장 작은
말의 단위, '단어'를 이루게 되는 것이다. 물론 단어에는 하나의 형태소로
된 것(단일어)도 있고, 2개 이상의 형태소로 된 것(복합어)도 있다. '우리'라
는 단어는 '우'와 '리'로 쪼개어 생각할 수 없으니 '우리' 자체가 하나의 형
태소이자 단어가 된다. 반면 '색종이'라는 단어는 '색'이라는 형태소와 '종
이'라는 형태소가 합쳐져 하나의 단어를 이룬 예이다. 또 '달리기'라는 단
어를 생각해 보면, '달리다' 동사에서 온 '달리-'라는 어근에, 동사나 형용
사 어간에 붙어 명사를 만들어 주는 접미사 '-기'를 붙여 하나의 단어로
만든 것임을 알 수 있다.

문장 안에서 단어보다 더 큰 단위는 무엇이 더 있을까? 한국어는 단어
들이 혼자서, 혹은 다른 '조사'와 붙어 더 큰 단위인 '어절'을 이룬다. 여기
서 조사라는 것은 단어의 한 종류이기는 하나 혼자서는 사용될 수 없고,
다른 단어에 붙어 문법적 관계를 나타내거나 의미를 보조해 주는 품사를
말한다. 예를 들어 '은, 는, 이, 가, 도, 를, 에게' 같은 것들이다. 예시 문장을
어절 단위로 나누어 보면 다음과 같다.

나는 고개도 돌리지 않고 일하던 손으로 그 감자를 도로 어깨 너머로 쑥 밀어 버렸다.

'나는', '고개도' 같은 어절은 문장의 주어, 목적어로서, 한 어절이 문장 성분의 기능을 한다는 것을 보여 주는 예시이기도 하다. 어절은 띄어쓰기의 단위이기도 하다. 즉 한글 맞춤법의 띄어쓰기 원칙은 단어 단위로 띄어 쓰되, 조사는 앞 단어에 붙여 쓰는 것이다. 한편 2개 이상의 어절이 합쳐져 하나의 문장 성분을 구성하게 되는 경우가 있는데, 우리는 이 묶음을 '구'라고 부른다. 위의 문장을 예로 들어 '돌리지 않고', '그 감자를', '밀어 버렸다' 같은 것들은 두 어절이 합쳐져 하나의 구를 이룬 경우로, 목적어, 서술어 같은 문장 성분의 기능을 하고 있음을 알 수 있다. 여기서 조금 더 살펴보면, 이 한 문장 안에 2개의 서술어, '돌리지 않고'와 '밀어 버렸다'가 존재하는 것을 볼 수 있다. 이 문장은 2개의 '절'로 구성된 것으로, 여기서 절이란 문장 안에 있는 주어와 서술어의 묶음을 말한다. 즉 '-고'라는 연결 어미를 사용해 '나는 고개도 돌리지 않고'와 '일하던 손으로 그 감자를 도로 어깨 너머로 쑥 밀어 버렸다'라는 2개의 절을 하나로 묶은 것이다(두 번째 절의 주어 '나'는 생략되어 있을 뿐이다.).

지금까지 살펴본 말의 구성 단위를 위계적으로 구성해 보면 그림 23과 같이 나타날 것이다. 이러한 구조를 이루는 데에는, 앞서 이야기했듯 조사와 어미가 매우 중요한 역할을 한다. 같은 표현이라 하더라도 어떤 조사, 어떤 어미를 함께 쓰는가에 따라서 그 의미가 확연하게 달라질 수 있기 때문이다.

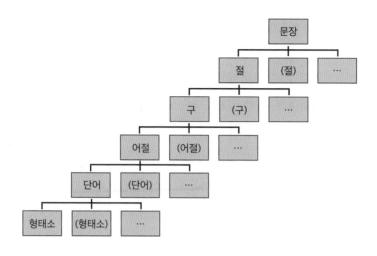

그림 23. 문장을 구성하는 단위

어떤 조사를 먼저 배울까?

2~7세 아동 60명을 대상으로 조사 '가, 이, 는, 도, 를'의 사용을 연구했다(배소영, 1997). 실험은 아이들이 연구자가 읽어 주는 검사 문장을 듣고 2개의 그림 카드 중 문장이 의미하는 카드를 고르는 방식으로 진행되었다. 예를 들어 "아빠를 그리네."라는 문장을 듣고, 엄마가 아빠를 그리는 그림과 아빠가 엄마를 그리는 그림 중 하나를 선택하는 것이다. 그림 24는 각각 연령에 따른 조사별 정반응률을 나타낸 것이다. 정반응률은 정확한 응답을 한 확률로 수치가 높을수록 습득이 더 많이 진행된 것을 나타낸다. 이 수치들을 살펴본 결과, 주격 조사 '이', '가'와 대조의 의미를 나타내는 보조사 '는'이 2~3세부터 가장 먼저 이해되기 시작하며, 목적격 조사는 3~4세 시기에, 공존과 포함을 의미하는 보조사 '도'는 4~7세 시기에 익히는 것으로 나타났다.

아이들은 어떻게 말을 맺을까?

2~5세의 한국어 습득 아동 16명의 구어 발화를 분석, 아이들이 사용하는 발화 유형과 종결 어미의 특성을 분석했다(김정미 외, 2012). 아이들의 발화 유형은 종결 어미 발화(52.56퍼센트), 조각 발화(35.28퍼센트), 연결 어미 발화(6.47퍼센트), 미완결 발화(5.69퍼센트)의 순으로 많이 나타나는 것을 알 수 있었다. 종결 어미 발화의 예로는 '물고기한테 줬어.', 연결 어미 발화의 예로는 '껍질이 벗겨질라고 해서.' 같은 것을 들 수 있다. 미완결 발화는 종결 억양이 없는 발화라는 점에서 다른 발화 유형과 다르며(예: 여기가 어디), 조각 발화는 종결 억양은 있지만 서술어가 없는 발화를 말한다(예: 이거 사과). 연령에 따른 사용 어미의 유형을 살펴보아도, 아이들의 연령이 높아짐에 따라 어미의 유형 또한 다양해지고 있음을 알 수 있다. 또한 이 연구에 따르면, 정상 어순의 발화가 압도적인 가운데서도 아이들은 주어가 서술어 뒤에 오는 도치 구문(예: 이거 못 잘랐다, 동그란 거.), 즉 주어 이외의 표현이

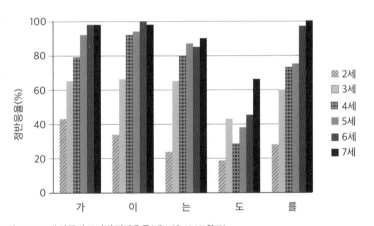

그림 24. 2~7세 아동의 조사별 정반응률(배소영, 1997 참조)

언어의 아이들

주어보다 먼저 등장하는 발화도 어느 정도 사용하고 있었다. 이러한 도치 구문은 보통 대화에서 보다 정확한 의사를 전달하는 등 담화적 기능으로 사용된다.

어떤 조사와 어미를 많이 사용할까?

생후 18개월부터 36개월까지 4차례에 걸쳐 종결 어미, 조사, 연결 어미의 산출이 어떻게 나타나는지 살펴보자(이희란 외, 2008). 대상 아동 323명은 18개월 때 종결 어미 '-요, -네, -다, -자, -어(아)'가 특히 많이 산출된 것으로 나타났다. 그러나 전체 조사 아동 중 이 어미들을 산출한 아동은 그 수가 10퍼센트 이하에 그치고 있다. 24개월에는 '-요, -네, -자, -다, -지'가 많이 쓰이게 되는데, 18개월보다는 전반적으로 산출 비율이 증가했음을 알 수 있다. 30개월 아동들에게서는 '-요, -자, -네, -지, -ㄹ까'가 높은 빈도로 산출되는 종결 어미로 나타났다. 더불어 이 시기 아동들 중 70~80퍼센트가 이 어미들을 산출하는 것도 알 수 있다. 마지막으로 36개월 아동들의 종결 어미 산출 자료를 보면, '-요, -자, -지, -네, -다' 순으로 많은 산출이 이뤄지고 있고, 약 80~90퍼센트의 이 시기 아이들이 이 어미들을 사용하고 있음을 파악할 수 있다.

표 16은 조사의 사용에 대해 보여 준다. 표를 통해 알 수 있는 것은 나이가 들면서 아이들이 조사의 종류를 다양하게 사용하고, 많이 사용한다는 점이다. 18개월 아이들은 조사의 산출이 매우 드문 반면 24개월 아이들은 조사의 사용이 전반적으로 20퍼센트 이상 나타나기 시작하고, 종류도 다양해진 것을 볼 수 있다. 30개월 아이들은 -은/는, -이/가와 같은 조사

의 실현이 각각 62, 78퍼센트로 급격히 증가한 것을 볼 수 있으며, 36개월
의 아이들은 전반적으로 중요 조사가 80퍼센트 이상이 실현된 것을 볼 수
있다.

표 16. 18~36개월 아동의 조사 산출 비율(이희란 외, 2008 참조)

나이 (개월) 문법 형태소	18	24	30	36
-가(이)	3.7	41.2	78.1	81.5
-는(은)	1.2	22.8	62.0	82.9
-도	2.1	28.1	62.7	84.7
-랑	1.2	29.6	67.1	88.7
-로	0	8.7	39.5	64.8
-를(을)	0.3	15.6	50.0	77.5
-만	0.6	18.1	47.9	76.4
-야	3.7	28.7	54.3	76.0
-에	0.9	18.7	48.6	75.7
-에서	0.6	13.7	51.3	76.4
-하고	0.9	25.0	65.7	85.1
-한테/에게	1.5	26.8	67.1	86.5

연결 어미의 경우 표 17에 제시된 것처럼 '-고', '-는데', '-서' 3가지의
시기별 사용 양상이 조사되었다. 이 역시 사용 아동의 비율이 월령에 따라
점차 높아졌으며, 전반적으로 '-고'가 가장 많이 사용되었고, '-서'가 가장
적게 사용되었다.

언어의 아이들

표 17. 18~36개월 아동의 연결 어미 산출 비율(이희란 외, 2008 참조)

문법 형태소 ＼ 나이 (개월)	18	24	30	36
-고	0.9	21.5	51.0	76.4
-는데	0	12.8	43.6	72.1
-서	0	11.8	44.2	66.6

연결 어미 습득

2~5세 한국어 습득 아동 160명을 대상으로 연결 어미 발달 양상을 조사한 연구를 보자(서희선 & 이승환, 1999). 언어 발달 과정에서, 단문의 단순 구조로 말하던 아이들은 점차 단문과 단문을 조합한, 복잡한 문장 구조를 만들어 낸다. 이를 위해 한국어에서는 '-고', '-면서', '-(으)니까' 같은 연결 어미로 문장들을 연결하게 된다. 이 연구에서는 연결 어미의 발달 양상 조사를 위해 그림 어휘력 검사와 연결 어미 산출 검사를 실시했다. 이 과정에서 아이들의 발화 자료를 녹음하고, 이 시기 아이들이 빈번하게 사용하는 '나열, 동시, 계기, 대립 및 이유·원인', 주요 다섯 가지 의미 영역의 연결 어미에 대해 연구했다.

우선 나열의 연결 어미 '-고(예: 엄마는 밥을 하고 언니는 피아노를 쳐.)'의 산출은 3년 6개월~3년 11개월 무렵 급격한 증가세를 보이며 습득이 가장 빠르게 진행되는 것으로 나타났다. 동시 연결 어미(예: 엄마는 밥을 하면서 전화를 받았어.)도 비슷한 시기에 산출이 급격히 증가하나 유일하게 5년 6개월 6세가 되어도 산출 점수가 최대치에 못 미치는 어미로 나타난다. 다음으로 계기의 연결 어미(예: 영희는 아파서 병원에 가.)를 보면, 3세에서 3세 반까지도 유난히 산출이 저조한 것으로 나타났다. 그러다가 앞의 어미들과 마찬가지로 3년 6개월~3년 11개월 시기가 되면 산출이 급격히 증가하고 이후에도 계속 산출이 늘어났다.

사용된 연결 어미 형태를 의미 관계에 따라 살펴보면, 전 연령대에서 나열은 모두 '-고'로 표현되었고, 동시는 어린 연령대에서는 '-고'가 주로 사용되다가 점점 '-면서'의 사용이 증가하게 되는 양상이 보인다. 계기의 경우는 '-고', '-(아/어)서'가 주로 사용되다가 연령대가 높아짐에 따라 '-가지고', '-고서' 같은 보조 용언도 다양하게 사용되고 있었다. 한편 대립은 '-고', 그리고 특수 조사 '-는'이 전 연령대에 걸쳐 가장 많이 사용되고, 연령대가 높아지면서 '-ㄴ데'의 사용도 증가했다. 이유·원인은 2세까지는 '-(아/어)서'를 주로 산출하다가, 3세부터는 '-다고', '-(으)니까', 보조 용언 '-가지고' 등 다양한 형태로 산출하는 것으로 나타났다.

눈여겨볼 것은, 아이들은 나열의 연결 어미인 '-고'를 아주 일찍부터 배운다는 것인데, 동시나 이유·원인의 의미를 표현할 때에도 '-고'를 다른 어미보다 더 많이, 또는 다른 어미 대신 사용하는 경우가 있는 것으로 나타났다. '-고'는 1음절 어미로 다른 연결 어미보다 발음하기 쉽고, 가장 많이 들었을 가능성이 높기 때문에 아이들이 가장 먼저, 쉽게 습득하는 것으로 보인다. 본 논문에서는 이를 의미 습득의 측면으로 해석할 수도 있다고 했다. 부가적 의미를 표현하는 나열의 '-고'가 빨리 습득되는 것은 한국어만의 특징이 아니다. 영어에서도 접속사 'and(그리고)'는 여타의 접속사들보다 먼저 습득된다. 아이들이 '누적된 의미상의 복잡성'이 적은 의미 관계부터 습득하기 때문이다. 아이들은 '부가적 의미', '시간적 의미', '원인적 의미' 순으로 의미 관계를 습득하게 되는데, 늦게 습득하는 관계일수록 앞의 의미를 포함하고 있는 만큼 그 복잡성이 증가한다(Bloom 외, 1980). 따라서 부가적인 의미를 뜻하는 '-고'는 상대적으로 의미가 덜 복잡하기 때문에, 일찍이 습득하는 것이 가능하다. 일반적으로 나열과 대립의 연결 어미 사용이 좀 더 일찍 안정되고, 동시, 계기, 이유·원인의 연결 어미의 사용은 4년 6개월 이후에나 안정되는 양상이 보이는 것도 이러한 의미 관계의 복잡성으로 설명된다.

3 어휘 조사
프로젝트

한국판 맥아더-베이츠 의사 소통 발달 평가

아이들의 어휘 발달을 어떻게 측정할 수 있을까? 대부분 앞서 소개한 연구에서처럼 부모가 아이들의 단어 이해와 발화 정도를 확인하는 식으로 측정이 진행되었다. 맥아더-베이츠 의사 소통 발달 평가 기록지(The MacArthur-Bates Communicative Development Inventory)가 대표적인 예이다. 이 평가지는 아이들이 잘 사용하는 어휘들을 영역별로 분류해두고, 부모들이 자녀가 해당 어휘를 이해하는지, 그리고 발화하는지 두 가지 요소를 평가하도록 되어있다. 이 맥아더-베이츠 의사 소통 발달 평가는 한국어판이 출판된 바 있으며(배소영 & 곽금주, 2011), 영아용(8~17개월)과 유아용(18~38개월) 두 가지로 나뉘어 있다. 영아용에는 284개의 낱말과 60개 항목의 제스처 및 놀이가, 유아용에는 641개의 낱말과 4개의 문법, 문장 표현 관련 항목(예: 조사와 어미 사용, 불완전한 문법 표현)이 포함되어 있다. 이러한 평가가 한국어판으로도 존재한다는 것은 고무적인 일이며, 언어 발달이 늦은 아이들이나 장애가 있는 아이들을 대상으로 하는 평가 자료로 소중하게 사용될 것으로 본다.

그러나 단순히 맥아더-베이츠 평가지 외에도 이러한 종류의 평가지가 언어의 어휘 변화를 반영하지 못한다는 것은 아쉬운 부분이다. 한국어와 같이 어휘의 변화가 두드러지게 빠르게 일어나는 언어의 경우, 이러한 테스트 역시 업데이트가 잘 되어야 하기 때문이다. 예를 들어 한국판 맥아더-베이츠 유아용 평가지를 보면 '컴퓨터'나 '노트북' 같은 단어의 경우, 요즘에는 모르는 아이가 없는데도 평가의 항목에는 빠져 있다. 또는 평가지가 본래는 영어를 바탕으로 만들어졌기 때문에 한국어의 특성을 충분히 반영하지 못하는 부분도 있다. 가족 관계를 나타내는 어휘 가운데 '언니'는 있지만 '누나'는 없는 경우가 그 예이다. 또, 의사 소통, 즉 화용적 능력 발달과 연관된 어휘들을 목록에 추가하는 것도 좋은 아이디어일 것이다. 가령 아이들은 긍정, 부정 등 다양한 대답과 반응을 통해 대화를 이어가는 것은 물론, 어떤 이에게 '응.'이라고 대답해야 하고 어떤 이에게 '예.'라고 대답해야 하는지와 같은 서법에 대해 일찍부터 배우기 시작한다. 그리하여 이 장에서는, 이러한 한계점을 보완해 우리 아이들의 의사 소통 발달을 보다 정확하게 측정하기 위해 기존의 한국판 맥아더-베이츠 의사 소통 발달 평가 기록지를 새롭게 수정해 어휘 조사를 실시했다.

아도프로젝트[1] 어휘 조사 실례

경기도 수원의 한 어린이집에 다니는 3~6세 아동 47명을 대상으로 어휘 설문을 실시했다. 학부모가 설문지의 어휘 항목에서 자녀가 이해하고 사용하는 단어를 골라 표시한 뒤 항목에는 포함되지 않았지만 자녀가 잘 사용하는 기타 표현들을 추가로 기재하는 식으로 진행되었다. 조사는 한국어판 맥아더-베이츠 의사 소통발달 평가 기록지를 참고하되 그 한계점들을 보완해 고안했으며, 한국 사회의 변화에 따른 어휘 변화를 반영해 외래어, 컴퓨터 및 정보 통신 관련 어휘, 브랜드 이름과 학원 종류 등 다양한 범주의 어휘 항목을 추가했다. 그것뿐 아니라 사람 관련 범주에는 한국어의 특성에 맞게 가족 관계를 나타내는 어휘를 풍부하게 수록했다. 그 결과 의미 영역과 품사를 기준으로 조사의 편의를 위해 나눈 총 24개의 범주 안에 820여 개 단어를 포함했다. 그림 25의 박스 플롯(boxplot)은 이 모든

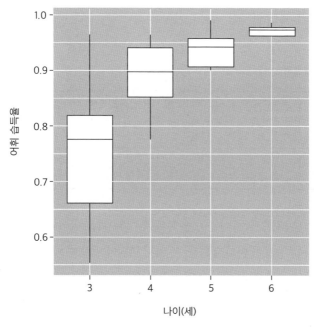

그림 25. 아동의 연령에 따른 어휘 습득

범주의 데이터를 포괄적으로 나타낸 것으로, 연령 증가에 따른 단어 습득률의 증가를 분명하게 확인할 수 있다.

어원에 따른 어휘 체계를 바탕으로 어휘의 습득 양상이 어떻게 달라지는지도, 대상 어휘를 통해 살펴보았다. 한자어, 외래어로는 표 18에 제시된 단어들이 포함되어 있었다. 조사 결과, 그림 26에서 볼 수 있듯이, 아동들은 전반적으로 한자어나 외래어보다는 순우리말을 더 잘 알고 사용하고 있었다. 물론 앞서 말했듯 이 연구는 일상 발화의 녹음이 아니라 정해진 목록을 확인함으로써 조사가 이루어졌기 때문에, 일상에서 나타나는 모든 단어를 조사한 것이 아니다. 특정 종류의 어휘가 다른 종류의 어휘보다 습득이 먼저 이루어지는지 아닌지는 조사 어휘의 목록에 따라 달라질 수 있다. 따라서 이 연구의 결과가 절대적인 것은 아니다. 그러나 조사 대상 어휘 수가 굉장히 많다는 점에서 결과를 어느 정도 주목할 만하다.

표 18. 아도 프로젝트 어휘 조사: 한자어와 외래어 예시

한자어	완전, 청설모, 낙엽, 도로, 우비, 단화, 내복, 운동화, 은색, 금색, 청록색, 운동, 학원, 영어, 숙제, 용서(하다), 목욕(하다), 회사(가다), 여행(가다), 야구, 시험, 경찰서, 공장, 병원 등
외래어	비버, 구피, 햄스터, 펭귄, 드레스, 스타킹, 코트, 잠바, 피아노, 가베(Gabe), 발레, 로션, 샴푸, 선크림, 핸드백, 노트, 퍼즐, 오토바이, 버스 등

또한 전반적으로 아이들이 음절 수가 적은, 짧은 단어들을 더 많이 알고 사용하는 경향이 나타나는데, 이 역시 연령이 낮을수록 두드러진다. 연령이 가장 높은 6세의 경우 습득 어휘의 음절수가 크게 늘어났지만, 어휘 습득률 자체는 크게 달라지지 않았다. 즉 점차 아이들은 긴 단어, 짧은 단어할 것 없이 술술 말할 수 있게 되는 것이다. 본 연구에 포함된 긴 어휘의

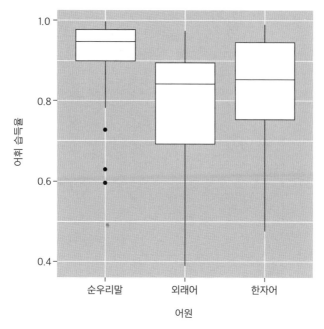

그림 26. 어휘의 어원별 어휘 습득률

예로는 버스 정류장, 가위바위보, 숨은그림찾기, 파워레인저, 경비 아저씨, 택배 아저씨, 외할아버지, 프라이드치킨이 있다.

　각 연령 그룹의 아동들이 주요 품사를 어떻게 습득하는지 그림 27을 통해 알아보자. 우선 명사는 다른 품사보다 연령별로 습득 양상이 크게 달랐다. 이는 본 연구의 조사 항목에 명사가 매우 다양하게 포함되어 있기 때문이기도 하다. 또한 감탄사, 간투사(예: 음, 아잉, 헉, 헐, 아이구, 오 마이 갓(oh my god))같이 화용적인 기능과 밀접한 품사, 영어 표현(예: 빠이(bye), 헬로(hello), 하이(hi), 땡큐(thank you), 쏘리(sorry), 굿모닝(good morning))의 경우에도 다른 어휘 범주에 비해서 연령별 습득 양상의 차이가 두드러졌다. 특히 간투사나 감탄사의 사용은 의사 소통 능력 발달의 지표가 될 수 있는

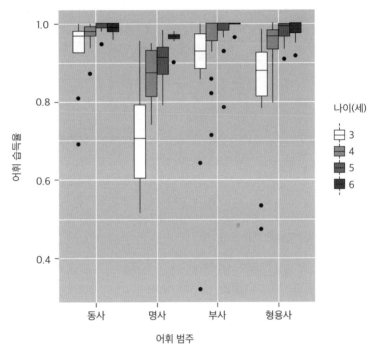

그림 27. 어휘 범주에 따른 습득 양상(1)

데, 다른 품사에 비해서 발달에 오랜 시간이 걸리기 때문이다. 반면 의성어
와 의태어(예: 삐약삐약, 개굴개굴, 폴짝폴짝)의 경우, 습득의 정도가 부사나 형
용사와 비슷했다.

　그렇다면 품사별로 어휘 항목들의 습득 양상을 좀 더 자세히 살펴보
자(명사는 의미 범주에 따라 더 세분화해 조사했다. 이는 따로 살펴볼 예정이다.). 우선
수, 양, 정도를 나타내는 부사어의 습득에 대해 알아보자. 아이들은 대부
분의 부사들을 잘 알고 사용하는 것으로 났다. 그러나 하나 눈여겨볼만한
부분은 '전혀', '거의' 두 단어의 습득율이 유독 매우 낮게 나타났다는 점
이다. '다시는'의 경우에도 사용도가 상대적으로 낮았다. 흥미롭게도 '전

　　　　　　　　　　　　　　　　　　언어의 아이들

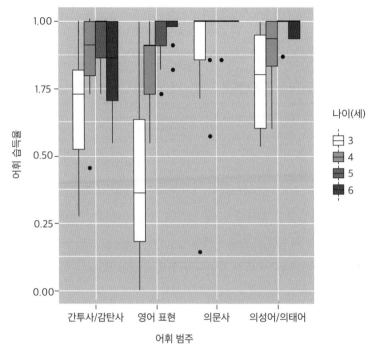

그림 28. 어휘 범주에 따른 습득 양상(2)

혀', '거의', '다시는' 같은 부사어는 '전혀 그렇지 않다.', '거의 하지 않는
다.', '다시는 그러지 마라.'에서처럼 뒤에 부정의 서술어가 나올 때에만 나
타날 수 있다는 공통점을 가지고 있다. 이러한 어휘들을 부정극어(negative
polarity items)라고 한다. 이렇게 서술어와의 특별한 호응이 필요한, 문법적
으로 더 복잡한 부사들은 습득이 더 늦게 나타날 수 있다. 반면 조사 항목
에 있었던 '아무도', '하나도' 역시 부사적 표현인데, 이 단어들은 앞의 세
단어와 달리 대부분의 아이들이 잘 사용하는 것으로 나타났다.

표 19. 아도 프로젝트 어휘 조사: 부사적 표현

	부사적 표현[2]
조사 어휘	너무, 다, 잘, 조금, 다시, 정말, 진짜, 엄청, 완전, 많이, 참, -만큼, 전혀, 거의, 아무도, 하나도, 모두, 잠깐만, 한번, 먼저, 나중에, 다음에, 다시는, 함께
기타	또, 제발, 딱, 최고, 왕, 대박, 도대체, 절대[3]

　　조사 대상 아이들이 90퍼센트 이상 습득한 어휘를 기준으로, 부사의 습득 양상을 도식으로 나타내면 그림 29와 같다. 가장 안쪽 원은 3세 이상 아이들의 대부분이 습득한 단어, 그 바깥 원은 아이들이 4세에 새롭게 습득한 단어, 그 다음 원은 5세에 새롭게 습득한 단어를 나타낸다. 가장 바깥 원의 단어 '전혀'는 전 연령 집단의 아이들이 대부분 잘 습득하지 못한 단어로, 보편적으로 7세 이후에나 습득할 것으로 예상된다.

그림 29. 연령에 따른 부사 습득 순서 벤다이어그램

언어의 아이들

또한 본 어휘 조사에서는 모든 연령 집단의 아이들 90퍼센트 이상이 조사 동사의 전부를 알고 있는 것으로 나타났다. 형용사 역시 대부분을 90퍼센트 이상의 아이들이 3~4세에 이미 습득해 사용하고 있는 것으로 나타났다. 아이들의 90퍼센트 이상이 알고 사용하는 것을 완전 습득의 기준으로 보았을 때, '(몸매가)마르다'는 6세가 되어서도 완전히 습득되지 않은 단어로 나타났다. 이외에 '흐리다'는 6세에, '(수분이) 마르다', '미지근하다'는 5세에 완전 습득이 이루어진 것으로 보인다. 동사 및 형용사로 이루어진 감정 관련 어휘들은 별도로 조사되었다. 이 어휘들도 아이들이 어린 시기부터 잘 알고 사용하는 것으로 나타났다.

표 20. 아도 프로젝트 어휘 조사: 감정 관련 어휘

	감정 관련 어휘
조사 어휘	사랑하다, 화나다, 심술나다, 짜증나다, 신나다, 슬프다, 좋아하다, 기분이 나쁘다, 기분이 좋다, 고마워, 미안해, 싫어, 걱정돼, 지겨워, 지루해, 즐거워, 심심해, 힘들어, 피곤해, 보고 싶어, 미워
기타	삐졌어, 재밌어, 아쉬워, 속상해, 하지 마(언짢음을 표현), 기운 없다

아이들만의 특별 어휘

아도 프로젝트의 조사 어휘 항목 중, 아이들의 머릿속 사전에서 중요한 위치를 차지하는 특별한 어휘들에 대해 소개하려고 한다. 먼저 아이들이 사용하는 탈것과 관련된 어휘를 살펴보자.

표 21. 아도 프로젝트 어휘 조사: 탈것과 관련된 어휘

	탈것
조사 어휘	삐뽀삐뽀, 소방차, 경찰차, 트럭, 비행기, 헬리콥터, 배, 보트, 유람선, 오토바이, 기차, 자동차, 앰뷸런스, 구급차, 자전거, 씽씽이, 지하철, 잠수함, 탱크, 버스, 택시, 스포츠카, 승용차, 봉고차, 불도저, 포크레인, 리어카, 모래차
기타	레미콘, 회반죽차, 중장비, 견인차, 크레인, 굴삭기, 트레일러, 덤프트럭

이들 어휘 중에서 '유람선, 스포츠카, 봉고차, 불도저, 리어카, 모래차'는 대부분의 아동들이 사용하지 않는 단어로 나타났다. 학부모들이 추가로 응답해준 단어(기타)를 보면 한 가지 흥미로운 사실을 알 수 있는데, 아이들이 성인들도 잘 모르거나 잘 사용하지 않는 '레미콘, 회반죽차, 중장비, 견인차, 크레인, 굴삭기, 트레일러, 덤프트럭' 같은 어휘들을 알고 사용하고 있었다는 점이다. 이러한 기타 단어들을 주로 사용하는 것은 남자 아동들이었으며, 탈것을 소재로 한 장난감이나 만화를 통해 이 같은 단어들을 습득한 것으로 추론된다. 성인들은 자신의 삶과 큰 관련이 없더라도 다양한 영역의 단어들을 두루 알고 있지만, 활동 범위가 제한적인 아동들의 경우에는 장난감 이름과 같이, 자신의 삶에 큰 관련 이 있는 단어들이 단어장 내에서 중요한 위치를 차지하고 있음을 알 수 있다. 비록 그 단어가 전혀 일반적인 단어가 아닐지라도 말이다.

다음으로 색 관련 어휘와 동식물, 자연, 외부 사물을 지칭하는 어휘 항목을 보자. 이 두 조사 항목에서도 학부모들이 따로 기재한 기타 단어가 아주 흥미롭다. 우선 색 어휘를 보면, 일상생활에서 흔히 사용하지 않는 색 관련 어휘(예: 살구색, 홍매색, 황금갈색)들을 아이들이 알고 있는 것으로 나타났다. 아무래도 아이들이 미술 활동을 하면서, 즉 교육을 통해 다양한 색 어휘를 배웠을 것이라 추측된다.

표 22. 아도 프로젝트 어휘 조사 : 색 관련 어휘

	색
조사 어휘	빨강색, 주황색, 노랑색, 초록색, 파랑색, 남색, 보라색, 갈색, 분홍색, 핑크색, 자두색, 검정색, 흰색, 회색, 연두색, 하늘색, 은색, 금색, 청록색
기타	무지개색, 까만색, 보라색, 하얀색, 살색, 녹색, 고동색, 살구색, 귤색, 황토색, 홍매색, 다홍색, 타요색(파란색), 로기색(초록색), 라니색(노란색), 가니색(빨간색), 개나리색, 검은색, 검초록색, 밤색, 검노랑색, 고동색, 귤색, 연초록, 연핑크색, 황금갈색, 똥색, 바닷물색, 반짝이색, 붉은색, 파스텔 톤, 연한 색

동식물, 자연, 외부 사물 관련 어휘 목록에도 다양한 어휘들이 기타 단어로 제시되어 있다. 사막여우, 일본원숭이, 쇠똥구리, 중국매미와 같은 것들로, 기존의 어휘 발달 평가지나 이번 조사의 기초 목록에 포함되어 있지 않았던 것들이다. 물론 이러한 몇 가지 예들로 일반화하기는 어렵겠으나, 적어도 이 시기 아동들은 자신의 흥미와 교육의 영향으로 꽤 광범위한 단어들을 습득해 감을 알 수 있다.

표 23. 아도 프로젝트 어휘 조사 : 동식물, 자연, 외부 사물 관련 어휘

	동식물, 자연, 외부 사물
기타[4]	무당벌레, 오리, 철봉, 독뱀, 돌덩이, 자갈돌, 시냇물, 바다, 강, 공작, 은행잎, 코스모스, 사막여우, 고속도로, 별자리, 돌고래, 오랑우탄, 백호, 한강, 호수, 분수, 죽은 별(별똥별), 일본원숭이, 새털구름, 뭉게구름, 중국매미, 메뚜기, 범고래, 재규어, 쇠똥구리, 매미, 사슴벌레, 쌍봉낙타

아이들 머릿속 사전의 특징을 더 자세히 살펴보기 위해 캐릭터 이름과 장난감, 문구류 어휘도 따로 조사했다. 이 항목들은 아이들의 가장 관심 큰 영역으로, 아이들의 삶에 큰 부분을 차지한다. 표 24를 보면, 설문이 실시된 2014년 말 한국 아동들에게 인기가 많았던 캐릭터들이 단어장에

서 중요한 위치를 차지하고 있음을 알 수 있다.

표 24. 아도 프로젝트 어휘 조사: 캐릭터, 장난감, 문구류 관련 어휘

	캐릭터 이름
조사 어휘	뽀로로, 디보, 라바, 폴리, 앰버, 헬로키티, 파워레인저, 엔진포스, 또봇, 카카, 쥬쥬, 카봇, 타요, 코코몽, 뿡뿡이, 스파이더맨, 토마스, 엘사, 안나, 꿀꿀페파, 올라프, 헬로키티
기타	다이노포스, 옥토넛, 두다다쿵, 카, 슈퍼다이, 둘리, 프랭키, 미키마우스, 도라, 다이노포스, 맥카, 소피아, 바이클론즈, 융스, 짱구, 슈퍼맨, 키마, 에디, 크롱, 라푼젤, 짱구
	장난감, 문구류
조사 어휘	장난감, 인형, 미미인형, 바비인형, 로보트, 비눗방울, 총, 칼, 검, 구슬 놀이, 모래 놀이, 블록, 레고, 소꿉놀이, 엄마놀이, 부엌 놀이, 병원놀이, 술래잡기, 체스, 바둑, 묵찌빠, 가위바위보, 숨바꼭질, 숨은그림찾기, 퍼즐, 미용놀이, 목장놀이, 책, 맥포머스, 연필, 색연필, 크레파스, 지우개, 자, 연필깎이, 펜, 가위표, 필통, 도화지, 색종이, 스케치북, 연습장, 공책, 노트, 종이접기
기타	큐브, 글라스데코, 아이클링, 점토, 사이펜, 수건놀이, 화장놀이, 테이프

이러한 캐릭터 목록은 유행에 따라 쉽게 변한다. 1990년대 초반에 어린 시절을 보낸 사람들에게는 '미미, 바비, 바이오맨, 후레시맨' 같은 캐릭터가 익숙할 것이고, 1980년대 초반에 어린 시절을 보낸 사람들은 당시 선풍적 인기를 끌었던 양배추인형을 기억하고 있을 것이다. 요즘처럼 캐릭터의 종류가 다양하지 않았던 시절로, 이 글을 읽는 독자들에게도 그 이름들이 생소할 수 있다. 그만큼 유행에 따라 캐릭터가 쉽게 사라지고 또 쉽게 탄생한다는 것을 알 수 있다.

다음으로 아이들이 소리나 모양을 표현하는 의성어, 의태어를 어떻게 사용하는지 보자. 표 25에서 추가로 응답한 어휘들을 살펴보면, 흥미롭게

도 아이들이 잘 사용하는 의성어, 의태어는 동물의 소리나 움직임과 관련
된 단어들, 예를 들어 '삐약삐약, 개굴개굴, 음매, 꽥꽥, 으르렁, 어흥, 뒤뚱
뒤뚱' 같은 단어들이 많았다. 그 외에도 '쉿, 뿡뿡, 폴짝폴짝, 콩콩, 뭉게뭉
게, 둥실둥실, 부웅부웅, 칙칙폭폭, 퐁당퐁당, 첨벙첨벙, 쓱싹쓱싹, 푸카푸
카'같이 어른들의 발화에서 흔히 사용되지 않는 의성어, 의태어들이 많이
발견된 점이 흥미롭다.

표 25. 아도 프로젝트 어휘 조사: 의성어, 의태어

	의성어, 의태어
조사 어휘	소근소근, 바스락, 빵, 쾅, 쿵쿵, 시끌시끌, 두근두근, 흔들흔들, 살랑살랑, 딩동, 따르릉, 똑똑똑, 깜박깜박, 쿵쿵쿵, 살금살금
기타	삐약삐약, 개굴개굴, 음매, 꽥꽥, 으르렁, 어흥, 뒤뚱뒤뚱, 뿡뿡, 폴짝폴짝, 콩콩, 뭉게뭉게, 둥실둥실, 부웅, 칙칙폭폭, 퐁당퐁당, 첨벙첨벙, 쓱싹쓱싹, 푸카푸카

신체 부위를 나타내는 단어들의 경우 아이들이 얼마나 알고 사용할
까? 아이들은 신체 관련 단어를 상대적으로 일찍부터 습득해 사용하는 것
으로 보인다. 그러나 이 가운데 '팔등, 팔꿈치, 발등, 발꿈치, 딱지' 같은 단
어는 꽤 많은 아이들이 모른다고 답했다. 주목할 만한 것은 신체 관련 어휘
의 경우, 아동들만이 사용하는 특별한 어휘가 존재한다는 것이다. '찌찌
(젖꼭지)'나 '쭈쭈(젖꼭지)', '똥꼬(똥구멍)' 같은 것이 그 예이다. 아이들의 단
어장에는 이러한 '유아어'가 다수 포함되어 있다. 예를 들어 뜨겁다는 의
미로 말하는 '아뜨', 과자를 의미하는 '까까'가 있다. 어른들도 아이들에게
사용하는 '아동 지향적 말하기(child-directed speech)'에서 이런 어휘를 흔
히 사용하는데, '지지(더러운 것)', '때찌·때끼(매를 든다)', '코(잔다)' 같은 것
들이 그 대표적인 경우다.

표 26. 아도 프로젝트 어휘 조사: 신체 부위 관련 어휘

	신체 부위
기타[5]	쭈쭈, 찌찌, 고추, 볼, 이마, 손등, 가래, 젖꼭지, 귓밥, 가슴, 잇몸, 혓바닥, 곱슬머리, 생머리, 염색 머리, 성기, 뼈, 근육, 입천장, 송곳니, 코피

이러한 유아어는 일상생활 관련 어휘에서도 눈에 띈다. '치카치카, 푸카푸카, 맘마, 까까, 응가(응아)'가 그 예이다. 특히 조사 과정에서 일상생활 어휘 항목에서 자라면서 점차 사용하지 않게 되는 어휘를 따로 표기했다. 그 결과 '치카치카, 맘마, 까까, 응가(응아)하다'는 자라면서 사용하지 않게 된 어휘라는 응답이 돌아왔다.

표 27. 아도 프로젝트 어휘 조사: 일상생활 관련 어휘

	일상생활
조사 어휘	양치, 이(빨) 닦기, 치카치카, 밥, 맘마, 까까, 과자, 화장실 가다, 샤워하다, 목욕하다, 씻다, 어린이집(유치원) 가다, 쉬하다, 오줌 누다, 응가(응아)하다, 똥 싸다, 소풍 가다, 여행 가다, 회사 가다, 일 가다, 놀러가다
기타	출장 가다, 머리 감다, 푸카푸카, 빠방 타다

택배 아저씨와 마트는 알아요!

이번에는 시대 변화에 따른 아동의 습득, 사용 어휘 변화를 살펴보려고 한다. 사람들의 단어장은 사회의 변화와 함께 민감하게 달라진다. 이전에는 없었거나 잘 쓰이지 않던 단어가 아주 중요한 단어로 사용되기도 하고, 반대로 아주 흔히 사용되던 단어들이 점차 사라지기도 한다. 사회가 변화함에 따라 아동들의 단어장이 어떻게 변화해 가는지 알아보고자 이전 어휘 발달 평가에서는 포함되지 않았던 몇 가지 새로운 어휘 항목들을 추가, 조사했다.

우선 컴퓨터, IT관련 어휘들을 살펴보았다. '컴퓨터'와 '핸드폰'은 조사 대상 전원이 알고 사용하는 단어로 나타났다. '카메라' 역시 47명의 아이들 가운데 4명을 제외한 모두가 습득한 것으로 나타났다. 표 28의 기타 단어를 보아도 일부 아이들이 컴퓨터, IT 관련 단어들을 다양하게 잘 알고 있다는 것을 알 수 있다. 그러나 이 영역의 어휘들은 다른 영역에 비해서 전반적인 습득률이 낮았으며, 조사 연령(3~6세)에 따라서도 습득률의 차이가 꽤 크게 나타나기도 했다.

표 28. 아도 프로젝트 어휘 조사: 컴퓨터, IT관련 어휘

	컴퓨터, IT 관련
조사 어휘	아이패드, 컴퓨터, 마우스, 키보드, 모니터, DVD, CD, 스마트폰, 핸드폰, 휴대폰, 노트북, 게임기, 네비게이션, CCTV, 카메라,
기타	디카, 배터리, 닌텐도, Wii, 네이버, 스피커, 이어폰, 로그인, 인터넷, 유튜브(YouTube), usb

한편 사람과 관련한 어휘 가운데 영어에는 존재하지 않지만, 한국어에는 존재하는 특별한 관계어들에 대한 어린이들의 습득, 사용 양상을 특별히 살펴보고자 했다. 한국어는 친족어가 매우 발달된 언어이다. 영어에서 'sister'라는 단어 하나로 표현하는 개념을 한국어에서는 성별, 나이에 따라 '언니', '누나', '여동생'으로 구분해 표현한다. 이러한 특징은 가족이나 친·인척을 나타내는 친족어 전반에 나타난다. 따라서 이러한 한국어의 풍부한 친족어를 조사 항목으로 포함시켰다. 설문 결과를 살펴보면, '누나,

언니, 오빠, 형, 남동생, 여동생, 고모, 이모, 삼촌, 할아버지, 할머니, 외할아버지, 외할머니' 같은 단어들은 5세부터 대부분의 아동들이 잘 구분해 사용하고 있다. 그러나 좀 더 복잡한 친·인척 관계를 나타내는, '사촌, 고모부, 이모부, 이모할머니, 고모할머니, 외삼촌, 외숙모, 큰아빠, 작은아빠' 등의 단어는 5세 이상 아동들도 상대적으로 낮은 습득률을 보이는 것으로 나타났다. 이는 우리 사회가 핵가족화 경향과 관계가 있을 것이다. 몇십 년 전처럼 대가족이 모여 살거나 친척들을 자주 보던 시절과는 다르게, 아이들은 점점 더 친척들을 만날 기회가 적어짐에 따라 이러한 어휘들을 익혀 쓰기가 힘들어진 것이다. 물론 이러한 경향을 실제로 확인하기 위해서는 과거의 어휘 자료와 현대의 어휘 자료를 비교하는 등 좀 더 심화된 연구가 필요할 것이다.

표 29. 아도 프로젝트 어휘 조사: 사람 관련 어휘

	사람
조사 어휘	아저씨, 아줌마, 외국 사람(인), 친구, 아기, 사람, 남자, 여자, 동생, 어린이, 어른, 아빠, 엄마, 형, 남동생, 여동생, 누나, 언니, 오빠, 사촌, 아기, 삼촌, 고모, 이모, 큰아빠, 엄마, 작은아빠, 엄마, 고모부, 이모부, 삼촌, 외할아버지, 외할머니, 이모할머니, 고모할머니, 외삼촌, 외숙모, 경찰, 변호사, 판사, 군인 아저씨, 의사, 선생님, 돌보미 선생님, 간호사, 소방관 아저씨, 원장 선생님, 학생, 사냥꾼, 낚시꾼, 경비 아저씨, 택배 아저씨, 기사 아저씨, 목사님, 신부님, 스님, 원어민 선생님
기타	구몬 선생님, 원감 선생님, 큰누나, 작은누나, 형아, 배달 아저씨, 사모님, 집사님, 권사님, 이종사촌, 고종사촌, 왕할머니, 영어 선생님, 차량 선생님, 방과 후 선생님, 전도사님, 헌금위원

사람 관련 어휘와 관련해 재미있는 현상 하나가 또 관찰되었다. '판사, 변호사, 신부님, 스님' 같은 단어를 모르는 아이들은 많았지만, '택배 아저

언어의 아이들

씨'를 모르는 아이들은 거의 없었다는 것이다. 이것은 한국의 사회적 변화를 단편적으로 보여 주는 아주 흥미로운 결과이다. 최근 인터넷 쇼핑이나 TV 홈쇼핑으로 상품을 구매하는 사람들이 많아지면서 대한민국 사회의 소비 패턴은 많이 바뀌었다. 소비자가 상점에 직접 가는 대신 집에서 물건을 주문하고, '택배 아저씨'가 배달해 주는 것이 아주 보편적인 소비 형태가 된 것이다. 이에 따라 아이들은 늘상 보는 택배 아저씨를 모를 리가 없어진 것이다.

말 중간에 넣는 간투사나 놀랄 때 쓰는 감탄사의 습득에 대해서도 살펴보았다. 재미있는 것은 표에서 볼 수 있듯 '오 마이 갓(Oh, My God!)!' 같은 영어 표현이 아이들이 흔히 쓰는 감탄사로 자리잡았다는 것이다. 설문 결과에 따르면 5세 시기부터 거의 모든 아이들이 이 표현을 잘 알고 사용한다. 이 외에도 '대박!' 같은 말도 감탄사로 잘 쓴다는 응답이 다수 있었는데, 이러한 어휘들은 아이들 역시 시대에 따라 변화하는 신조어, 유행어 등에 민감하다는 것을 보여 준다.

표 30. 아도 프로젝트 어휘 조사: 감탄사, 간투사

	감탄사, 간투사
조사 어휘	음(말 중간에 내는 소리), 아잉(애교를 부릴 때), 엥/잉, 헉, 헐, 와(놀라움, 흥분 표현 시), 에이고/아이고/아이구, 에이씨/아이씨, 바보, 멍청이, 오 마이 갓
기타	대박, 흥, 짜잔, 어휴, 휴, 저기, 짱, 어(말 중간에 넣는 소리), 오 마이 가스레인지, 방구, 최고, 왕, 앗싸, 예, 좋았어, 오예, 있잖아

본 어휘 연구에서는 브랜드 및 상호 또한 따로 분류해 살펴보았다. 여기에서도 아주 재미있는 결과가 나타났다. 대부분의 아이들이 '슈퍼', '마

트', '시장' 같은, 일반적인 단어들도 잘 알고 있지만, '이마트', '홈플러스' 등 대형마트의 이름을 잘 알고 사용한다는 점이다. 3세를 포함한 모든 연령에서 아이들의 90퍼센트 이상이 '이마트'와 '홈플러스'를 잘 알고 사용한다고 보고되었다. 특히 '이마트'의 경우, 조사 대상 가운데 한 명을 제외한 모든 아이들이 쓰고 있는 단어로 나타났다. 아마도 요새 아이들은 '엄마, 시장 가자.'보다, '엄마, 이마트 가자.'라는 말을 더 많이 사용하는 듯하다. 막 말을 배우기 시작할 때 '시장'이나 '가게' 같은 단어는 모르면서도 특정 업체명은 아주 자주 사용한다. 비슷하게 모든 연령의 아이들이 '쇼핑'이라는 말도 잘 알고 사용하는 것으로 나타났다.

표 31. 아도 프로젝트 어휘 조사: 브랜드, 상호

	브랜드, 상호
조사 어휘	이마트(E-MART), 홈플러스(Home plus), 맥도날드(McDonalds), 롯데리아(LOTTERIA), 현대, 기아, 벤츠, 삼성, 엘지(LG)
기타	킨더(Kinder) 초콜릿, 코카콜라(Coca Cola), 롯데마트(LOTTE MART), 하나로마트, 파리바게뜨(PARIS BAGUETTE), 마이쮸, 짜요짜요, 콘후레이크, 버거킹(BURGER KING), 애슐리(Ashley), 빕스(VIPS), 카니발(Carnival), 소나타(SONATA), SM, 그랜저(Grandure)

가구, 집과 관련된 어휘에서도 이전에는 존재하지도 않았던 단어들이 이제 아동들의 단어장에도 들어와 있었다. 예를 들어 기타 단어로 따로 기재된 '정수기, 비데, 전기장판, 김치냉장고, 제습기, 공기 청정기' 같은 단어들이 그렇다. 이를 통해 과거에는 잘 사용되지 않았거나 존재하지 않았던, 새로운 생활 가전 제품들의 이름이 점차 중요한 생활 어휘로 자리잡아가는 것을 볼 수 있었다. 반면 조사 어휘에 있던 '경대', '건넌방' 같은 구식 단어들은 습득 정도가 가장 낮은 단어로 나타났다.

표 32 아도 프로젝트 어휘 조사: 가구, 집 관련 어휘

	가구, 집
조사 어휘	방, 안방, 부엌, 주방, 화장실, 욕실, 거실, 마루, 침대, 옷장, 화장대, 경대, 거울, 책상, 의자, 식탁, 신발장, 놀이방, 공부방, 건넌방, 문, 창문, 커튼, 냉장고, TV, 텔레비전, 에어컨, 가습기, 서랍, 전화기, 밥솥, 가스레인지, 전자레인지, 싱크대, 세탁기
기타	변기, 욕조, 현관, 피아노, 액자, 공기 청정기, 정수기, 라디오, 비데, 선풍기, 공부방, 장판, 전기장판, 제습기, 엄마 방, 김치냉장고, 매트, 상, 전기 장판, 난로, 장작, 도끼, 쇼파, 제습기, 책장, 오븐, 아빠 엄마 방, 장난감 방, 침대 방, 샤워기, 히터, 블라인드, 정리함, 옷걸이, 창고

한편 표 33은 취미 활동, 학원과 관련된 조사 어휘들을 보여 준다. 이 어휘들 또한 시대의 흐름을 잘 반영하고 있다. 1990년대만 해도 3~6세 아동들이 유치원 이외의 사교육을 받는 것이 흔하지 않았을 테지만, 요새 아이들은 학원 한두 개 정도는 흔하게 다닐 것이다. 이 때문에 요즘은 아이를 키우는 부모가 아니라면 잘 모를 새로운 학원 관련 단어들도 보인다.

표 33. 아도 프로젝트 어휘 조사: 취미 활동, 학원 관련 어휘

	취미 활동, 학원
조사 어휘	야구, 축구, 발레, 수영, 운동, 학원, 레슨, 영어, 중국어, 일본어, 한자, 서예, 미술, 피아노, 바이올린, 첼로, 플루트, 글짓기, 책 읽기, 가베, 태권도, 숙제, 시험
기타	블럭, 종이접기, 체육, 피그마리온, 몰펀(Morphun), 수학 학원, 트니트니, 오르프(Orff), 올리볼렌, 블록 쌓기, 오르다, 은물, 레고(Lego), 클릭스(Clics), 스펀지, 클레이, 바둑

조사 어휘 목록에 현대 사회의 흐름을 반영하는 새로운 단어들뿐 아니라, 비교해 볼 만한 한국 아동의 어휘 발달 연구(I)(1980년대, 교육개발원 발표)의 수록 어휘 일부도 포함시켰다. 다음 단어들을 살펴보면, 대부분 성인

들의 단어장에 존재는 하지만 더 이상 잘 사용하지 않거나, 기성 세대 화자들이나 자주 사용하는 어휘임을 알 수 있다. 또한 다음 단어들의 습득률은 다른 단어에 비해 상당히 낮게 나타났다.

리어카, 빵구, 복덕방, 반창고, 모래차, 가위표, 경대, 화장대, 강냉이, 옥수수, 건넌방, 고속버스장, 고속버스터미널, 난닝구, 테레비, 하드

향후 아동 어휘 발달 평가에서는 어휘 목록에 큰 변화가 필요할 것으로 보인다. 성인들도 더 이상 잘 사용하지 않는 단어나 아이들의 생활과 무관한 단어의 사용을 조사하면, 아이의 의사 소통 발달 양상을 정확히 진단하지 못할 수도 있다. 무엇보다 사회의 변화에 따라 어휘도 달라지기 때문에 이에 맞는 어휘 평가지 또한 업데이트가 이루어져야 할 것이다.

아도 프로젝트 어휘 조사는 3~6세 아이들을 대상으로 했기 때문에, 유아기 이후 아동들의 어휘 발달을 다룬 좋은 자료가 될 것으로 기대해 본다. 조사에서 새로 포함된 어휘나 기타 어휘 전부가 모든 아동들의 단어장을 대표할 수는 없다. 그러나 이를 토대로 3~6세 아동을 위한 어휘 평가지를 새롭게 개발할 수 있을 것이다. 특히 기타 어휘는 아이들의 실제 사용 어휘 예시들로 이루어져 있기 때문에 유익한 참고 자료가 될 것으로 보인다.

아이들의 머릿속 사전: 무한한 가능성을 담다

지금까지 아이들이 어떻게 음성의 실타래에서 의미가 있는 단어들을 구분해 내는지, 또 어떻게 백지 상태였던 아기가 일정한 규칙과 체계를 갖

고 해석의 무한한 가능성 속에서 단어의 의미를 추출해 내고 단어장을 확장하는지 알아보았다. 또한 한국어를 습득하는 아이들이 명사, 동사 등 다양한 품사를 어떻게 발달시켜 나가는지에 대해, 언어 보편적 패턴과 비교해 연구해 보기도 했다. 마지막으로 아도 프로젝트를 통해 기존의 한국어 어휘 발달 평가지를 시대, 언어의 변화에 맞게 수정했으며, 이를 기반으로 아이들의 단어 발달 양상을 직접 조사해 살펴보기도 했다. 이러한 고민과 연구가 향후 언어 습득 연구, 언어 치료·장애 분야에서 자료로 사용되기를 바란다.

IV

말 하나 더 배우기:
또 하나의 도전

인터넷은 지구촌 사람들의 소통 방식에 큰 도전을 불러왔다. 영어라는 글로벌 언어, 구글 번역과 같은 기술의 도움으로 사람들은 언어의 장벽을 넘어 소통할 수 있게 되었다. 영어가 세계의 언어로 지구촌 곳곳에서 쓰여지고 있지만, 그렇다고 모든 사람들이 동일한 말을 하게 되는 것은 아니다. 오히려 다양한 언어, 다양한 영어를 일상에서 날마다 접할 수 있게 되었다. 역사적으로 인류는 늘 많은 언어 속에서 살아 왔고 국가와 언어를 1:1의 관계로 보기 시작한 것은 19세기에 이르러서였다.

"당신이 상대방이 '이해할 수 있는' 언어로 말을 한다면, 그 말은 그 사람의 머릿속으로 갑니다. 그렇지만 당신이 상대방의 언어로 말을 한다면 그 말은 그 사람의 마음속으로 갑니다." 타인의 언어와 문화에 대한 열린 마음을 강조한 넬슨 만델라의 말이다.

2000년대 초반만 해도 우리나라는 오늘날과 같은 다언어, 다문화 사회와는 거리가 있었다. 이제 외국의 언어와 문화는 그리 낯설지 않게 되었다. 가깝고 먼 여러 나라 사람들이 우리나라에 와서 공부하고, 일하고, 가정을 꾸리며 더불어 살아간다. 조기 영어 교육에 대한 관심이 어느 때보다도 뜨거운 것은 더 이상 말할 필요가 없다.

지구촌의 많은 사람들에게 모국어는 단 하나의 언어를 의미하지 않는다. 부모의 언어가 자신이 태어나서 자라 온 환경의 언어와 다를 수 있고 또는 제3의 언어로 교육을 받을 수도 있다. 많은 사람들이 한곳에서만 살지 않고, 이동하고 교류한다. 새로운 언어를 환영하고 수용하고 배우는 자세는 그 어느 때보다 중요해지고 있다. IV부에서는 외국어 습득에 대해서 자세히 살펴보려고 한다.

1 말이 많은 세상?

이중 혹은 다중 언어 사용은 세계적인 현상이다. 한 곳에서 여러 개의 언어가 통용되는 다중 언어 사용 지역이 유럽, 아시아, 아프리카 등 전 세계적으로 많기 때문에, 이중 언어 사용 화자의 비율은 우리가 생각하는 것보다 훨씬 크다. 글로벌 무역이나 인터넷 사용의 증가 등으로 세계는 더 가까워지고 있고, 이에 따라 다중 언어 사용 지역에 살지 않는 사람들조차도 다양한 언어를 접하는 일이 흔해졌다. 이민을 통해서 새로운 다중 언어 사용 지역이 생겨나기도 한다. 최근 유럽은 정치적인 문제로 인한 이민이 증가하면서 이른바 이민 위기 상황(migrant crisis)을 겪고 있는데, 이를 통해서 전에 겪어 보지 못한 차원의 다중 언어 사용이 점차 늘어 가고 있다. 최근에 불거진 정치적 이민이 아니더라도, 유럽은 이미 이중 또는 다중 언어 사용이 흔한 곳이다. 2012년에 유럽 연합 집행 위원회(European Commission)에서 발표한 자료(「Europeans and their Languages」)에 따르면 유럽 연합에 속한 국가들 전체를 통틀어 인구의 절반이 넘는 54퍼센트가 모국어 이외의 최소 1개의 다른 언어로 대화할 수 있다고 응답했다. 또한 4명 중 1명이 최소 2개의 다른 언어로 대화가 가능하며, 10명 중 1명은 모국어 이외의 최소 세 개의 언어로 의사 소통을 할 수 있다고 응답했다. 특히 룩셈부르크(84퍼센트), 네덜란드(77퍼센트), 슬로베니아(67퍼센트), 몰타(59퍼센트), 덴마크(58퍼센트), 라트비아(54퍼센트), 리투아니아(52퍼센트), 에스토니아(52퍼센트) 등의 국가에서는 절반이 넘는 국민이 모국어 이외의 최소 2개의 외국어를 할 수 있다고 응답했다(괄호 안의 숫자는 최소 2개의 외국어를 하는 사람들의 비율). 가장 많이 사용되는 외국어는 영어, 프랑스 어, 독일어, 스페인 어, 러시아 어 순서로 나타났다.

그럼 영어를 모국어로 사용하는 영국에서는 어떤 외국어가 사용될까? 영국 교육부에서 발표한 2011년 언어 센서스 통계 자료를 보면, 영국 초등학교 학생 6명 중 1명이 가정에서 다른 언어를 습득하고 나서 영어를

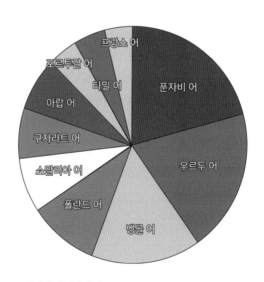

그림 30. 영국 학생들의 영어 외 언어 배경

언어의 아이들

배우기 시작한다고 하니 이중 언어 습득 아동이 얼마나 많은지 짐작이 간다. 런던을 보면 그 숫자가 특정 지역에서 특히 높게 나타남을 볼 수 있는데, 해크니(Hackney) 지역의 경우 초등학교 학생의 무려 54퍼센트, 중, 고등학교 학생의 44퍼센트가 가정에서 영어가 아닌 다른 언어를 사용한다고 한다. 이 수치들은 다양한 인종과 배경의 사람들로 구성된 런던의 다문화 사회를 잘 보여 준다고 할 수 있다. 그림 30은 영국 학생들이 영어 외에 대개 집에서 사용하는 언어를 나타낸 것인데, 푼자비 어, 우르두 어, 벵골 어처럼 인도, 방글라데시 등 일부 아시아 국가의 언어가 가장 흔하게 사용됨을 알 수 있다. 최근에는 중국어 사용 인구도 증가하는 추세이다.

동남아시아의 이중 언어 실태

동남아시아 지역에서도 과거에 대영제국의 식민지였던 일부 국가들은 다중 언어 사용이 일상화되어 있다. 홍콩은 광둥어(Cantonese)와 영어를 사용하며, 현재는 중국어(Mandarin)도 중요한 언어의 하나로 사용하고 있다. 영어, 말레이 어, 타밀 어, 중국어를 사용하는 싱가포르의 다중 언어 사용은 식민 지배뿐만 아니라 민족 다양성과도 관련이 있다. 말레이시아는 말레이 어가 공식 언어이지만, 중국어와 영어도 널리 사용한다. 다언어 환경에서는 가정에서 사용하는 언어, 학교에서 사용하는 언어, 사회에서 사용하는 언어가 따로 분리되기도 한다. 이 때문에 화자들은 일상적으로 이중/다중 언어를 습득하고 맞닥뜨리는 상황에 따라 그에 맞는 적절한 언어를 선택해 사용하게 된다.

최근에는 사회적으로 이중/다중 언어 사용의 이점에 대한 인식이 늘어나 이를 제도적으로 권장하기도 한다. 유럽 연합에 소속된 국가들은 모국어에 더해 2개의 외국어를 더 배울 것을 권장하며, 벨기에, 스위스, 캐나다, 남아프리카공화국처럼 이중어/다중어 습득 정책을 실시하는 국가들이 전 세계적으로 많이 있다. 물론 이러한 국가들은 서로 다른 언어를 쓰는 민족들이 한 국가 경계 안에 모여 살다 보니, 그 언어들을 구사할 줄 아는 능력이 의사 소통을 위해 꼭 필요하다. 또 어떤 경우에는 사라져 가는 자기 민족의 언어를 보호하기 위해 이중 언어 습득을 교육 현장에서 권장하기도 한다(Genesee, 2015).

　우리나라는 어떨까? 영어 교육열로만 보면 전 세계 1등은 거뜬히 할 대한민국이다. 그렇다면 이중 언어 습득에 대해 얼마나 이해하고 있을까? 흔히 다른 언어를 배운다고 하면 영어나 중국어처럼 학업이나 취직에 도움이 되는 언어만을 떠올리곤 한다. 그러나 사실 잘 들여다보면 우리 사회에도 최근 국제 결혼 등으로 외국인 이주민 수가 급격히 증가하면서 한국어가 아닌 모국어를 쓰는 사람들이 한국에서 자녀를 키우는 경우가 많아지고 있다. 이는 자연스러운 이중 언어 습득 환경이지만, 우리 사회에서는 별다른 주목을 받지 못하는 편이다. 인기 있는 언어가 아니라면 배울 가치가 없다는 편견 때문이다. 이로 인해 우리 사회에서 자연스러운 이중 언어 습득의 기회가 제한되고 있지는 않은지 한번 생각해 볼 문제이다.

　물론 두 언어를 구사해서 얻을 수 있는 경제적, 학업적 가치에 먼저 눈이 가는 것이 사람의 마음이겠지만, 이중 언어 습득으로 얻을 수 있는 다른 효과들도 주목할 필요가 있다. 여러 언어를 배우는 것이 인지 발달에 도움이 된다는 주장이 학계에서 점점 힘을 얻고 있다. 그렇다면 이중 언어 습득이 인지 발달에 어떻게 관련이 된다는 걸까? IV부에서는 2개의(혹은 더 많은) 언어를 배울 수 있게 하는 인간의 언어 능력이 무엇인지 그 신비를 풀어

　　　　　　　　　　　　　　　　　　　　언어의 아이들

보는 한편 실제 외국어 교육 현장에 주는 시사점이 무엇일지에 대해서도 생각해 보는 기회가 되었으면 한다.

2 여러 개의 언어를
습득하는 언어 능력

두 개의 언어를 하나씩? 한꺼번에?

정확히 누가 바이링구얼, 즉 이중 언어 화자인지 그 선을 명확히 정하기는 쉽지 않다. 어려서부터 두 언어를 배우면 이중 언어 화자라고 생각하기 쉽지만, 한국에서 태어나 3세 때 미국으로 이민을 가서 영어, 한국어 두 언어를 배우기 시작한 사람도 이중 언어 화자이고, 한국에서 태어나고 자라 한국어를 모국어로 사용하다가 15세에 영국으로 유학을 가서 이 때부터 영어를 매일 사용하는 사람도 크게 보아 이중 언어 화자이다. 언어 습득 시기를 기준으로 이중 언어 화자를 정의하기 어려운 이유는, 언어 습득의 마술이 어떤 시기가 오면 갑자기 송두리째 사라져 버리는 것이 아니라, 나이에 따라 서서히 사라지는 것이기 때문이다. 또 이중 언어 화자이지만 한 언어로는 읽고 쓰기는 어렵고 대화만 가능하다는 등으로 한 언어의 숙련도(proficiency)가 다른 언어의 숙련도에 비해 훨씬 높은 경우도 많다.

이중 언어 습득은 두 언어를 동시에 습득하느냐, 순차적으로 습득하느냐에 따라 두 가지 종류로 나누어 볼 수 있다. 첫 번째는 '동시적 이중 언어 습득(simultaneous bilingualism)'인데, 아이가 태어나면서부터, 즉 대략 3세 이전부터 '동시에' 두 가지 언어를 배우는 것이다. 예를 들어 엄마에게는 한국어, 아빠에게는 영어를 들으며 자라는 식이다. 다른 하나는 '순차적 이중 언어 습득(sequential bilingualism)'으로서 우선 하나의 언어를 습득하고 나서, 그 다음 두 번째 언어를 습득하는 경우이다. 태어나서 3세까지는 가정에서 한국인 부모에게 한국어만 배우다가, 3세 이후부터 영어를 사용하는 보육 시설이나 학교에 가서 영어를 배우기 시작하는 식이다. 동시적 이중 언어 습득보다는 순차적 이중 언어 습득이 더 흔하다.

혼돈의 소리 세상: 두 언어를 듣는 아기들

아이가 엄마와 아빠에게서 서로 다른 언어를 듣게 되는 상황을 가정해 보자. 이 아이는 한 언어에만 노출되는 아이에 비해서 더 '혼돈스러운' 소리 세상을 접하게 될 것이다. 그러나 아이는 이 혼돈 속에서도 용케 두 가지 언어를 다 배워 내는 능력을 가지고 있다. 그것이 어떻게 가능할까? 두 가지 언어를 배우기 위해서는 먼저 이 두 언어를 구분할 줄 알아야 한다. 그럼 두 언어에 노출되는 아기들은 언제부터 이 두 언어를 구분할 수 있을까? 스페인 어-카탈로니아 어를 이중 언어로 습득한 생후 4개월 된 아기들이 둘 중 하나만 습득한 아기만큼이나 두 언어의 말소리를 잘 구분할 수 있었다(Bosch & Sebastian-Galles, 2001)[1]. 스페인 어와 카탈로니아 어는 리듬 특성이나 기타 음성 특징이 상당히 비슷한데도 생후 4개월 된 아기들이 벌써 이 두 언어의 미묘한 소리 특징을 듣고 두 언어를 구분할 수 있었다는 것이 놀랍다. 이렇게 두 언어의 소리를 구분하는 능력은 두 가지 다른 소리 체계를 배우는 데에 가장 기본이 된다. 그러나 두 가지 언어의 '홍수' 속에서 두 언어의 소리 체계를 각각 정립하려면 아무래도 시간이 걸린다. 한 가지 언어만 배우는 아이들에 비해 두 가지 언어를 배우는 아이들은 각 언어의 모음과 자음을 구분하는 능력이 생기기까지 대개 시간이 조금 더 걸리는데, 모음은 생후 12개월, 자음은 14~21개월에 음운 구별이 나타나는 것으로 본다(Bosch & Sebastian-Galles, 2003; Burns 외, 2002). 이 과정을 좀 더 자세히 살펴보자.

Ⅱ부에서 이야기했듯이 성인이 되면 모국어에 없는 소리 구분을 잘 구별하지 못하지만(영어의 /b/와 /v/가 우리 귀에 매우 비슷하게 들리는 것을 생각해 보자.), 아기들은 모국어의 소리에 최적화되기 전까지는 세상 어느 언어의 소리이든지 잘 구분하는 아주 신비로운 능력을 가지고 있다. 그러다 8개월 정도가 지나면 점차 외국어의 소리 구분에는 둔감해지고 자신이 습득하는 언어의 소리 구분에만 민감해지도록 언어 발달이 진행된다. 그럼 두 가지 언어에 노출되는 이중 언어 습득 아이들은 언제, 어떻게 두 언어의 소리를 습득해갈까? 생후 4개월, 8개월, 12개월의 스페인 어-카탈로니아 어 이중 언어 습득 집단, 스페인 어 습득 집단, 카탈로니아 습득 집단을 대상으로 이 아기들이 카탈로니아 어에는 존재하지만 스페인 어에는 존재하지 않는 모음 /e/와 /ɛ/를 구분할 수 있는지 실험했다(Bosch & Sebastian-Galles, 2003). 실험 결과, 생후 4개월 된 아기들은 언어 배경과 상관없이 모음을 구분할 수 있었지만, 8개월이 되면 예상대로 스페인 어 습득 아기는 이 두 모음을 구분하지 못하고, 카탈로니아 어 습득 아기들만 이 모음을 구분할 수 있는 것으로 나타났다. 그런데 재미있게도 스페인 어-카탈로니아 어 이중

언어 습득 아기들은 8개월에는 카탈로니아 어의 소리를 제대로 구분하지 못하다가, 12개월이 되면 다시 구분하게 되는 'U 곡선'의 발달 양상을 보였다. 이는 두 언어를 배워야 하는 이중 언어 습득 아기들의 모음 공간이 더 혼잡하며, 이 때문에 음운 습득이 지연될 수 있다는 것을 보여 준다. 그러나 이 연구와는 달리, 이중 언어 습득 아기들도 단일 언어 습득 아기들과 비슷한 시기에 각 언어의 음운을 구별하게 된다는 결과도 있어서 정확히 결론을 내리기는 힘들다(Burns 외, 2007; Albareda-Castellot 외, 2011).

이중 언어 습득 아기들이 말소리를 들었을 때의 뇌파 반응을 살펴본 연구(Garcia-Sierra 외, 2011)를 보면, 영어-스페인 어 이중 언어 습득 아기들은 단일 언어 습득 아기들과는 분명 다른 지각 패턴을 보였다. 단일 언어 습득 아기들은 생후 7개월 시기에는 모국어나 외국어의 소리 구분 모두에 민감하게 반응하다가, 11개월쯤이 되면 모국어의 소리 구분에만 민감하게 반응하도록 최적화된다. 그러나 생후 7개월의 이중 언어 습득 아기들은 두 언어의 어떤 소리 구분에도 민감하게 반응하지 않다가, 11개월이 되면 노출되는 두 언어의 소리 구분 모두에 민감한 뇌파 반응을 나타냈다. 이 결과 역시, 이중 언어 습득 아기들이 단일 언어 습득 아기들과는 다른 시간표를 따라 언어를 습득할 수 있다는 것을 보여 준다. 또 이중 언어 습득 아기들 중 영어나 스페인 어의 소리 구분에 민감한 반응을 나타낸 아이들은 부모나 보육자와 함께 생활하면서 해당 언어에 더 많이 노출된 아이들이었다. 이렇게 2개의 언어를 습득할 때에는 아이가 받는 해당 언어 자극(input)의 '양'이 습득 여부에 중요한 요소로 작용한다(이에 대해서 다시 살펴볼 것이다.).

언어의 아이들

하나의 소리 체계? 2개의 소리 체계?

이제 아이가 소리를 구분할 수 있느냐 없느냐 하는 문제를 넘어, 아이가 어떻게 두 언어의 음운 체계를 발달시키는가 하는 문제로 들어가보자. 여기에서 우리는 다음과 같은 질문을 던져볼 수 있다.

이중 언어 습득 아동들(특히, 순차적 이중 언어 습득을 하는 아동들)은 개별적인 2개의 음운 체계를 가지고 있는가? 아니면, 2개의 언어를 다룰 수 있는 하나의 음운 체계를 가지고 있는가? 또, 이 아이들은 각 언어의 단일 언어 습득 아동들과 동일한 발달 단계를 거쳐 소리 체계를 습득하는가?(Holm & Dodd, 1999)

일부 학자들은 이중 언어 습득 초기에는 아이들이 두 언어를 한꺼번에 다루는 하나의 언어 체계를 가지고 있다가, 2~3세가 되어서야 두 언어의 체계를 분리하게 된다고 믿었다. 앞서 인용한 질문에 답하기 위해 광둥어와 영어를 습득하는 이중 언어 습득 아동 2명을 2~3세 시기에 관찰했다(Holm & Dodd, 1999). 광둥어와 영어에 공통으로 존재하는 말소리를 아이들이 습득하는 양상을 관찰해 보니, 아이들은 그 소리를 각 언어에서 따로, 다른 시기에 습득하는 것으로 나타났다. 예를 들어 발음 오류 현상을 살펴보면, /s/ 소리처럼 두 언어에 동일하게 존재하는 마찰음을 광둥어에서는 파찰음 [ts] 소리로 대체하고, 영어에서는 파열음 [d] 소리로 대체하는 상이한 패턴이 관찰되었다. 또한 각 언어에서 보이는 오류 유형은 각 언어의 음소 배열 제약[2]에 맞게 나타났다. 이는 이중 언어 습득 아동들이 각 언어별로 구분된 음운 체계를 가지고 있으며 이를 따로 발달시킨다는 것을 시사한다.

이중 언어 습득 아동들의 운율(prosody) 특징을 살펴보면, 역시 아주 어린 시기부터 두 언어의 다른 운율 특성을 구분해 사용하는 모습이 나타난다. 다른 연구(Paradis, 2001)에서는 프랑스 어-영어 이중 언어를 습득하는 2세 아동들에게 4음절로 구성된 의미 없는 비(非)단어(nonword, 예: lapatimoon, koameeganda)를 듣고 따라 발음하게 했다. 아이들은 프랑스 어 비단어를 발음할 때에는 프랑스 어의 강세 패턴(주로 약음절-강음절(WS))에 맞게, 영어의 비단어를 발음할 때에는 영어의 강세 패턴(주로 강음절-약음절(SW))에 맞게 단어의 음절을 삭제하는 양상을 보였다.

이중 언어 습득 아동들이 각 언어에 대해 개별적인 소리 체계를 가지고 있다고 해도, 이중 언어 습득 아동들의 언어 체계가 1 + 1 = 2의 공식처럼, 철저히 독립된 두 언어 체계의 합이라고는 보기 힘들다. 이는 두 언어가 서로 영향을 미칠 수밖에 없는 관계에 있기 때문이다. 즉 두 체계가 완전히 독립적일 수는 없다는 것이다. 이민자 가정에서는 아이가 3세경까지 부모의 모국어를 습득하다가 3세 이후부터 유치원에 가면서 이민 국가의 언어를 습득하는 순차적 이중 언어 습득이 많은데, 이런 경우에 특히 먼저 배운 언어의 영향이 다른 언어에 나타날 수 있다. 런던에 거주하는 방글라데시 이민자 가정 자녀들의 이중 언어 습득 연구는 이를 잘 보여 준다(McCarthy 외, 2014). 이 아이들은 유치원(영국 과정에서 nursery)에 들어가기 전까지는 가정에서 주로 실레티 어(Sylheti)만을 배우다가, 유치원에 나가면서 본격적으로 영어에 노출되기 시작했다. 이들이 발음하는 영어 자음을 1년 간격으로 살펴본 결과, 52개월 시기에는 처음 배운 언어인 실레티 어의 영향으로 영어의 파열음이 실레티 어의 파열음과 비슷한 VOT 값을 갖다가, 영어 습득이 더 진행된 1년 후에는 영어 단일어 습득 아동들과 비슷한

VOT 값을 보였다.

이중 언어 습득 아동들의 소리 발달이 각 언어의 단일 언어 습득 아동들과 동일한 양상으로 진행되는가 하는 문제는 연구마다 결과가 다소 갈린다. 이것은 이중 언어 습득이 각 언어당 얼마나 많은 자극을 받느냐, 언제부터 두 언어를 배우기 시작하느냐 등과 같은 다양한 변수에 의해 영향을 받기 때문이다.

어휘의 습득: 언어 자극의 양과 습득 속도

이중 언어 습득 아동들도 단일 언어 습득 아동들과 마찬가지로 생후 약 12개월에 첫 단어를 발화한다는 연구 결과가 있다(Genesee, 2003). 단어를 습득하기 시작하는 시기는 비슷하다는 것인데, 습득하는 단어의 개수는 어떨까? 이중 언어 습득 아동들이 사용하는 어휘의 개수를 각 언어별로 계산하면, 단일 언어 습득 아동의 절반밖에 되지 않을 수도 있다. 두 가지 언어에 노출되는 아이들이 한 언어당 받는 언어 자극의 양은 한 가지 언어에만 노출되는 아이들에 비해 적을 수 밖에 없기 때문이다. 이와 관련된 연구를 보자(Hoff 외, 2012). 이 연구에서는 생후 1년 10개월~2년 6개월 된 아동들을 대상으로 영어 단일어 습득 집단과 영어-스페인 어 이중 언어 습득 집단을 조사했다. 아동들이 지닌 어휘의 양을 점수로 측정한 결과, 이중 언어 습득 아동들은 영어와 스페인 어 모두에서 영어 단일어 습득 아동보다 어휘량이 적고 연령에 따른 어휘 증가 폭도 작게 나타났다. 연령에 따른 어휘 증가 폭이 작다는 것은 습득 속도가 느리다는 것을 의미한다. 그런데 이중 언어 습득 아동들을 대상으로 언어를 구분하지 않고 총 어휘

량을 계산해서 단일어 습득 아동들과 비교하면 거의 비슷한 수준이 된다고 나타났다.

더 재미있는 것은 이중 언어 습득 아동들이 두 언어 중 무엇에 '지배적으로' 노출되는지도 어휘 발달에 영향을 미친다는 것이다. 위 연구에서는 영어-스페인 어 이중 언어 습득 아동들을 스페인 어에 더 많이 노출된 집단(Spanish-dominant bilinguals), 양 언어 균등 노출 집단(balanced bilinguals), 그리고 영어에 더 많이 노출된 집단(English-dominant bilinguals)으로 나누어서 어휘와 문법 습득을 조사했다. 그 결과 노출이 많이 된 언어일수록 아동이 그 언어의 어휘를 더 많이 습득함을 알 수 있었다. 영어에 더 많이 노출된 집단이나 균등 노출 집단은 스페인 어에 더 많이 노출된 집단보다 영어 어휘를 더 많이 습득했고, 반대로 스페인 어에 더 많이 노출된 집단은 균등 노출 집단이나 영어에 더 많이 노출된 집단보다 스페인 어 어휘를 더 많이 습득하고 있었다.

어휘뿐만 아니라 문법에서도 단일어 습득 아동들은 이중 언어 습득 아동들보다 더 높은 점수를 얻었고, 발화 평균 길이(MLU, Mean Length of Utterance)도 더 길었다. 또 연령 증가에 따른 점수의 상승폭도 컸다. 이중 언어 습득 아동들 사이에서도 각 언어에 노출된 정도가 해당 언어의 문법 습득 양상에 영향을 미치는 것으로 나타났다.

그러나 2개의 언어를 습득한다고 해서 무조건 언어 습득의 과정이 모든 영역에서 느려지는 것은 아니다. 옹알이를 하는 시기나, 첫 단어를 발화하는 시점은 이중 언어 습득 아동들도 단일어 습득 아동과 비슷하다는 보고들이 있다(Oller 외, 1997; Nicoladis & Genesee, 1997). 또 두 언어 중 한쪽이 주로 사용하는 지배 언어일 경우, 문법 습득 측면에서 단일어 습득 아동과 다르지 않은 발달 속도를 보이기도 한다(Paradis & Genesee, 1996). 앞의 연

　　　　　　　　　　　　　　　　언어의 아이들

구(Hoff 외, 2012)가 암시하듯이 이중 언어 습득에서도 결국 중요한 것은 충분한 언어 자극을 받는 일이다. 특히 2개의 언어를 배울 때에는 습득 과정에서 각 언어에 얼마나 노출되며 얼마나 사용하는지가 습득 속도에 영향을 미칠 수밖에 없다. 물론 2개의 언어를 완전히 습득하기 위해 단일어 습득일 때보다 2배 많은 언어 자극이 필요한 것은 아니다. 만약 그래야 한다면, 이중 언어 습득 아동들은 단일어 습득 아동보다 2배로 더 많이 언어에 노출되고 2배로 더 많이 이야기해야 할텐데, 이것은 현실적으로 불가능한 이야기이다. 언어 자극의 단순한 '양'이 습득 과정에서 습득의 속도에 영향을 미치기는 하지만, 이중 언어 습득의 성공을 결정하는 유일한 열쇠가 되지는 않는다는 것이다. 학자들은 이중 언어 습득 아동들이 한 언어를 습득하는 데 필요한 언어 자극의 양이 단일 언어 습득 아동들이 받는 언어 자극의 40퍼센트 정도라고 이야기한다(Thordardottir, 2011).

두 가지 문법: 풀어야 할 숙제

이번에는 이중 언어 습득 아동들이 두 언어의 통사 구조를 어떻게 습득하는지 좀 더 자세히 이야기해 보겠다. 많은 연구에서 이중 언어 습득 아동들이 단일 언어 습득 아동들과 비슷한 양상으로 문법을 습득할 수 있다는 것이 관찰되었다. 아이가 지배적으로 사용하는 언어의 문법이라면 말이다. 그러나 이중 언어 습득 과정에서 아이가 두 언어의 문법을 혼동하는 경우도 있는데, 전이(transfer)라는 현상을 통해 이해할 수 있다.

예를 들어 터키 어를 모국어로 먼저 습득하고 영어를 배우기 시작한 4세 아동이 터키 어의 SOV어순(주어-목적어-동사)을 영어에 적용해

'Outside ball playing.', 'I something eating.' 같은 문장을 산출하기도 한다(Haznedar, 1997). 또다른 사례를 보면 독일어에는 VO어순(동사-목적어)과 OV어순(목적어-동사)이 모두 사용되는데, 독일어-영어 이중 언어 습득 아동들은 독일어 하나만 배우는 아이들과 달리 VO어순을 압도적으로 많이 사용한다(Dopke, 2000). 이것은 VO어순만을 사용하는 영어의 영향이라고 설명할 수 있다. 이중 언어 습득에서 어느 한 언어를 지배적으로 사용하면 그 언어의 문법 요소가 다른 언어에 전이될 가능성이 크다.

어순을 혼동하는 것은 이중 언어 습득 아동들이 두 언어의 서로 다른 문법을 배우는 과정에서 흔히 거치는 단계이다. 제시가 생후 2년 11개월쯤 "Sarah my bed touch."라는 말을 했는데, 이것은 '사라(언니)가 내 침대를 만졌어요.'의 한국어의 SOV어순(주어-목적어-동사)을 그대로 영어에 적용한 결과이다. 영어의 SVO어순(주어-동사-목적어)에 따르면 "Sarah touched my bed."가 문법에 맞는 표현이다. 이중 언어 습득 아동이 이렇게 두 문법이 혼동되는 시기를 거치기는 하지만, 아이들은 점차 언어 발달이 진행되면서 두 언어의 다른 문법 체계를 정확히 구분해 터득해 나간다. EBS에서 2015년에 방영된 다큐멘터리 「한국인과 영어」의 4부 「언어의 장벽을 넘어라」 편에서 소개한 수빈이의 사례가 좋은 예가 된다. 수빈이는 한국인 엄마와 미국인 아빠 사이에서 태어나서 영어와 한국어를 모두 배우며 자랐는데, 같은 말을 한국어, 영어의 각 문법에 맞게 정확히 표현하는 법을 터득했다. 서술어와 목적어의 어순을 한국어와 영어에서 반대로 쓰고, 한국어로 말할 때는 주어 '나'를 주로 생략하지만 영어로 말할 때에는 주어 'I'를 생략하지 않았다. 한국어와 달리 영어에서는 주어나 목적어 표현이 쉽게 생략되지 않는 점까지도 정확히 터득하고 있었다.

수빈 빵이랑 와플이랑 바나나랑 딸기, 버터 그리고 시럽 다 먹었어요.

엄마 그거 수빈이가 친구한테는 어떻게 얘기해 줘요?

수빈 I ate waffles with butter, syrup, banana and strawberry on top.

아이들이 일정한 순서에 따라 문법 형태소를 습득한다(Brown, 1973). 영어를 습득하는 아이들은 진행형을 나타내는 -ing를 가장 먼저 습득하고, 복수형이나 과거형을 나타내는 형태소는 그것보다 늦게 습득하게 되고, 'be' 같은 계사(copular)나 'is' 같은 조동사(auxiliary)는 가장 늦게 나타나는 문법 형태소에 해당된다. 다른 언어를 모국어로 습득한 아이들이 영어를 배울 때에는 이 순서를 동일하게 따르지 않는다. 전이 현상이 제2 언어 습득에도 비슷하게 영향을 미치기 때문이다. 그림 31에서는 영어 모국어 화자 아이들과 모국어 배경이 다양한 제2 언어 화자 아이들이 영어의

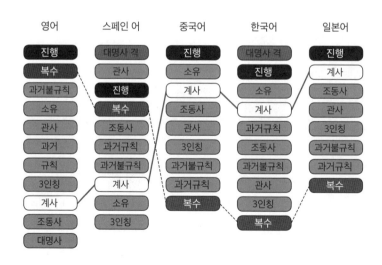

그림 31. 영어 모국어 화자와 제2 언어 화자들의 영어 문법 형태소 습득 순서(Shin, 2005 참조)

문법 형태소를 어떤 순서로 배우는지 비교해 나타내고 있다. 예를 들어 가장 왼쪽에 제시된 영어 모국어 화자는 진행(progressive), 복수(plural)를 나타내는 문법 형태소를 가장 먼저 배우지만, 한국어, 일본어 화자들은 영어의 복수 형태소를 훨씬 나중에 배운다. 특히 한국 아이들이 가장 힘들어하는 영어의 문법 형태소는 관사(article), 3인칭(third person), 복수를 나타내는 형태소라고 했다. 이것은 모국어 문법이 제2 언어 습득에 영향을 미친 결과이다.

두 언어 섞어 쓰기

종종 한국어에 빈번하게 영어 단어를 섞어서 말하는 사람들을 볼 수 있다. 필요한 수준을 넘어서서 과도하게 영어 단어를 섞어 사용하면 듣는 사람이 부담스럽게 받아들일 수 있다. 전달하고자 하는 의미를 표현하는 한국어 단어가 없는 것도 아니고, 화자의 한국어 어휘가 부족한 것도 아니라면 더 그렇다. 내 경우도 영국에서 하루 대부분의 시간을 영어에 노출되어 보내다 보니, 갑자기 한국어로 말하려면 중간 중간에 영어 단어를 섞어 쓰는 일이 일어난다. 물론 언어는 상대방과 교감하고 소통하려고 쓰는 상호작용의 도구이므로, 영어 단어를 섞어서 말하는 일은 상대가 그 단어들을 이해하고 또한 나를 잘난척 한다고 생각하지 않을 만큼 편한 사람일 때 일어난다. 즉 영어 단어가 편하다고 느껴서 한국어로 말하다가도 영어로 말해 버리는 때가 있다. 그 이유는 우선 그 의미를 정확히 전달하는 한국어 단어가 마땅히 떠오르지 않기 때문이다. 예를 들어 런던은 비싼 집값 때문에 학생들이 한집에 같이 사는 경우가 많은데, 이러한 집을 셰어하우

언어의 아이들

스/플랫(shared house/flat)이라고 한다. 그런데 딱히 이 영어 표현을 대신할 만한 한국어 표현이 바로 떠오르지 않는다. 영어를 사용하는 시간이 더 많다 보니 머릿속 사전에서 더 쉽게 떠오르는 영어 단어를 무심결에 한국어 단어 대신 집어넣어 사용하기도 한다.

제2 언어 사용자들도 이런 일을 겪을 정도이니, 이중 언어 화자가 한 발화 내에서 두 언어를 섞어 사용하는 것은 자연스러운 현상이다. 이것을 코드 스위칭(code switching)이라고 한다(Belazi, Ribin & Toribio, 1994). 섞어 쓰는 방식도 여러 종류가 있다. 필요한 단어만 골라서 섞어 쓰는 경우도 있고, 문법적인 요소나 구조를 섞어 쓰기도 한다. 중요한 것은 이중 언어 화자들이 언어를 섞어 쓰는 양상을 보면 난잡하게 두 언어를 마구 엮어 붙이는 것이 아니라, 두 언어의 문법 규칙에 맞게 일정한 규칙을 따라 섞어 쓴다는 것이다. 예를 들어 코드 스위칭이 일어날 때 섞이는 단위는 자립 형태소가 대부분이며, 특히 명사가 자주 섞이는 편이다. 한편 단어를 섞어 쓰는 형태로 한 발화(utterance) 안에서 코드 스위칭이 일어나기도 하지만, 발화 단위로 언어를 바꾸는 코드 스위칭의 형태도 있다.

대부분 이중 언어 화자들은 한 언어가 다른 한 언어에 비해 더 능숙하기 때문에, 부족한 한쪽 언어를 보완하기 위해 코드 스위칭을 하기도 한다. 따라서 코드 스위칭에 대해 잘난 척 한다, 혹은 게을러서 언어를 대충 사용한다는 선입견을 피하고, 이것이 이중 언어 습득 과정에서 일어나는 자연스러운 현상임을 이해할 필요가 있다. 특히 한쪽 언어를 더 늦게 습득하는 아이에게 학교나 가정에서 코드 스위칭을 금지하면, 실수하는 것을 더 두려워하게 되어 이중 언어 습득에 방해 요소가 될 수 있다.

언어의 벽 허물기: 트랜스랭귀징

최근 이중/다중 언어 습득 연구에서 트랜스랭귀징(translanguaging)이라는 개념이 주목을 받고 있다. 언뜻 보면 코드 스위칭과 트랜스랭귀징은 아주 비슷해 보이지만, 이 둘은 다른 현상이다(Garcia & Wei, 2014; Otheguy, Garcia & Wallis, 2015). 코드 스위칭은 특정 개념을 설명한다든가 문화적 정체성을 보여 준다든가, 혹은 청자의 이해를 돕기 위해, 즉 의사 소통의 필요에 따라 사회적으로 혹은 정치적으로 정해진 언어를 의식적으로 선택해 한 언어에서 다른 언어로 바꾸는 것이다. 트랜스랭귀징은 언어 간의 장벽이 사회적, 문화적, 정치적으로 정해진 것뿐이고, 이중 언어 사용자 내면에는 이들 간의 경계가 존재하지 않는다는 인식을 기반으로 한다. 특히 이중/다중 언어를 습득하는 아주 어린 아이들은 개개인의 언어에 여러 가지 언어가 함께 들어 있어서 여러 언어의 요소를 '경계 없이' 선택해 재조합해 사용한다는 것이 트랜스랭귀징의 개념이다. 이를 통해 아이들은 한 언어를 사용할 때보다 더 풍부한 의사 소통을 할 수 있다. 한국어와 영어를 동시에 습득하는 아이들이 "엄마, are you 아파?", "엄마, 사라 bad dream 했어요." 등으로 한국어와 영어를 쓰는 경우를 자주 볼 수 있다. 이러한 종류의 섞어 쓰기, 정확히 말해 트랜스랭귀징은 이중 언어를 습득하는 화자에게 아주 보편적으로 관찰되는 말하기 행동이다. 트랜스랭귀징, 즉 '다언어살이'는 대화 상대와 상황에 맞게 언어를 자유로이 넘나들어 말함으로써 언어의 벽을 허물고 정서적·문화적으로 가장 적절한 의사 소통이 이뤄지도록 해 주며, 때로는 서로 다른 문화와 언어를 알맞게 중재하는 역할을 수행한다.

언어의 아이들

다중 언어 능력

2개 혹은 2개 이상의 언어를 모국어로 사용하는 사람들의 머릿속에는 어떤 일이 일어날까? 한 언어를 말할 때 다른 언어는 잠을 자고 있는 것일까? 사람들은 자동으로 스위치를 켜고 끄듯이 언어를 선택하는 것일까? 이에 대해 뉴캐슬 대학교의 명예 교수인 비비언 쿡(Vivian James Cook)은 다중 언어 능력(multi-competence)이라는 개념을 제안했다. 그는 유명한 1992년 논문「다중 언어 능력에 대한 증거(Evidence for multi-competence)」에서 촘스키가 제안하는 언어 능력에 대한 논의를 이중 혹은 다중 언어를 모국어로 하는 화자에게 확대해 다중 언어 능력 개념을 제안했고 발전시켰다. 쉽게 말해서 이것은 마음속에 2개 이상의 언어에 대한 본유적인 지식이 존재하는 상태를 의미한다. 이 다중 언어 능력을 통해 화자들이 습득하는 지식은 단순히 각각의 언어에 대한 지식을 합해 놓은 것이 아니다. 이중/다중 언어 화자들은 각각의 언어에 대한 지식을 각각 지니면서, 이 두 언어를 다루기 위한 종합적인 지식도 갖고 있다. 여기서 한 가지 짚고 넘어갈 것은, 모국어를 완전히 습득하고 나서 이루어지는 제2 언어나 외국어 습득을 이중 언어 습득과 완전히 분리하여 생각하기 힘들다는 점이다. 예를 들어 제2 언어 사용국으로 이주해 그 언어를 습득하고 지속적으로 사용하는 경우는 더욱 그렇다(외국어 습득에 대한 자세한 내용은 IV부 3장 참조). 쿡은 다중 언어 능력을 설명하기 위해 두 가지 중요한 질문을 던진다.

Q1. 2개의 언어를 사용하는 사람들은 하나의 언어를 더 사용할 줄 아는 것 이외에, 하나의 언어만을 사용하는 사람들과 다른 점이 있을까?

Q2. 2개의 언어를 사용하는 사람들은 2개의 분리된 언어 시스템이 아닌 하

나의 통합적인 언어 시스템을 갖고 있을까?

첫 번째 질문의 답은 다른 점이 있다는 것이다. 왜냐하면 이중 언어 사용자들이 지닌 각 언어 지식은 해당 언어 하나만을 사용하는 단일어 사용자의 언어 지식과는 기본적으로 차이가 있기 때문이다. 쿡은 이를 뒷받침하는 몇몇 연구 결과들을 제시했다. 예를 들어 영어를 배우는 프랑스 어 모국어 화자들이 발음하는 프랑스 어 /t/ 소리는 제2 언어인 영어의 영향을 받아 프랑스 어 단일어 화자들의 /t/보다 VOT가 길었다(Flege, 1987). 즉 더 '영어스러운' 소리특성이 나타난 것이다. 반대로 프랑스 어를 배우는 영어 모국어 화자가 발음하는 영어의 /t/ 소리는 좀 더 프랑스 어 /t/ 소리와 가까운 특성을 나타내어, VOT가 더 짧았다. 만약 다중 언어 습득의 결과 머릿속에 구축되는 언어 지식이 '1 + 1 = 2'의 식으로 한 언어가 다른 언어와 완전히 개별적으로 존재한다면, 두 언어가 이렇게 영향을 미치면서 변화하는 현상을 설명하기 힘들 것이다.

파열음을 발음할 때에 막음이 개방되는 시점부터 모음의 성대 진동이 시작되기까지의 시간이 길면 기식성이 있는 파열음이 되고, 이 시간이 아주 짧거나, 혹은 성대의 진동이 파열음의 개방보다 더 일찍 나타나면(예: −10밀리초) 기식이 상대적으로 없거나 전혀 없는 파열음이 된다. 그러나 무성/유성 파열음을 음운론적으로 구분 짓는 VOT의 경계점은 언어마다 다르다. 방금 전 소개한 프랑스 어의 무성 파열음 /t/은 음향적으로는 영어의 유성 파열음 /d/에 더 가깝다(예: 20밀리초). 그리고 프랑스의 유성 파열음 /d/은 VOT가 아예 음의 값으로 나타나는 선유성(pre-voicing)의 성질을 갖는다(예: −110밀리초).

2개 언어 사용자들의 언어 시스템에 관한 쿡의 두 번째 질문을 살펴볼

언어의 아이들

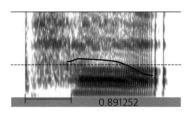

그림 33. 한국어 /파/의 성대 진동 시작 시간

차례다. 한국어 단일어 화자들이 영어를 배운 한국어 화자들에 비해 '파란색'이라는 단어를 녹색에 좀 더 가깝고 보라색과는 더 먼 색으로 인지한다는 재미있는 결과가 있다(Caskey-Sirmons & Hickson, 1977). 색 어휘의 경계가 다른 제2 언어를 사용함에 따라 색을 인지하는 방식에까지 변화가 생겼다는 이야기이다(언어와 사고의 관계에 대해서는 1부 참조). 심지어는 모국어보다 다른 언어를 더 지배적으로 사용하면 그에 따라 모국어 지식이 점차 감소하는 언어 손실(attrition) 현상까지도 나타난다. 즉 한번 배운 모국어의 지식이 변하지 않고 평생 동안 똑같이 유지되는 것이 아니라, 제2 언어를 습득하고 사용하면서 모국어와 제2 언어가 서로 영향을 주고 받으며 변화한다.

쿡은 또 제2 언어에 상당히 숙달한 고급 단계의 화자들도 그 언어의 모국어 화자들, 즉 단일어 화자와 동일한 언어 지식을 가지지는 못한다는 점을 지적한다. 제2 언어를 배우는 사람들이 가지고 있는 '중간 언어(interlanguage)'라는 언어 체계도, 단순히 해당 언어에 대한 불완전한 언어 지식이 아니라, 모국어의 지식을 포함하는 이중 언어 화자들 고유의 언어 체계이다. 때문에 어린 시기에 제2 언어를 배우기 시작했더라도, 이들이 갖는 문법 지식은 단일어 화자들과는 차이가 있으며, 이들의 발화는 여전히 비원어민 화자의 음성 특징, 즉 외국인 말씨(foreign accent)를 가지고 있다.

마지막으로 쿡은 다중 언어 능력이 언어 지식뿐 아니라 인지 능력에도 차이를 가져온다고 지적한다. 2개의 언어를 배우는 것이 아이들의 지적 능력 향상에 도움이 되며, 이중 언어를 사용하는 아이들이 사고의 유연성, 창의성, 메타 언어적(metalinguistic) 인식(예를 들어 문장에 포함된 단어 개수를 세는 등 '언어'에 대해 인지하는 능력) 등의 측면에서 더 우수하다는 것을 보여 주는 연구들이 있다는 것이다. 쿡이 제시하는 이러한 증거들은 다중 언어 지식이 단순히 "제1 언어 + 제2 언어"가 아니라, 그 이상임을 보여 준다.

한국어-영어 이중 언어 화자들이 어떤 영어 단어를 듣고 그 단어가 무엇인지 머릿속 사전을 검색할 때 이들의 한국어 사전은 완전히 'OFF' 상태일까? 대부분 연구들이 그렇지 않다는 결과를 보여 준다. 또한 이중 언어 화자들의 언어 사용을 들여다보면, 한 문장 안에서도 쉽게 한 언어에서 다른 언어로 전환하는 코드 스위칭을 한다. 이중 언어 화자들이 사용하는 두 언어가 머릿속에 아무 관련이 없는 완전히 별개의 시스템으로 존재한다면, 이렇게 쉽게 즉각적으로 한 언어에서 다른 언어로 바꾸어 말하는 것 자체가 가능하지 않을 것이다. 즉 두 시스템 사이에는 긴밀한 연결이 있을 것이라는 말이다. 비슷하게 제2 언어 학습자들은 그 언어를 듣거나 읽고 이해할 때 완전히 모국어의 스위치를 꺼 버리지 못한다. 예를 들어 스페인어-영어 화자가 스페인 어 속담의 영어 번역 문장을 읽을 때, 이해를 돕기 위해서 자동적으로 스페인 어의 통사 지식을 활용하게 된다고 한다(Blair & Harris, 1981). 즉 다른 언어를 접하는 동안에도 모국어의 스위치는 켜져 있는 것이다.

또한 쿡은 제2 언어의 학업적 숙련도(proficiency) 레벨이 제1 언어의 학업적 숙련도 레벨과 긴밀히 연관된다는 점을 근거로 들고 있다. 예를 들어 영어- 스페인 어 이중 언어 화자 아이들은 영어의 읽기 능력과 스페인 어

언어의 아이들

의 읽기 능력 간에 높은 상관관계를 보였다(Gonzalez, 1986). 물론 이것이 지적 능력과 같은 제3 요소의 영향을 어느 정도 받을 수는 있지만, 쿡은 이것이 하나의 통합 시스템으로 구성된 다중 언어 능력을 지지하는 증거라고 말한다.

실제로 이중 언어 화자들이 두 언어를 사용할 때 뇌의 어떤 영역을 사용하는지 뇌신경학적인 증거를 한번 들여다보자. 제2 언어의 경우 모국어와 달리 좌뇌보다는 우뇌에서 다루어진다는 주장이 있었다. 그러나 이것은 제2 언어가 모국어와 달리 언어 능력 이외의 다른 기제를 동원해 다루어질 수 있기 때문이며, 제2 언어도 제1 언어와 같은 뇌의 영역에서 처리된다는 주장이 힘을 얻고 있다. 한편 또 다른 가능성으로 두 언어가 뇌의 다른 영역에 저장되지만, 한 언어는 좌뇌, 한 언어는 우뇌 식으로 각기 다른 반구에서 다루어지는 것은 아니라는 시각도 있다. 과연 현재 뇌신경 과학에서는 쿡이 제시하는 '다중 언어 능력'의 실체를 명확하게 보여 줄 해답을 가지고 있을까?

언어와 뇌

사람들이 언어를 듣고 이해하고 말할 수 있는 것은 뇌에서 언어 활동을 관장하는 영역들이 제 기능을 하며 원활히 돌아가고 있기 때문이다. 다중 언어 능력에 대한 뇌 연구를 살펴보기에 앞서, 언어를 관장하는 뇌의 부위에 대해서 간단히 살펴보자. 누구나 과학 시간에 한번쯤은 우리 뇌의 대부분을 차지하는 대뇌(cerebrum)에 대해 들어 보았을 것이다. 흔히 뇌하면 떠올리게 되는 호두알과 같이 주름이 잡힌 부위가 바로 이 대뇌의 겉

부위, 대뇌 피질(cerebral cortex)로 언어 기능을 관장하는 많은 부위가 있다.

뇌의 언어 중추에 대한 연구는 폴 브로카(Paul Broca, 1824~1880년), 카를 베르니케(Carl Wernicke, 1848~1905년)와 같은 선구자들의 실어증 연구가 발단이 되었다. 이들은 실어증 환자들의 뇌 손상 부위를 연구해 언어 기능을 담당하는 두 가지 뇌 영역 – 브로카 영역(Broca's area)과 베르니케 영역(Wernike's area)을 발견했다. 1861년에 프랑스 의사 브로카가 발견한 브로카 영역은, 좌뇌의 하전두회(inferior frontal gyrus, IFG) 부근에 위치하고 있다. 브로카가 진료했던 한 환자는 간질을 앓다가 뇌의 손상을 입어 말을 하지 못하게 되고 할 수 있는 말은 오직 '탄(tan)'이라는 단어뿐이었다. 브로카는 환자가 사망한 후 뇌를 부검해 그의 실어증이 좌뇌의 하측 전두회 부근의 뇌 조직 손상으로 인한 것임을 알 수 있었다. 브로카는 이 뇌 부위를 브로카 영역으로 명명하고 이것이 뇌의 언어 중추임을 밝혀냈다. 브로카 실어증에 걸린 사람들은 주로 말을 산출해 내는 데 큰 어려움을 겪는다. 따라서 한 단어를 문장처럼 연결해 '탄 탄 탄 탄' 이런 식으로 단어의 연쇄를 산출해 내기도 한다. 한편 브로카 실어증에 걸리더라도 언어를 이해하는 기능은 정상적일 수 있다.

브로카 영역이 발견되고 얼마 지나지 않은 1874년, 독일의 신경학자 베르니케는 또 다른 언어 중추인 베르니케 영역을 발견했다. 베르니케 영역은 좌뇌의 상측두회(superior temporal gyrus, STG)의 후측에 위치한다. 이 부위에 손상을 입게 되면 말을 제대로 이해하지 못하게 된다. 얼핏 들으면 유창하게 말을 하는 것 같지만, 무의미한 말을 생성해 내는 증상을 보인다.

선구자들의 실어증 연구는 뇌와 언어의 관계를 밝히는 시초가 되었다. 그러나 이렇게 뇌 손상 부위와 이에 따른 증상을 관찰해 해당 부위가 어떤 기능을 담당한다는 식의 결론을 내리는 손상 연구(lesion study)는 한계가 있을 수밖에 없다. 지금까지 진행된 뇌 연구들에 따르면 하나의 특정 뇌 부위가 하나의 기능만을 독립적으로 담당하는 것이 아니라, 뇌의 여러 영역들이 아주 긴밀하고 복잡한 관계로 연결되어 함께 작동하는 네트워크를 이루고 있기 때문이다. 따라서 오직 브로카 영역만 손상을 입게 되면 실제로 브로카 실어증에 걸리지 않을 수도 있다.

최근에는 fMRI, EEG, MEG 등의 장치들을 이용해 우리가 언어를 이해하고 말할 때 뇌가 어떻게 반응하는지 정밀하게 관찰할 수 있게 되면서 뇌의 언어 중추에 대한 이해가 훨씬 깊어지고 있다. 브로카 영역은 언어의 산출을 담당하고, 베르니케 영역은 언어의 이해를 담당한다는 예전의 입장도 이후 연구에 의해 많이 수정되었다.

사람들이 듣는 말소리는 기본적으로 일차 청각 피질(primary auditory cortex)에서 처리된다. 일차 청각 피질은 뇌의 좌우 측두엽(temporal lobe)에 놓여 있고 헤쉴 이랑(Heschl's gyrus) 부위의 중간 부분에 해당된다. 대강 관자놀이 부근이라고 생각하면 된다. 그 부근에 위치한 좌우 뇌의 상측두회는 소리의 기본적인 음향 정보를 처리하는 곳이다. 이렇게 좌우 뇌로 입력된 음향 정보는 언어 처리를 위해 측두엽과 전두엽(frontal lobe)의 여러 부위로 전달된다(Hickok & Poeppel, 2007; Rauschecher & Scott, 2009 참조). 즉 소리의 음운 정보를 분석하고[1], 이를 어휘 정보와 연결한 다음, 통사, 의미 처리의 단계를 거친다. 어휘 정보를 분석하기 이전 단계의 음향 정보는 좌우 뇌에서 비슷하게 다루어지지만, 소리를 언어로서 처리하는 단계가 되면 좌뇌를 중심으로 처리된다. 브로카 영역, 즉 좌뇌의 하전두회 부위는 사실 말소리의 산출뿐 아니라, 언어의 통사, 의미 처리에 중요한 역할을 하는 것으로 밝혀졌다(Dapretto & Bookheimer, 1999 참조). 그러나 의미 분석이 모두 좌뇌에서만 이루어지는 것은 아니다. 의미 해석에서 문맥, 화용 정보를 활용하는 것이나, 비유적인 표현을 이해하는 것, 억양 등을 이용해 준언어적 (paralinguistic) 정보를 처리하는 활동은 우뇌에서 일어난다고 알려져 있다.

말을 산출하는 과정도 비슷한 영역에서 이루어진다. 예전에 생각하던 것처럼 브로카 영역만이 말소리 산출에 기여하는 것이 아니라, 일차 운동 피질(primary motor cortex)과 말소리 이해에 동원되는 측두엽의 영역들을 비롯해 보조 운동 영역, 중심전회, 중심후회 등 대뇌피질에 있는 여러 영역에서 메세지가 형성되고, 말소리 조음이 계획, 수행된다. 조음에 필요한 근육을 조절하는 피질하부(subcortical)의 시상(thalamus), 중뇌(midbrain), 뇌줄기(brainstem), 소뇌(cerebellum) 등을 통해 결국 조음 기관에 의한 말소리 산출이 완성된다(Soros 외, 2006 참조).

뇌의 구조와 활동은 매우 복잡하고 여전히 밝혀지지 않은 부분들이 많으며, 이를 밝히기 위해 현재에도 새로운 연구들이 활발하게 이루어지고 있다. 특히 언어 관련 부위들은 서로 아주 긴밀하고 복잡한 네트워크를 이루어 기능하기 때문에, 단순히 뇌의 한 부위가 하나의 기능으로 담당하는 것으로 보기 어렵다.

2개의 언어는 뇌에서 어떻게 처리될까?

다중 언어 능력의 신경학적 메커니즘에 관한 초기 연구는 실어증에 걸린 다중 언어 화자들을 연구하면서 시작되었다. 이들은 뇌 손상 이후에 둘 중 한 언어를 사용하는 데에만 문제가 생기거나, 손상 이후에 제2 언어만을 사용하게 되는 변화를 겪었다. 이로 인해 학자들은 이중 언어 화자들의 뇌에서 두 언어가 서로 다른 부위에서 다루어진다고 생각하게 되었다

언어의 아이들

(Paradis, 1977). 이것이 사실일까? 물론 간단하게 결론지을 수 있는 문제는 아니다. 알다시피 이중 언어 습득은 언제 해당 언어를 배우기 시작했느냐, 또 얼마나 해당 언어를 많이 사용하느냐에 따라 언어 습득의 정도가 크게 차이가 날 수 있기 때문이다. 이에 관해 어떠한 연구가 이루어졌는지 좀 더 살펴보자.

어린 시기부터 두 언어를 배우기 시작한 이중 언어 화자들은 두 언어를 동일한 뇌의 부위를 사용해 처리하지만, 더 늦은 시기에 제2 언어를 배운 사람들은 제2 언어를 처리할 때 모국어와 다소 다른 뇌의 부위를 사용한다고 밝힌 연구들이 있다. 예를 들어 fMRI를 사용한 연구에서는 아주 어린 유아 시기부터 두 언어를 배우기 시작한 이중 언어 화자와 11세 이후에 제2 언어에 노출되기 시작한 이중 언어 화자를 비교했다(Kim 외, 1997). 뒤늦게 제2 언어에 노출된 화자는 측두엽의 베르니케 영역 부근에서는 두 언어를 동일한 부위에서 처리했지만, 전두엽의 브로카 영역에서는 두 언어를 처리하는 부위가 차이가 났다. 다른 연구(Kovelman 외, 2008)에서도 역시 fMRI를 사용했는데, 5세 이전에 영어를 배우기 시작한 스페인 어-영어 이중 언어 화자들이 두 언어의 문법 구조를 다룰 때의 반응을 연구한 것이다. 이 연구에 참가한 화자들은 관계절이 들어간 문장의 구조를 이해할 때 영어와 스페인 어 모두 동일하게 브로카 영역이 있는 좌뇌의 하측 전두 피질(left inferior frontal cortex)을 사용했다. 문법적인 문장과 비문법적인 문장을 듣는 실험에서 화자들은 스페인 어를 들을 때는 스페인 어 문법에 맞게, 영어를 들을 때는 영어 문법에 맞게, 각 언어의 중요한 문법 요소에 민감하게 뇌가 달리 반응했다(영어에서는 어순이, 스페인 어에서는 형태소가 문법성을 판단하는 데 더 중요하게 사용된다.). 이것은 두 가지 언어를 배우더라도 각 언어에 맞는 문법 요소를 개별적으로 습득하며, 두 언어의 지식을 정상적으로 습득할 수 있다는 것을 보여 준다. 또 흥미로운 것은, 이들이 영어의 문장 구조를 처리할 때 해당 뇌 부위가 활성화되는 정도가 영어 단일어 화자보다 더 높게 나타났다. 즉 해당 언어를 완전히 습득한 이중 언어 화자라도 단일어 화자보다 뇌의 조직을 더 활발히 동원해 언어를 사용한다는 것이다. 원어민만큼 완벽하게 제2 언어를 구사하는 이중 언어 화자도 언어를 다루는 방식에 있어서는 단일어 화자와는 차이점이 있다는 이야기이다.

최근 발표된 논문(Pierce 외, 2015)에서는 중국어-프랑스 어 이중 언어 습득 아동들과 프랑스 어 단일어 습득 아동들을 대상으로 음운 작업 기억(phonological working memory) 테스트를 실시했다. 이 실험은 실제 단어는 아니지만, 프랑스 어의 가능한 소리 조합으로 만들어진 유사 단어를 아이들에게 들려주고 바로 그것을 기억해 내게 하는 것이다. 신기하게도 테스트를 하는 동안 단일 언어 습득 아동들은 좌뇌에서 언어 처리와 관련된 뇌의 부위를 더 많이 사용하고, 이중 언어 습득 아동들은 집중이나 인지 조절 능력과 연관된 우뇌의 다른 부위들을 더 사용하는 것으로 나타났다. 이는 이중 언어 습득 아동들이 해당 언어의 소리를 기억할 때 단일 언어 습득 아동과는 다른 영역의 기억 능력 장치를 더 동원한다는 것을 보여 준다(이 연구의 또 다른 실험 집단에 대해서는 다음 장에서 소개될 것이다.). 비슷하게 이중 언어 사용자가 더 늦게 습득한 언어를 소리 내어 읽을 때에는 조음 기관의 운동을 조절하고 글자를 해당 소리로 연결하는 것과 연관되는 부위 등 여러 뇌 부위를 단일어 사용자보다 더 많이 활성화시키는 것으로 나타났다(Berken 외, 2015).

그렇다면 외국어를 배우는 화자들은 어떨까? 모국어를 듣고 이해할 때에는 언어 처리 중추가 있는 좌뇌의 측두엽 부위가 활성화되는 반면, 외국어를 듣고 이해할 때에는 좌뇌와 우뇌의 측두엽과 전두엽에서 더 다양한 부위가 활성화된다는 흥미로운 연구가 있었다(Dehaene 외, 1997). 물론 이 연구의 피험자들 사이에서도 개인적 차이가 크게 나타나기는 했지만, 여전히 모국어를 다룰 때와 비교하면 분명히 외국어를 다룰 때에 기본적인 언어 중추 이외의 다른 기제가 사용되는 양상이 나타났다.

이중 언어가 뇌에서 처리되는 방식에 대한 해답을 명쾌하게 내리기는 힘들다. 그러나 분명한 것은, 외국어 학습자는 물론이거니와, 심지어 아주 어린 유아기부터 두 언어에 노출된 이중 언어 화자들마저도 뇌가 언어를 다루는 방식이 단일어 화자와 조금 다르다는 것이다. 이 문제의 해답에 더 가까이 다가가기 위해 언어 습득 연구자들이 아주 흥미를 갖고 연구하는 아주 특별한 연구 대상이 있다. 바로 입양인이다.

잃어버린 모국어: 입양인들은 처음 배운 모국어를 기억할 수 있을까?

종종 TV를 통해 잃어버린 친부모를 찾으러 한국에 온 입양 한국인들의 이야기를 접한다. 한국 전쟁 때 수많은 전쟁 고아가 생겨나면서 1950년대에 미국인 홀트 부부에 의해서 처음으로 해외 입양이 시작되었는데, 이때를 시작으로 우리나라는 경제적 가난과 아동 복지 기반의 부재로 수많은 아이들을 미국, 프랑스, 스웨덴과 같은 서양 국가로 보내게 되었다.

이들은 갓난 아기 때 혹은 생후 몇 년이 채 안 된 시기에 한국어를 사용하는 한국인 부모를 떠나 전혀 다른 낯선 땅에서 살아가게 된다. 따라서 외모만 한국인일 뿐이지 다른 언어와 문화를 가진 전혀 다른 사회의 일원으로 살아가게 되는 것이다. 여기서 우리가 언어 습득과 관련해 던져볼 수 있는 중요한 질문이 하나 있다.

Q. 언어 습득은 엄마 뱃속에서부터 시작해서 태어나 몇 년 동안 가장 활발하게 진행된다고 했는데, 그렇다면 입양인들은 입양되기 전 아기 때에 접했던 언어를 기억할 수 있을까?

대부분의 입양인들은 입양 전 배우던 언어를 잊고 살아간다. 말을 하기 시작하기 이전에 입양되었던 사람들은 말할 것도 없고, 한국어를 유창한 수준으로 구사했던 아동기에 입양이 되었다고 해도 마찬가지다. 오랜 시간 한국어 자극이 전혀 없게 되면 한국어는 점차 기억 속에서 희미해지고, 새롭게 배운 제2 언어가 두 번째 모국어(second first language)로 자리매김하게 된다. 따라서 입양인들은 가족과 함께 이민을 가서 새로운 언어를 배우게 되는 이중 언어 화자들과는 언어 습득 상황이 아주 다르다. 이민자 가정의 자녀는 한국어를 지배 언어(dominant language)로 사용하지는 않아도 집안에서 부모를 통해 어느 정도 한국어에 계속 노출되기 때문이다.

언어 습득 연구자들은 언어가 뇌에서 어떻게 다루어지는지 관심을 가지면서 이러한 입양인들을 연구하기 시작했다. 이에 관한 가장 대표적인 연구(Pallier 외, 2003)는 프랑스에 입양된 한국인들을 대상으로 했다. 이 연구에서는 종전의 예상과는 다른 아주 획기적인 연구 결과를 내놓았다. 3~8세 때 한국에서 프랑스로 입양된 프랑스 어 모국어 화자들을 대상으로 실험한 결과, 이들은 태어나면서부터 프랑스 어만을 접한 다른 프랑스 모국어 화자들과 마찬가지로, 한국어 소리를 다른 외국어의 소리와 구분해 내지 못했다. 또 이들이 외국어의 소리를 듣는 동안 fMRI로 뇌의 반응을 측정한 결과, 역시 다른 프랑스 모국어 화자들처럼 다른 외국어 소리를 듣든 한국어 소리를 듣든 별다른 반응을 나타내지 않았다. 이것은 어린 시절 습득하던 언어를 전혀 듣거나 사용하지 않게 되면 뇌의 언어 장치가 마치 컴퓨터가 포맷을 한 것처럼, 새로운 언어에 맞게 다시 새롭게 변화할 수 있다는 것을 보여 준 매우 흥미로운 결과이다. 이것은 또 언어 습득에 최적화된 시기가 지나면 언어 습득의 문이 완전히 닫혀서 새로운 언어를 배울 수 없게 된다는 결정적 시기 가설이 결코 적합하지 않다는 것을 보여 준다. 그러나 입양인들이 처음 습득했던 언어의 흔적을 완전히 잃어버리는가 하는 문제는 단순히 결론 내리기 힘들다. 좀 더 최근 연구를 살펴보면, 그렇지 않다는 쪽의 설명이 더 타당해 보이기도 한다.

생후 약 1년까지 중국어를 사용하는 언어 환경에서 자라다가 캐나다 퀘벡으로 입양되어 프랑스 어만을 사용하는 환경에서 자란 아이들을 대상으로 fMRI 연구를 실시했다(Piere 외, 2014). 온전히 프랑스 어만을 듣고 자란 아이들은 중국어의 성조를 들었을 때 우뇌가 반응하지만, 입양된 아이들은 중국어-프랑스 어 이중 언어 습득 아이들과 비슷하게 좌뇌의 영역까지 활성화되는 것이 나타났다. 즉 입양된 아이들은 중국어에 대한 기억이 전혀 없는 완전한 프랑스 어 원어민 화자임에도 불구하고, 이들의 뇌는 여전히 '무의식적으로' 중국어의 성조를 음운론적으로 의미 있는 소리로 인지하고 반응했던 것이다. 이렇게 잊어버린 언어에 대한 '흔적'들이 실제로 입양인들이 그 언어를 다시 유창하게 배우는 데 도움이 되는지는 아직 밝혀지지 않은 문제이지만 이에 관한 향후 연구들을 기대해 볼 수 있다.

이중 언어 화자 아이를 기르는 것

이중 언어 습득의 원리에 대한 이야기를 마치기 전에 좀 더 실질적인 이야기를 살펴보자. 다음은 영국 에든버러 대학교의 언어학자 부부 안토

넬라 소라스(Antonella Sorace)와 밥 라드(Bod Ladd)가 이탈리아 어와 영어 2개의 언어를 습득하는 자신의 자녀들을 키우며 경험했던 내용을 바탕으로 「이중 언어 습득 아이를 기르는 법(Raising Bilinguals)」에 대해 강연한 내용을 정리한 것이다[2]. 특히 소라스는 이중 언어 화자의 형태 통사 발달, 이중 언어 습득과 인지 능력 간의 상호 관계 등에 관한 많은 연구를 했다.

Q. 아이들이 두 가지 언어를 들으면 헷갈리지 않을까?

간단한 대답은 '아니오.'이다. 아이들은 사람들이 말하는 여러 다른 방식에 기막히게 예민하다. 하나의 언어만 배우는 아이들도 예를 들어 여자가 말하는 것, 남자가 말하는 것, 공손하게 말하는 것, 불손하게 말하는 것 같은 언어의 다양한 차이를 아주 빨리 배운다. 아이들에게 이중 언어 사용 환경은 그저 말하는 방식의 또 다른 차이에 불과하다.

다만 이중 언어 습득은 때때로 단일어 습득에 비해 다소 느린 언어 발달을 가져온다. 우리 큰 아이는 4세 반이 되었을 때까지도 여전히 "Where are you?" 대신 "Where you are?"라고 말하는 실수를 하곤 했다. 이러한 실수는 영어 하나만 배우는 아이들에게도 나타나는 정상적인 언어 발달 과정으로, 대개 3~4세 때 고쳐진다. 우리 아이는 단지 그것을 조금 더 늦게 배웠을 뿐이다.

Q. 이중 언어 화자 아이들은 두 가지 언어를 섞어 사용하는 일이 절대로 없을까?

성인 이중 언어 화자와 마찬가지로, 이중 언어 습득 아동들도 한 언어로 이야기할 때 자주 다른 언어의 단어를 가지고 와서 사용한다. 이것을 코드 스위칭이라고 한다. 그렇다고 아이들이 자신이 어떤 언어를 사용하고 있는지를 헷갈

언어의 아이들

려 한다는 의미는 아니다. 이탈리아 어와 영어를 사용하는 우리 가정에서는 음식과 관련된 어휘는 이탈리아 어를 사용하는 경우가 많고, 이 단어들을 영어를 말할 때도 사용한다. 같은 의미에 해당되는 영어 단어가 있을 때도 그렇다. 그래서 우리는 'chicken(닭)' 대신 'pollo(닭)', 'sauce(소스)' 대신 'sugo(소스)'라고 말한다. 그러나 아이들은 영어, 이탈리아 어 중 하나의 언어만 사용하는 사람과 대화할 때에는 그 대화 상대가 알아들을 수 있는 언어만 사용하려고 한다.

Q. 그렇다면 어떻게 아이에게 2개의 언어를 가르칠까?

부모는 아이들에게 걷는 법이나 웃는 법을 가르치는 것 이상으로 특별히 언어를 '가르치지' 않는다는 것을 꼭 기억해야 한다. 언어 발달에서 가장 중요한 것은 노출(exposure)과 필요(need)이다. 아이가 태어나는 그 순간부터 많은 사람들과 함께하는 여러 상황 속에서 자연스럽게 언어에 노출되고 그들과 소통해야 할 필요를 느끼면, 아이들은 자연스럽게 언어를 배우게 될 것이다. 또 아이가 태어나면서부터 다른 사람들 속에서 2개 언어에 노출되고 그 사람들과 소통하기 위해 두 언어가 필요하다고 느끼면, 그렇게 아이들은 두 언어 모두를 배우게 될 뿐이다.

Q. 태어나서부터 두 가지 언어에 노출되면 두 언어 모두 배우는 것일까?

꼭 그렇지는 않다. 그러나 아이들은 어려움 없이 두 가지 언어를 다 배우는 것이 가능하다. 그것이 그들에게 어떤 해가 되는 것도 아니다. 아이들이 두 언어 모두 자연스럽게 충분히 노출되어야 한다는 점이 어려운 지점이다. 대부분 두 언어 중 하나의 언어는 결국 '더 중요한' 언어가 되기 마련이다. 예를 들어 아이가 터키 인 아버지와만 터키 어를 사용하고, 그 외에의 상황에서 영어가 사용될 때를 생각해 보자. 여기에서 한가지 비법은 아이들이 '덜 중요한' 언어를 강압적이거나 부자연스럽지 않은 방식으로 사용할 수 있게 충분히 기회를 주어야 한다는 점이다. 가장 좋은 방식은, 만약 가능하다면 아이들에게 그 '덜 중요한' 언어만을 쓰는 상황을 만들어 주어, 두 언어를 섞어 사용하거나 '더 중요한' 언어로 바꾸어 말하고 싶은 욕구가 아예 생기지 않도록 해 주는 것이다.

Q. 아이들이 첫 번째 언어를 충분히 배우고 난 다음, 두 번째 언어를 배우는 것이 더 나을까?

절대 아니다. 특히 여기서 두 번째 언어라는 것이 어차피 '덜 중요한' 언어인 이중 언어 사용 가정에서는 더 그렇다. 두 번째 언어를 더 나중에 가르치는 것은 아이들로 하여금 그 언어가 덜 중요하고, 배우는 데 노력을 기울일 필요가 없다고 확신시켜 줄 뿐이다.

반면에 이중 언어 사용 환경 상황, 예를 들어 미국에 사는 한국인 부부의 아이가 영어에 자연스럽고 점차적으로 노출되게 하는 것이 전혀 해가 될 것이 없다. 가족이 미국에 계속 거주하고 아이들이 미국 학교를 가는 이상, 아이들이 영어를 배우지 못할 것을 염려할 필요가 없다는 것이다. 사실 이러한 이중 언어 사용 환경에서는 아이들이 바깥 세상의 언어만을 사용하려고 하면서 종종 가정의 언어를 거부하는 것이 더 흔한 문제다.

Q. 서로 다른 언어를 사용하는 부부의 아이가 이중 언어 화자가 되려면 아이에게 각자의 모국어로만 이야기해야 할까?

언어의 아이들

많은 전문가들은 이중 언어 사용 가정에서 '부모-한 언어' 방식을 사용할 것을 권하고 있다. 이것은 엄마는 항상 엄마의 모국어로 아이에게 이야기하고, 아빠는 항상 아빠의 모국어로 아이에게 이야기한다는 것을 의미한다.

문제는 균형이다. 아이들은 두 언어를 모두 자주, 그리고 다양한 상황에서 들어야 한다. 아이들이 '덜 중요한' 언어를 한 부모에게서만 듣고 그 이외에는 전혀 듣지 못한다면 그 언어를 자연스럽게 배울 수 있는 충분한 노출을 받지 못하게 될 것이다. 양쪽 부모가 모두 '더 중요한' 언어를 이해하면 아이들은 '덜 중요한' 언어를 사용할 필요성을 느끼지 못하는 것이 사실이다. 이러한 경우에 노출의 다른 경로를 찾아 아이가 그 언어의 필요성을 느끼도록 할 다른 방법을 찾아야 한다. 한 언어만 사용하는 조부모가 아주 큰 도움이 될 수 있다! 그 한 언어만 사용하면서 아이들을 돌봐 줄 사촌이나 할머니, 보모를 동원할 수 있는가? 아이들이 그 언어만을 듣게 할 수 있는 보육 시설이나 놀이 시설이 있나? 그 언어로 된 비디오나 이야기 테이프라도 구할 수 있는가? 이러한 모든 것들이 아주 큰 차이를 만들어 낼 수 있다. 특히 단순히 TV를 보는 것보다는 그 언어를 사용하는 사람들과 의사 소통을 하는 편이 더욱 좋다.

또한 언어를 쓸 상황을 자연스럽게 만들어야 한다. 아이들이 이상한 일이나 창피한 일을 하도록 강요받는다고 느끼면 안 된다. 며칠은 한 언어로 이야기하고 다른 며칠은 다른 언어로 이야기하는 등으로 딱딱한 규칙을 세우면, 강요하기도 어렵고 아이에게 부정적인 태도를 불러올 수 있다.

또 하나의 문제점은 배척이다. 한쪽 부모가 다른 언어를 구사하지 못하는 경우가 있다. 미국인 어머니가 터키 어를 할 줄 모른다고 가정해 보자. 아이들은 자신들이 아버지에게 터키 어로 말할 때마다 어머니가 대화에 끼지 못한다는 것을 알게 될 것이다. 이렇게 되면 아이들이 양쪽 부모가 함께 있을 때 한언어를 쓰기를 꺼리게 된다. 즉 아빠, 엄마가 두 언어 모두를 어느 정도 이해할 수 있을 때, 성공적인 이중 언어 사용 가정이 될 확률이 높아진다는 것이다. 그래야 가족 대화에 참여하지 못하는 사람이 생기지 않기 때문이다.

Q. 아이가 여럿일 경우 어떤 언어를 사용할까?

둘째 아이가 태어나면 이중 언어 가정의 언어 균형에 차질이 생긴다. 흔히 둘째 아이는 첫째 아이보다 불완전한 이중 언어 사용 화자가 된다. 대개 첫째 아이가 둘째 아이에게 '더 중요한' 언어로 대화하게 되는데, 이는 둘째 아이에게 그 언어의 노출을 증가시키고, '덜 중요한' 언어를 배울 필요를 줄인다.

Q. 전에는 집에서 사용하는 언어를 곧잘 하다 학교에 간 후 항상 영어와 그 언어를 섞어 쓰는데 어떻게 해야 할까?

편하게 생각해야 한다. 언어를 섞어 쓰는 것은, 듣는 사람들이 그 두 언어를 모두 사용할 수 있을 때에 아주 정상적으로 일어나는 현상이다. 이것은 아이들이 한 언어를 잊어버려서 그런 것도 아니고, 두 언어의 차이를 구분하지 못하게 되어서도 아니다. 예를 들어 미국에 사는 한국인 가정이라면, 아이들이 가정에서 한국어를 배우다가 학교에 가게 되면 하루에 수 시간 영어에만 노출되면서 공책, 사회 과목, 교장 선생님 등 온갖 종류의 새 어휘와 그 언어를 사용하는 방식을 배우게 된다. 아이들이 영어 단어를 한국어 문장에 섞어 사용한다고 꾸중하면, 가정에서 사용되는 언어에 더 반감을 가지게 되어 결국 상황을 악화시킨다. 아이들이 가정의 언어를 자연스럽게 사용할 수 있는 환경을 만들어라. 조부모를 모셔오는 것이 한 방법이다.

다중 언어 습득 언어에서 조부모의 역할

강연 내용에서 여러 번 언급되었듯이, 다중 언어 습득 환경에서 조부모가 특별한 역할을 하기도 한다. 부모는 대개 가정에서 사용하는 계승어(heritage language)와 사회에서 사용되는 언어 모두를 유창하게 하지만 조부모님들은 주로 계승어만을 사용하는 경우가 많기 때문이다. 이런 경우에 아이가 조부모와 시간을 보내는 것이 그 언어를 배울 수 있는 최적의 환경이 된다. 영국에서 자라난 사라와 제시도 영어를 할 줄 모르는 할머니와 함께 있을 때에는 '용케도' 알아서 한국어로만 이야기한다. 이것은 말을 갓 하기 시작한 어린 아이들에게도 대화 상대에 맞게 자신의 언어를 조절하는 능력이 있다는 것을 나타내며, 이렇게 상대를 고려한 의사 소통이 언어의 본질임을 일깨워 준다.

아이가 조부모를 통해 언어를 배우는 구체적인 사례를 들어서 살펴보자. 수잔 키(Suzanne Quay)[3]는 캐나다에 사는 라이언이 2년 9개월부터 4년 10개월까지의 시기에 조부모님과 나눈 대화 내용을 비디오로 수집해 분석했다(Quay, 2015). 라이언은 영어와 광둥어 사이에서 빈번하게 코드 스위칭을 하는 할머니와 대화하면서, 본인도 복잡한 문장을 말할 때에는 광둥어와 영어를 적절히 섞어서 말하는 방법을 일종의 전략으로 터득하게 되었다. 아이가 발화한 문장을 자세히 보면, 단순히 두 언어를 섞어서 사용하는 것이 아니라, 좀 더 언어 발달이 진행된 광둥어의 문법을 영어 문장에 빌려서 사용하는 현상이 나타났다. 예를 들어 "What behind(뒤에 뭐가 있어요?)?", "How down the tail(꼬리가 어떻게 내려가요?)?"같이 동사가 없는 비문법적인 영어 문장들은 사실 광둥어의 문장을 그대로 번역한 결과이다. 이러한 현상은 하나 이상의 언어를 배우면서 자연스럽게 겪는 과정의 일부이다.

이 사례에서 흥미로운 부분은 친할아버지는 아이에게 중국어만을 사용했다는 것이다. 아이가 이 시기에 중국어에 노출되었던 시간은 오직 친할아버지와 놀이를 하면서 이야기하는 시간뿐이었다. 아이는 총 언어 자극의 1퍼센트도 채 안 되는 중국어 자극을 받았지만, 신기하게도 할아버지와 놀이를 통해 소통하면서 빠르게 할아버지가 하는 표현들을 따라하고 기본적인 수준의 문장들을 이해하고 말할 수 있었다. 아이 역시 할아버지와 대화를 할 때는 광둥어나 영어가 아닌 중국어만 사용했다. 이렇게 언어 습득에서 사회적 소통은 중요한 역할을 한다. 물론 이렇게 적은 양의 단기적인 자극만으로 그 언어를 제대로 습득하기는 힘들 것이다. 그러나 이 시기에 받는 이러한 언어 자극이 분명히 이후의 언어 학습에 도움이 될 수 있다.

아이는 학교나 유치원에 가기 시작하는 순간부터 그 사회의 언어를 아주 빠른 속도로 배우게 될 것이고, 자연스럽게 조부모에게서 배운 언어는 상실하기 쉽다. 그러나 앞의 강연에서 언급했듯이 언어 습득 최적의 시기에 조부모에게 받는 언어 자극은 아이가 '덜 중요한' 언어를 배우는 데 큰 도움이 될 수 있다.

3 대한민국에서
외국어 배우기

만화 영화 「심슨 가족 더 무비」에 아주 인상 깊은 장면이 하나 있다. 높은 건물들이 즐비한 도심에 한국어로 '텍사스 사투리 영어 회화 강습'이라는 커다란 간판이 붙어 있는 장면이다. 사회 문제를 우스꽝스러우면서도 날카롭게 풍자하는 것으로 유명한 심슨 만화 영화에서 영어 교육이라면 물불을 안 가리는 한국 사람들의 영어 교육 열풍을 풍자한 것이다. 대개는 어떤 이슈가 열풍을 불러일으키더라도 시간이 가면서 어느 정도 식기 마련인데, 우리나라의 영어 교육 열풍은 식기는커녕 더 심해지는 것 같다. 비싼 돈을 들여 배우는 학원 강의나 과외 수업, 혹은 각종 영어 학습 서적 같은 것들을 보면 다양하다 못해 지나치게 창의적인 영어 학습 방식들이 제안되곤 한다. 모두 직접 경험해 보지 않고서 왈가왈부할 수는 없다. 또 때로는 이론보다는 경험에 근거한 교육 방식이 꽤 효과를 보는 것도 사실이다. 그러나 이 책에서는 단순히 경험칙에 의존해 효과를 기대하는 수준을 넘어, 언어 학습이 어떻게 일어나고 어떻게 진행되는지 알고자 한다.

이번 장을 통해서 2개의 언어를 배운다는 것은 무엇이며, 또한 외국어를 배우는 것이 왜 힘든 것인지 좀 더 정확히 이해하고 이로써 외국어 교육에 대한 기본적인 이해를 다졌으면 한다.

필자 역시 중학교 1학년 때부터 시작해 대학 시절까지 온갖 영어 학습 교재 테이프와 외국 영화, 드라마 할 것 없이 수없이 반복해서 들어보기도 하고, 회화 학원, 영어 동아리며 갖은 방법을 동원해 영어 공부를 해보았다. 당시에는 영어는 이렇게 공부해라 하는 식의 노하우들이 유행처럼 돌았는데, 이런 저런 근거 없는 방법을 따라 해보기도 했다. 그러면 어느 날 갑자기 영화나 드라마에 나오는 원어민처럼 영어를 잘 할 수 있을 거라는 희망을 품고 있었다. 아쉽게도 그런 일은 일어나지 않았다. 그러나 아쉬워할 필요가 없는 일이다. '원어민'의 수준으로 영어를 습득하는 것이 영어 공부의 목표가 될 필요는 없기 때문이다.

사실 이것은 여자 100미터 육상 금메달리스트가 아무리 빨라도 남자 선수들과는 겨룰 수는 없는 것과 마찬가지이다. 노력이나 능력이 부족해서가 아니다. 순전히 우리 뇌가 가진 신경적인 한계일 뿐이다. I부에서 이야기했듯이, 언어를 원어민 수준으로 습득하려면 언어 습득에 가장 최적화된 시기에 사회적 소통을 근본으로 하는 자연스러운 언어 경험을 충분히 해야 한다. 따라서 외국어 습득도 어린 나이에 시작할수록 언어를 완전히 습득할 확률이 높고, 더 쉽게 배울 수 있다. 그러나 성인이 되었다고 해서 외국어 습득이 아예 불가능하지는 않다. 어린 나이에 외국어 공부를 시작하거나 외국에 가서 살지 않고도 외국어 학습의 효과를 높일 수 있는 방법은 무엇일까? 그럼 본격적으로 외국어 습득에 관해 궁금한 점들을 하나씩 풀어보자.[1]

언어의 아이들

제 2 언어 학습자도 원어민 화자처럼 말하게 될 수 있을까?

아무리 한국에서 오랜 시간 영어 공부에 공을 들여 고급 수준의 영어를 구사하게 되었다고 해도, 정작 영어 원어민 화자들 사이에 둘러싸여 자연스러운 환경에서 의사 소통을 해보면 영어권 국가에서 나고 자란 사람들과 동등한 수준으로 의사 소통을 하기란 상당히 힘들다는 것을 깨닫게 된다. 예를 들어 주변이 시끄러운 파티에서 이런 저런 관용 표현까지 섞어가며 대화하는 상황을 떠올려 보자.

외국어를 모국어처럼 습득하기는 아예 불가능할까? 학자들은 다소 다른 견해를 가지고 있다. 원어민과 거의 비슷한 수준으로 프랑스 어를 구사하는 '준 원어민(near natives)' 프랑스 어 L2(second language, 제2 언어) 화자들의 형태, 통사, 의미 지식에 관한 연구가 대표적이다(Coppieters, 1987). 이들은 다양한 모국어 배경을 지녔고, 모두 성인이 되고 나서야 프랑스 어에 본격적으로 노출된 사람들이었다. 인터뷰를 통해 프랑스 어 과거형 동사, 3인칭 대명사 등에 대한 이들의 직관을 조사한 결과, 이들이 프랑스 어 원어민 화자들과 아주 다른 문법 지식을 가지고 있다는 것을 알 수 있었다. 이를 바탕으로 이 논문은 원어민과 준 원어민은 분명 해당 언어의 지식이 다르며, 결국 외국어는 원어민의 수준으로, 즉 모국어의 수준으로 습득될 수 없다고 결론내렸다.

이에 관해 다른 입장도 존재한다. 문법 습득은 소리 습득에 비해서 원어민 수준에 도달하기가 더 쉽다고 보는 입장도 있다. 중국어를 모국어로 하는 영어 화자가 "I went to school and learn English."에서와 같이 동사의 과거형(learned)을 산출하는 데에 종종 실수를 범하는 것은, 영어의 형태, 통사 규칙을 배우지 못해서가 아니라, 단지 음절 말에 여러 개의 자음을 발음하는 영어의 음절 구조를 정확히 구현할 수 없는 한계 때문이라는 것이다(Lardiere, 2007). 즉 언어의 능력(competence)은 원어민과 동일하지만, 언어 능력과 수행(performance) 간에 연결이 잘 되지 않는 것으로 보았다.

그렇지만 이 문제는 단순히 예, 아니오의 단답형으로 결론 내릴 수는 없다. 외국어 습득은 모국어 습득과 마찬가지로 "몇 살에" 이루어지는가 가 아주 중요한 성공의 열쇠이기 때문이다. 따라서 앞에 소개한 연구 결과 도 실험 대상자가 해당 외국어를 접한 연령이 언제인지 고려하지 않고서는 정확한 해석을 내릴 수 없을 것이다.

외국어 습득에 나이 제한이 있을까?

늦게 배워도 원어민처럼 외국어를 배우는 것이 가능하다. 제2 언어 는 모국어 수준으로 배울 수 없다는 견해(Coppieters, 1987)에 반기를 든 학 자가 버드송이다. 버드송은 1992년 연구에서 코피어터 연구의 방법론 적 문제점을 보완해 다시 프랑스 어 제2 언어 화자들을 실험했다. 이 연 구의 준원어민 화자들은 모두 사춘기 이후에 프랑스 어를 배우기 시작했 고 프랑스 거주 기간이 평균 11년 정도였다. 실험에서 이들은 다양한 문 법 지식에 관련된 비문법적/문법적인 문장들을 읽고 문법의 용인 가능성 (acceptability)을 판단했다. 재미있게도, 이 실험에서는 원어민 화자와 비원 어민 화자가 차이를 보이는 영역이 76개의 실험 문장 중 17항목에 불과했 다. 코피어터의 연구에서 UG(보편 문법)에 해당되는 문법 사항은 다른 문 법 사항에 비해 원어민과 준언어민의 차이가 덜 나타난다고 분석했는데, 버드송은 코피어터 연구의 +UG, -UG의 구분에 문제가 있으며 실제로는

언어의 아이들

그에 따른 습득의 차이가 명확하게 나타나지 않는다고 밝혔다. 또 원어민과 비원어민의 차이가 코피어터가 말한 것처럼 그렇게 크지 않았고, 몇몇 비원어민화자는 원어민과 동일한 수준의 문법성 판단을 했다는 것이다. 즉 원어민과 전혀 구분할 수 없는 문법 지식을 습득한 준원어민 화자가 많다는 결론이다. 그는 무엇보다 언어 습득이 신데렐라의 문처럼 어떤 시기가 지나면 닫혀 버린다는 극단적인 결정적 시기 가설을 반대하면서, 외국어 습득이 어떠한 특정 시기에 제한되어 있는 것이 아니라 그 습득 정도가 시간에 따라 점차적으로 감소한다고 했다. 다음 두 연구를 통해서 외국어 습득과 연령과의 관계를 자세히 살펴보자.

영어를 제2 언어로 사용하는 89명의 화자를 대상으로 한 비슷한 실험이 있다(White & Genesee, 1996). 이들은 모두 매우 유창한 영어를 구사했지만, 영어에 본격적으로 노출된 시기가 각각 0~7세, 8~11세, 12~15세, 16세 이상으로 달랐다. 이 연구에서는 먼저 이들의 발화를 듣고 음성, 음운, 형태, 통사, 어휘, 유창성 등을 기준으로 '비원어민' 화자와 '준 원어민' 화자를 구분했다. 그리고 이들을 대상으로 촘스키의 보편 문법(UG)을 구성하는 몇 가지 복잡한 통사 규칙[2]과 관련된 영어의 문법 지식을 테스트했다. 실험 결과, 준원어민으로 분류된 화자들은 문법성 판단의 정확도나 응답의 반응 시간(reaction time) 면에서 원어민과 전혀 구별되지 않고 동등함을 알 수 있었다. 외국어도 모국어 수준으로 습득하는 것이 가능함을 보여주는 결과이다. 바로 앞에 소개한 결과(Birdsong, 1992)와 일맥상통한다. 또 눈여겨볼 것은, 이 연구에서 영어를 배우기 시작한 시기와 문법 지식간의 상관 관계를 찾을 수 없었다는 점이다. 즉 5세에 영어를 배우기 시작했든, 15세에 영어를 배우기 시작했든 원어민과 같은 수준으로 외국어의 지식을 습득하는 것이 가능함을 시사한다. 물론, 이 연구가 어린 나이에 시작할수록 준원어민이 될 확률이 높다는 경향성을 부정하는 것은 아니다. 준원어민으로 구분된 화자들은 비원어민으로 구분된 화자들에 비해 언어 습득 시기가 빠른 것으로 나타났다. 그렇지만, 분명 나이와 '크게 관련 없이' 외국어도 완전히 습득하는 것이 가능하다는 것을 확인했다는 점이 중요하다.

어릴 때 외국어 습득은 빠를수록 좋다. 사춘기 이후가 되면 습득 능력이 정체되고 습득할 수 있는 수준에 한계가 생기게 된다. 존슨과 뉴포트는 모국어 습득에 관한 중요한 가설인 레네버그의 결정적 시기 가설이 외국어 습득에도 적용되는지, 그리고 적용된다면 외국어 습득에서 습득 연령이 습득 정도에 구체적으로 어떻게 영향을 미치는지에 대해 연구했다 (Johnson & Newport, 1989). 이를 알아보기 위해 영어를 배우기 시작한 연령이 3~39세로 다양한 중국어, 한국어 모국어 화자 46명을 대상으로 영어 통사, 형태 지식을 조사했다. 방법은 영어로 된 문장을 두 번 들려주고 문장이 문법적인지 아닌지의 여부를 예/아니오로 응답하게 했다.

실험 결과, 이들은 원어민에 비해 문법성 판단의 정확도가 분명히 낮은 것으로 나타났다. 영어를 배우기 시작한 나이를 기준으로 나누어 살펴보았을 때, 3~7세 시기에 습득을 시작하면 원어민과 거의 같은 수준으로 언어를 습득하게 되지만, 습득 시기가 그것보다 늦어지게 되면 문법 직관이 '서서히' 감소함을 알 수 있었다. 즉 모국어나 외국어나 상관없이 언어 습득은 언어를 배우기 시작하는 나이에 크게 영향을 받는다는 것을 보여준다.

사춘기 시기가 지나고 나면 외국어 습득 능력이 갑자기 정체되는 것일까? 아니면 사춘기 이후로 나이가 들어감에 따라 외국어 습득 능력이 서서히 감소하는 것일까? 흥미롭게도 이 논문의 결과는 전자의 가설을 더 지지하는 것으로 나타났다. 즉 이주 연령이 3~15세인 경우에는 나이와 언어 습득 간의 매우 강한 상관관계가 관찰되었다. 반면 17세 이상이 되고 나면 외국어 습득 능력이 완전히 정체되어 버려, 17세나 30세나 다를 바 없이 더 어린 나이에 습득한 사람들에 비해 습득 능력이 떨어지는 것으로 나타났다. 한편 흥미로운 점으로 17세가 지나고 나면 더 이상 나이와 언어 습득의 상관관계가 나타나지 않는 대신, 개인차가 두드러지게 나타났다. 이에 대해서는 잠시 후 더 논하도록 하자.

이 연구들은 대부분 통사 지식을 기준으로 습득의 정도를 평가했다. 이외에도 음성, 음운 습득을 기준으로 비슷한 문제를 다룬 연구들이 있다. 이러한 연구에 선구적인 역할을 한 학자로 제임스 플레기(James E. Flege)가 있다. 캐나다에 거주하는 이탈리아 인들을 대상으로, 이들이 캐나다에 이주해 영어를 배우기 시작한 연령과 이들이 가진 외국인 말씨의 정도에 어떠한 상관관계가 있는지 살펴보았다(Flege, Munro & MacKay, 1995). 분석 결과 이들의 영어 발화에서 느껴지는 외국인 같은 음성 특징은 이주 시기가 늦어질수록 점진적으로 증가해 강한 음의 상관관계를 보였다. 즉 음성/음운 습득의 측면에서 보았을 때, 외국어 습득 능력은 어떠한 시기에 갑자기 저하되는 것이 아니라 연령이 증가함에 따라 '서서히' 감소된다는 것을 보여 준다.

외국어 습득에서 연령의 영향은 신경적으로 이미 결정된 요소로 간주되며, 여러 연구에서 이 효과가 증명되었다. 그러나 연령의 영향을 조사할 때 염두에 두어야 할 몇 가지 문제들이 있다. 연령과 함께 변화할 수 있는 다른 혼재 변수(confounding variables)들이 존재한다는 것이다. 해당 언어 사용국에 이주한 연령뿐 아니라, 해당국에서 언어에 노출된 기간 자체도 서로 다를 수 있기 때문에 이것을 통제하거나 이 효과를 함께 고려해야 한다. 또 모국어가 외국어와 얼마나 비슷한지도 학습에 큰 영향을 미친다.

한국 사람들은 영어를 10년 이상 배워도 높은 수준에 도달하기 힘들지만, 네덜란드나 독일 사람들은 상대적으로 큰 노력 없이도 영어를 아주 수월하게 배우는 편이다. 또 어른들이 외국어 공부를 하는 것과 아이들이 자연스럽게 학교에 가서 친구들, 선생님과 소통하며 외국어 습득을 하는 것을 비교해 생각해 보면, 이들이 노출되는 언어 환경 자체가 매우 다르다는 것을 알 수 있다. 어른과 아이들은 인지 능력, 자신감, 학습에 대한 동기 등 다른 영역에서 서로 차이가 날 수 있으므로 이런 요소들을 아예 간과해서는 안 될 것이다.

외국어 습득에서 개인차의 정의와 영향

앞의 두 가지 질문으로는 해결되지 않는 궁금증이 하나 더 있다. 외국어를 배우면서 우리가 흔히 느끼는 것 중에 하나는, 같은 교육을 받아도 개개인마다 그것을 받아들이고 배우는 정도가 꽤 다르다는 것이다. 그래서 흔히 누구는 영어에 소질이 있다, 없다와 같은 이야기를 하곤 한다. 모국어를 생각해 보면, 누가 더 잘할 것 없이 자신의 모국어를 완벽하게 습득하지만 외국어 습득은 이야기가 다른 것 같다. 이에 관해서 학계에서는 어떻게 바라보고 있을까?

존슨과 뉴포트 연구에서도 잠깐 언급되었듯이, 외국어 습득은 모국어 습득과는 달리 개인적인 차이가 크게 나타난다. 언어를 배우기 시작한 연령이 언어 습득 성공에 중요한 열쇠이기는 하지만, 그것이 꼭 절대적인 영향을 미치는 것은 아니고, 개인마다 다른 여러 요인에 의해 습득의 정도가 결정되는 부분이 있다는 것이다. 가장 중요하게 외국어 습득에 영향을 미치는 여러 인지적 능력을 '적성(aptitude)'이라는 말로 부를 수 있다. 이것은 작업 기억(working memory)[3]이나 패턴 인식 능력과 같이 꼭 언어에만 국한되지 않는 다른 능력들을 포함한다. 실제로 언어 적성 검사 점수와 외국어 습득 점수 간에 강한 상관관계가 있음을 밝힌 연구가 있다(DeKeyser, 2000). 더 재미있는 것은 이러한 적성의 영향이 17세 이후에 외국어 사용 국가로 이주한 사람들에게서만 나타났다는 것이다. 이는 존슨과 뉴포트의 결과와도 잘 맞아 떨어진다. 즉 언어 습득에 최적화된 시기가 지나고 나면 어린 아이들이 모국어를 배울 때처럼 의식적인 노력 없이 암묵적 학습(implicit learning)을 통해 언어 습득이 이루어지는 것이 아니라, 분석 능력(특히 언어 분석 능력), 문제 해결 능력과 같은 다른 부가적 기제를 동원해 언어 습득이 이루어진다고 볼 수 있다. 그러므로 사춘기가 지나서 외국어를 잘 습득하려면, 이러한 다른 능력이 뛰어나야 한다는 것이다.

　　외국어 습득 성공의 또 하나 중요한 열쇠는 바로 동기(motivation)이다. 동기는 배우고자 하는 의지인데, 이러한 심리적인 요소들이 학습에 중요한 영향을 미치는 것은 지극히 당연한 일이다. 이와 비슷한 맥락으로 알코올이 외국어 사용에 미치는 영향을 조사한 재미있는 연구들이 있다(Renner 외, 2018). 이런 연구에 따르면 사람들이 술을 한두 잔하고 나서 외국어를 더 유창하게 한다고 한다. 알코올 섭취가 학습자에게 자신감을 불어넣어 한시적으로나마 외국어의 수행이 향상된다는 것이다. 즉 이는 언어 생활, 특히 외국어 사용에 있어 언어 지식 이외의 기타 다른 인지적인 요소들이 크게 영향을 미칠 수 있음을 의미한다. 언어학에서는 이러한 외부적 요소가 연구의 큰 관심 대상이 되지 못하지만, 외국어 습득을 이해하기 위해서는, 인지적, 심리적 요소가 언어 습득과 사용에 어떤 영향을 미치는지 분명 주목할 필요가 있다.

4 언어 능력을 넘어서

조국의 언어를 잃어버리다: 언어에 대한 태도

언어는 그 언어를 사용하는 민족의 문화와 정신을 반영한다. 모국어를 잃는 것은 한 민족과 문화의 일원으로서 그 구성원들과 소통하는 매개체를 잃는 것과 마찬가지이다. 최근에는 언어와 문화의 다양성을 인정하고 이중/다중 언어 습득에 이점이 있다는 사회적 인식이 자리잡고 있지만, 이전에는 경제적인 이유나 이민 사회 적응을 위해 자신이 태어난 나라의 언어, 부모님의 언어를 사용하지 않도록 권장하는 사회적 분위기가 강했다. 프랑수아 그로장(François Grosjean, 1946년~)의 『두 언어와 살아가기(*Life with Two Languages: An Introduction to Bilingualism*)』(1982년)의 증언을 들어보자.

나의 어릴 적 삶은 이상하고 혼란스러웠다. 집에서는 가족들과 스페인 어를 사용하며 멕시코 문화에 따라 생활했지만, 학교에 가면 오직 영어만을 써야

했고, 그곳 문화는 마치 해병대 캠프에서 나를 개조시키는 것같이 차갑고 냉담하게 느껴졌다. 부모님은 내가 이 나라에서 살아남기 위해서는 영어를 배워야만 한다고 하셨다. …… 그러나 내가 젊은이로서 지금 느끼는 소외감이 한 문화에 속하고 싶은 나의 욕구 때문이라는 것을 알게 되었다. 나는 이제 스페인 어를 거의 할 수 없게 되었고, 그래서 나의 문화를 찾는 것은 불가능하다. …… 나는 혼자이고, 외롭다. …… 영어는 부모님에게서 받은 사랑의 선물이었다. 그들은 받아보지 못한. …… 부모님은 외국인이라는 딱지가 나에게 분명이 고통이 될 것이라고 믿었다. …… 스페인 어가 없는 나의 인생은 이제 비극처럼 느껴진다. …… 나는 우리 할머니 할아버지와 이야기조차 할 수 없다. 그 분들은 내가 스페인 어를 다시 배우기 전에 세상을 떠나시고 말았다.(124쪽)

이것은 옛날 이야기만이 아니다. 한국인 이민자 사회의 2세들도 한국어를 배우려는 의식적인 노력 없이는 부모님의 언어인 한국어를 유창하게 습득하기 힘들다. 이들 대부분은 그 사회의 언어, 주로 영어를 지배 언어로 사용하며 살아갈 것이기 때문이다. 더 안타까운 현실은 부모들이 자녀가 이민 사회의 언어를 정상적으로 배우지 못할까 하는 잘못된 우려 때문에 가정에서조차 영어를 사용하게 한다는 것이다. 이것이 왜 잘못된 신념인지를 아래에서 더 논의하도록 하자. 가정에서 한국어를 사용하려고 노력을 기울이지 않는다면 자녀들은 부모의 언어를 자연스럽게 상실할 수밖에 없다.

6년 전 미국에 왔을 때만해도 우리는 프랑스 어만 사용했다. 당시 첫째 아들 시릴은 2세였는데, 한창 프랑스 어를 배우고 있었다. 물론 미국에 와서 우리는 한동안 계속 서로에게 프랑스 어만을 사용했다. …… 그러나 시릴이 유치원에 가기 시작하면서 우리 아이는 금세 프랑스 어와 함께 영어를 사용하기 시작했다. 그러나 우리는 아이에게 프랑스 어로만 이야기하려고 했고, 아이가 대답할 때도 프랑스 어만을 사용하도록 교육시켰다. 그러나 아이의 친구들이 집에 놀러 올 때면 이것은 쉽지 않았다. 점차 아이는 영어로, 우리는 프랑스 어로 대화하는 것이 상당히 피곤한 일이 되기 시작했다. 이러면서 우리 아이는 점점 프랑스 어를 아예 사용하지 않게 되었다. …… 결국 우리 아이는 프랑스 어를 알아들을 수는 있어도 프랑스 어로 말하기는 몇 마디 하는 것조차도 어렵게 되었다. …… 미국에 6년째 살고 있는 지금, 점차 우리 가족이 이중 언어 사용 가정이 되어 간다는 것을 느낀다. …… 우리 부부끼리는 여전히 서로 프랑스 어로 대화하지만, 특히 아이들이 같이 있을 때에는 서로에게조차 영어로 말할 때가 있다. 또 우리가 사용하는 프랑스 어는 점점 영어 단어가 섞여 들어가기 시작하고, 프랑스 어를 최대한 사용하려고 노력해도 집 밖에서 들었던 이야기를 전할 때는 영어가 나오기도 한다. 우리는 가정에서 프랑스 어를 계속 지켜나가고 싶지만, 아마 몇 년이 지나고 나면 더 영어를 많이 사용하게 되지 않을까 생각이 든다. 이러다가는 언젠가 우리 가족이 영어로만 대화할 날이 오지 않을지.(106쪽)

이 사례를 보면 이것이 비단 아이들의 언어 습득만의 문제가 아니라는 것을 알 수 있다. 더욱이 사회적으로 한 언어가 다른 한 언어보다 더 높은 사회 경제적 지위와 연관된다면, 다른 언어를 계속 사용하고자 하는 동기가 줄어들 수 있고, 자신의 언어가 사회적으로 "덜 중요한" 것으로 여겨져 그 언어를 사용하기를 스스로 꺼려할 수도 있다. 다음 이야기 속의 아주머니는 자신의 언어에 대해 겸손하다 못해 주눅이 들어 있는 모습이다.

내가 코르시카의 한 병원에 입원했을 때의 일이다. 코르시카 아주머니 한 분과 한 병실을 쓰게 되었는데, 어느날 병문안을 온 분들이 떠나고 나서 아주머니는 코르시카 어로만 이야기해서 미안하다면서 나에게 사과를 하셨다. 나는 사과할 사람은 코르시카 어를 배우지 못한 바로 나라고 이야기했다. 그랬더니 아주머니는 누가 코르시카 어를 배우기나 하겠냐며, 자신이 코르시카 어로 이야기하느니 내가 영어로 이야기하는 것이 더 맞다고 하셨다.(125쪽)

이중 언어 습득에서 언어에 대한 '태도'는 아주 중요한 역할을 한다. 아이의 언어 습득은 충분한 언어 자극만 주어지면 가만히 있어도 숨쉬듯 얻어지는 것이지만, 2개의 언어를 배우는 것은 꼭 그렇지만은 않다. 즉 2개의 언어를 배울 때, 그리고 외국어를 배울 때에는 그 언어에 대해 얼마나 적극적이고 긍정적인 태도를 갖느냐가 언어 습득의 성공 여부를 결정할 수 있음을 기억해야 한다. 다행스럽게도 최근 우리 사회에서 이중 언어 사용자의 수가 훨씬 증가했음은 물론, 이중 언어 사용에 대한 시각이 예전보다 더 긍정적으로 변화하고 있다.

계승어 배우기: 외국의 한글 학교

외국에서 나고 자란 한국인 중에서도 종종 부모의 언어인 한국어를 꽤 유창하게 구사하는 사람들이 있다. 사실 이렇게 하기 위해서는 특별한 의지와 노력이 필요하다. 다행히도 외국의 한인 교포 사회는 지역마다 한글 학교를 설립해 주말에 한국인 2세 자녀들에게 한국어를 배울 기회를 제공한다. 이러한 교육 기관에서 가르치는 것은 비단 한국어뿐이 아니어

언어의 아이들

서, 외국에서 자라나는 아이들이 자신의 뿌리를 잊지 않도록, 한국 역사, 문학, 예절도 가르친다. 주영한국교육원 자료에 따르면 영국에는 런던, 맨체스터, 에든버러, 버밍엄, 글래스고 등 각 지역마다 한글 학교가 설립, 운영되고 있다. 영국보다 한인 인구가 월등히 많은 미국 내에서는 훨씬 더 많은 한글 학교들이 존재한다고 한다. 미국에서는 1975년에 8개, 1996년에 800여 개, 2000년 초에는 900개 이상의 한글 학교가 있었고, 2015년 북미에 총 1,051개의 한글 학교가 운영된다고 한다(김봉섭, 2016). 이러한 노력은 한국인 2세들이 한국어를 배우는 데 도움을 줄 뿐만 아니라 다문화, 다언어 사회에서 다양성에 대한 인식과 관용을 길러주는 데에도 도움이 되지 않을까 싶다.

대한민국 다문화 가정에서의 언어 습득

이제는 길거리에서 외국인을 보는 것이 지극히 평범한 일이 되었다. 최근 국제 결혼이 급격히 증가하면서 어머니와 아버지의 국적이 다른 다문화 가정의 아이들의 수가 급격히 증가하고 있다. 부모의 직업 때문에 한국에 와서 살게 되는 외국인 가정의 수도 적지 않다.

다문화 가정의 자녀들이 언어 문제를 겪는 경우, 대부분은 아이들과 대부분의 시간을 보내는 어머니가 한국어에 서툴러 자연적으로 아이들의 한국어 습득이 다른 아이들에 비해 지체되기 때문이다. 외국에서 살다가 한국으로 이주한 외국인 가정의 아이들이라면 한국어 습득은 더 어려울 수밖에 없다. 다문화 가정의 아이들의 23퍼센트가 약간의 언어 발달 지체를 보이고, 10퍼센트가 언어 발달 장애를 보인다는 연구 결과를 보면(황상심 & 정옥란 2008), 문제가 생각보다 심각한 것 같다.

물론 이 아이들도 정상적인 언어 습득이 가능한 어린 시기에 학교나 유치원에서 한국어에 노출되고, 한국인 아버지나 조부모 등 한국어를 모국어로 사용하는 다른 사람들과 소통하면 자연스레 한국어 습득이 가능하다. 따라서 언어 발달이 지체될 때 이에 대해 인식하고 적극적인 태도로 대응해야 한다. 그러나 다문화 가정의 어머니들이 언어 치료사와의 소통을 꺼리고, 가정에서 아이에게 적극적인 언어 촉진을 주지 않는 문제가 있다. 언어 치료사와의 면담 자료를 살펴보자(박소현 & 정명심, 2012).

> (언어 치료를 받아야 할 아동들이) 있어요. 그런 아이들은 (언어 치료 센터에) 연계를 해야 하는데 …… 연계되었다가도 치료실에 적응 못하고 다시 오는 경우가 있어요. …… 엄마가 의사 소통이 잘 안되고 치료실 선생님들이 잘 받아 주지 못하는 그런 게 조금 있었나 봐요. 어떤 엄마 같은 경우는 본인이 말이 어눌한데 선생님이 빨리 설명해 주고 상담 시간에 본인이 이해가 안 되게 이야기해 줘서 치료를 받다가 다시 오게 되는 경우도 있었고. 장애 진단을 받으면 편한데 아빠들이 장애 진단을 안 받으려고 하세요. 특히 더더군다나 치료실을 가게 되면 비용이 비싸지니까 바우처 활용도 못 받고, 그래서 그런 경우는 (다문화) 센터를 이용하려고 하시는 분들도 계세요.(54~55쪽)

물론 어머니는 어머니의 모국어로 아이에게 이야기하고, 아버지는 한국어로 아이에게 대화를 하면, 아이들은 자연적으로 이중 언어 습득 환경에 놓이게 된다. 부모가 언어 습득에 대해 좀 더 이해하고 노력하면 오히려 아이가 하나의 언어와 문화를 더 배울 수 있는 큰 '혜택'을 받을 수 있는데도, 대부분은 어머니가 자기 모국어를 쓰지 않고 서툰 한국어로 아이들에게 대화하면서 아이들이 이중 언어 습득의 기회가 박탈되는 경우가 많다. 그 이유는 대부분 다문화 가정의 어른들이 자녀의 장래에 한국어가 훨씬 더 도움이 될 것이라고 생각하거나, 아이에게 한국어를 사용하지 않으면 아이가 한국어를 제대로 습득하지 못할까 하는 두려움 때문이다. 면담 자료를 더 살펴보자.

중국이나 필리핀 경우는 영어를 가끔씩 쓰는 것 같은데요. (대부분은) 주로는 한국어를 썼던 것 같아요. 보통 확률로 보면 한 20퍼센트 내외. 나머지는 다 한국어. 근데 요즘 중도 입국한 아이들, 다른 나라에 살다가 학교 갈때 쯤 한국 들어오는 경우는 한국어가 제2 외국어가 되죠. 우리 머릿속에 언어에 대한 선호도, 어떤 언어가 더 높은지 아는 것 같아요. 다문화 가정에서도 한국어가 더 높다는 거죠. 필리핀, 태국 이런 곳보다. 그래서 식구들이 다 한국어만 쓰기를 원하고 또 앞으로도 걱정을 하는 것 같아요. 엄마가 필리핀, 태국말을 쓰면 애가 한국말을 잘 못 배울까 봐.(54쪽)

모국어를 쓰는 경우는 정말 일본 엄마들로 한정이 되어 있어요. 일본이나 중국. 몽골은 전혀 안 쓰세요. 거의. '내 아이가 헷갈릴 수 있다.'라는 생각을 갖고 계신 분들이 많기 때문에. 저의 경우 엄마랑 아이가 본국말로 의사 소통하는 경우는 일본이 제일 많고, 그 다음에 중국, 가끔 필리핀 영어로. 그리고 드문 케이스지만 저희 센터에 우즈벡에서 오신 선생님이 계신데 그 분은 아이들이랑 러시아 어로 의사 소통을 하시더라구요.(54쪽)

다문화 가정이 증가 추세에 있기는 하지만, 여전히 우리 사회는 다문화 가정에 대한 관용적인 태도나 정책적인 기반이 부족하다. 더욱이 아이들이 외모가 다른 친구들과 다르다는 이유로 또래 친구들에게 놀림을 받기 일쑤이고 정서적으로 위축됨에 따라 또래 아이들과 어울리면서 언어를 습득할 수 있는 기회는 더욱 더 줄어든다.

> 말을 안 하거나, 쉽게 맘을 못 여는 거, 장애가 있는 친구들보다 라포를 형성하는데 굉장히 오래 걸리고, 그리고 자기가 자신감이 굉장히 없어요. 유치원 친구들이나 학교 친구들로부터 이미 외모로 인한 '좀 다르다.'라는 인식으로 인해서 자신감이나 자존감이 되게 낮아요. 이미 외모에서 티가 나 버리니깐. 그런 것들이 좀 심각한 것 같아요.(54쪽)

아무리 언어 습득 능력이 저절로 주어진다고 해도, 언어는 인간과 인간이 서로 소통하기 위한 사회적 도구이니만큼 타인과 소통하고자 하는 '적극적인 태도'가 언어 습득에서 차지하는 역할은 크다. 성격이 활달한 아이들은 또래 친구들과 어울리며 더 쉽게 말을 배운다. 특히 이러한 언어 외적인 요인은 이중 언어 습득이나 외국어 습득 같은 상황에서 더 진가를 발휘한다고 할 수 있다. 또한 다문화 가정의 부모들이 우선 가정에서부터 언어 습득과 이중 언어 습득에 대해 좀 더 잘 이해하고 노력한다면, 아이들이 겪는 고충은 크게 줄어들 수 있다고 본다. 결국 이것은 가지고 태어나는 "언어 습득 능력"에 윤활유를 주느냐, 마느냐의 문제이기 때문이다.

KBS 다큐멘터리 「다문화 청소년 힐링 캠프, 꿈을 쏘다」는 콩고, 북한, 파키스탄, 러시아, 필리핀, 방글라데시, 독일 등 다양한 배경의 다문화 가정에서 자라는 15명의 청소년들이 함께 여행을 떠나 한국에서 다문화 청소년으로 살아가는 아픔과 고충을 서로 나누며, 또한 그것을 극복하고 성장하는 모습을 보여 준 프로그램이다. 외모만 보면 '외국인' 같은 아이들이 아주 유창하게 한국어를 사용하는 모습이 마냥 신기하기만 하다. 그만큼 우리 사회는 피부색, 문화가 다른 민족을 편견 없이 우리 사회의 일원으로 바라보는 것에 여전히 많이 서툴다.

다큐멘터리는 이 아이들이 마주한 세상의 편견에서부터 시작한다. 외모가 다르기 때문에, 피부색이 검기 때문에, 엄마가 외국인이기 때문에 학교에서 놀림감이 되거나 왕따를 당하기도 하고, "냄새 나.", "너희 나라로 가라." 같은 모욕적인 말을 흔히 들을 정도라고 한다. 이를 잘 보여 주는 것이, 다문화 가정의 아이들이 일반 학교에 적응하지 못해 자퇴하는 비율은 다른 아이들에 비해 월등히 높다고 한다. 그들이 실제로 맞닥뜨리는 사회의 벽과 마음의 상처를 가볍게 여겨서는 안 될 것이다.

다문화 가정의 수가 늘어남에 따라 국가에서도 지역마다 다문화 가족 지원 센터를 설치해 이들이 한국 사회에 잘 정착할 수 있도록 지원하는 등 노력을 기울이고 있지만, 앞으로 제도적 차원에서 더 많은 지원이 필요할 것이다. 특히 가정의 언어 상황상 아이에게 충분한 한국어 자극을 주지 못하면 언어 발달이 지연될 수 있고, 이로 인해 아이가 사회에 적응하는데 더 큰 어려움을 겪을 수 있기 때문에 언어 습득 문제는 매우 중요하다. 편견 없는 시선으로 바라보는 것에서 출발해야 하지 않을까 한다.

5 이중 언어 습득과
인지 발달

2개의 언어를 배우는 아이들은 공부를 더 잘한다!?

이중 언어 습득은 자연스러운 언어 환경이 갖춰지면 충분히 가능한 일이며, 글로벌 사회에 두 가지 언어를 할 수 있다는 것은 여러 모로 득이 될 것임에 분명하다. 이중 언어 습득의 장점은 단순히 구사하는 언어가 2개라는 것에 그치지 않는다. 최근에는 두 언어를 습득하는 것이 아이들의 전반적인 지적 능력 향상에도 도움이 된다는 인식이 학계에 대두되고 있다. 이중 언어를 사용하는 아이들은 상대적으로 문법 지식 등의 메타 언어적인 인식이 더 우수하고, 그 이외에도 이중 언어 습득이 창의력, 사고의 유연성과 같은 여러 지적 능력 발달에도 도움이 된다고 밝힌 연구들이 있다. 따라서 최근 학계에서는 사회, 국가적 차원에서, 특히 유럽과 같은 다문화/언어 사회에서는 더더욱 이중 언어 사용을 적극적으로 권장해야 한다는 목소리가 높아지고 있다.

이중 언어 화자는 머리가 좋다?

런던에서 1시간 거리에 위치한 레딩 대학교에서 열린 이중 언어학 연구의 권위자인 엘렌 비알리스톡(Ellen Bialystok)의 강연[1]에 참석한 적이 있다. 캐나다 요크 대학교의 심리학과 교수인 비알리스톡은 이중/다중 언어 사용이 인지 능력에 미치는 영향에 관해 훌륭한 연구 업적을 남겨 왔으며, 특히 자신의 연구 결과를 토대로 이중 언어 사용의 이점을 대중에게 널리 알린 것으로도 유명하다. 대형 강의장을 가득 메운 청중들과 강연장 곳곳에 설치된 카메라가 대중과 학계가 그의 연구에 보내는 관심을 대변하는 듯했다. 비알리스톡 교수는 이렇게 강연을 시작했다.

인간의 뇌는 우리가 살아가면서 겪는 여러 가지 경험들을 통해 계속 변화한다. 런던의 택시 운전 기사와 버스 운전 기사의 뇌를 MRI로 비교한 유명한 연구가 있다(Maguire 외, 2006). 이 두 집단은 운전 경험이나 스트레스 등의 다른 요인에서는 동일하지만, 택시 기사 집단은 운전시에 길을 찾는 활동(navigation)을 한다는 점에서, 항상 정해진 길을 가는 버스 기사 집단과 차이가 있다. MRI 측정 결과 택시 기사는 버스 기사보다 공간 지식과 관련된 특정 뇌 부위(우뇌 중간 후위 해마)의 회백질 부피(gray matter volume)가 더 크다는 것을 알 수 있었다.

이 연구는 인간의 뇌가 경험으로 인해 어떻게 변화할 수 있는지를 보여 주는 아주 좋은 예이다. 스키장에서 스키가 계속 한 자리로만 지나가면 그 자리가 점점 반들반들해지면서 그 위에서는 스키가 더 잘 미끄러진다. 이처럼 인간도 같은 경험을 계속 반복하게 되면 그것과 관련된 뇌의 담당 부위가 더 발달하면서 그 활동이 점차 더 효율적으로, 자동적으로 이루어진다는 것이다.

언어는 우리가 아침에 눈을 떠서 잠자리에 들 때까지 쉴 새 없이 사용하는 가장 중요한 활동 중의 하나이다. 그렇다면 두 가지 언어를 사용하는 화자들의 뇌는 단일 언어 화자들의 뇌와는 분명 차이점이 있을 것이다. 과연 어떤 영역에서 이 차이가 발생하게 될까? 이중 언어 화자들의 머릿속에는 두 언어에 대한 지식이 모두 들어 있는데, 그중 한 언어를 사용하고 있을 때 다른 한 언어의 스위치가 완전히 꺼져 있는 것이 아니다('다중 언어 능력' 참조). 둘 중 어떤 언어를 사용하든지 관계없이 두 언어 모두 어느 정도는 활성화되어 있기 때문에 이중 언어 사용자는 상황에 따라 한 언어의 지식만을 '선택해' 사용해야 한다. 이렇게 '선택'과 '억제'를 조절하는 능력은 우리 뇌의 '수행 통제(executive control, EC)' 기능에 의해 관장된다고 한다. 따라서 수시로 상황에 적절한 언어를 선택해 사용해야 하는 이중 언어 사용자들은 이러한 수행 통제 능력이 특별히 발달한다(Bialystok, 2001). 이러한 차이는 이중 언어를 사용하는 아동과 성인에게 공통적으로 발견된다(Bialystok, Craik, Klein &Viswanathan, 2004).

수행 통제 능력이 발달된다는 것은 무엇을 의미하며, 이것이 이중 언어 화자들에게 어떤 능력을 부여할까? 언어 지식 자체만 따지고 보면, 이중 언어 화자가 가지고 있는 한쪽 언어에 대한 지식은 그 언어만을 사용하는 단일어 사용 화자에 비해 부족할 수밖에 없다. 예를 들어 이중 언어 화자들이 가지고 있는 한 언어에 대한 어휘 수(예: 영어-스페인 어 이중 언어 화자가 보유한 스페인 어 어휘 수)는 그 언어를 단일 언어로 사용하는 화자의 어휘 수(예: 스페인 어 단일어 화자가 보유한 스페인 어 어휘 수)에 비해서 적다고 하며, 머릿속에서 두 가지 언어 지식을 다루어야 하는 이중 언어 화자가 단어를 듣고 머리 속에서 그 단어의 의미를 꺼내오는 속도는 단일 언어 화자에 비해 느리다고 알려져 있다.

그러나 수행 통제와 관련된 몇몇 인지 실험 결과 이중 언어 화자들이 단일 언어 화자들보다 더 뛰어난 능력을 가지고 있음을 알 수 있다. 사이먼 태스크(Simon Task)라는 실험은 화면에 파란색이 나타나면 왼쪽 버튼을 누르고, 빨간색이 나오면 오른쪽 버튼을 누르는 실험이다. 이 실험에서 피험자는 해당 과제와 무관한 요소, 예를 들어 화면의 왼쪽과 오른쪽 중 어느 부분에 색이 제시되는지에 의해 판단에 방해를 받게 되는데 이러한 과제를 빠르고 정확하게 수행하는 능력이 이중 언어 화자들이 더 뛰어나며, 어린 아이들뿐 아니라, 노년층에게도 이러한 차이가 나타난다.

구두 유창성(verbal fluency)을 측정하는 실험에는 두 가지 종류가 있다. 첫 번째는 1분 동안 특정한 의미 범주(예: 동물)에 속하는 단어를 최대한 많이 말하는 것이다. 이러한 능력은 주로 어휘 지식, 즉 단어를 얼마나 많이 알고 있느냐에 의해 영향을 받게 된다. 그런데 만약 1분 동안 알파벳 'p'로 시작하는 단어를 생각나는 대로 말해 보라고 하면, 어휘 지식뿐 아니라 수행 통제 능력까지 필요로 하게 된다. 이러한 두번째 과제에서는 이중 언어 화자들이 단일어 화자보다 뛰어나다는 결과가 나타났다(Friesen & Bialystok, 2012).

이중 언어 사용의 이점은 언어를 습득하는 어린 아이들이나 젊은이들에게만 나타나는 것이 아니다. 184명의 치매 환자들을 조사했더니, 두 언어를 사용하며 살아온 이중 언어 화자들은 단일 언어 화자들에 비해 치매의 평균 발병 연령이 4.1년이나 지연되는 것으로 나타났다(Bialystok 외, 2007). 인도에서 실시한 비슷한 연구에서도 역시 이중 언어 화자의 치매 발병 연령이 단일 언어 화자보다 정확하게 4년이 늦은 것으로 나타났다. 이것은 이중 언어 사용이 우리 삶에 실제로 얼마나 영향을 주는지를 보여 주는 아주 획기적인 결과라 할 수 있다.

언어의 아이들

이렇게 이중 언어의 습득/사용은 단순히 2개의 언어를 할 줄 아는 것을 넘어서, 우리 뇌의 수행 통제 능력에 윤활유의 역할을 해 주의력, 인지 조절 능력 같은 인지 능력을 향상시키는 효과를 가져올 수 있다. 이것은 우리가 당연시 여기는 언어라는 도구가 우리의 삶과 마음에 얼마나 밀접하게 연관되어 있는지를 새삼 일깨워준다.

다만 학계에서는 이중 언어 습득의 인지적 효과에 대해 회의적인 시각도 존재한다. 어떤 분야든 하나의 새로운 현상을 입증하기 위해서는 여러 연구에서 동일한 결과가 입증되어야 하는데, 비알리스톡 교수를 비롯한 몇몇 연구팀에서 나온 결과가 다른 연구팀에서 도출되지 않는 문제점이 지적되었다. 이 연구들은 다른 언어 사용 집단을 대상으로 했거나(예: 카탈란어-스페인어 이중 언어 화자, 불어-영어 이중 언어 화자 등), 수행 통제 능력을 측정하는 실험의 종류가 조금씩 달랐다. 이중 언어 사용의 인지적 이점에 대해 회의적인 시각이 존재하는 가장 근본적인 이유는, 단일어 사용 집단과 이중/다중 언어 사용 집단이 언어 사용뿐 아니라 문화적, 사회경제적 지위가 다르다는 점으로서, 즉 혼재 변수가 존재하기 때문이다. 즉 실험 대상이 된 이중 언어 사용 집단이 단일어 사용 집단보다 사회 경제적 지위가 높은 경향이 있다. 이런 요소들이 결과의 해석을 어렵게 만든다는 것이다(Paap 외, 2015; Anton 외, 2015 참조). 이러한 문제를 해결하기 위해서는 다른 변수들을 통제한 더 정확한 연구가 필요하다. 그러나 적어도 수행 통제와 관련된 일부 실험에서 이중 언어 사용자들이 우위를 나타내는 경향이 여전히 존재하며, 따라서 이중 언어 사용으로 인한 인지 발달 효과는 여전히 기대해 볼 만하다.

이중 언어 사용과 사회성 발달

이중/다중 언어 사용이 아이들의 인지 능력뿐 아니라 사회적 능력 발달에도 긍정적인 효과를 미칠 수 있다는 연구 결과가 있다. 언어 경험이 다른 4~6세 아이들을 대상으로 재미있는 실험을 실시했다(Fan 외, 2015). 아이 앞에 소형, 중형, 대형 장난감 차를 두고, 소형차는 아이에게만 보이고 대화 상대인 어른의 눈에는 보이지 않게 배치해 두었다. 이때 어른이 "작은 차를 좀 옮겨 줄래?"라고 부탁했다고 하자. 어른의 관점을 고려해 이 말을 해석하는 아이는 어른의 눈에 보이는 대형, 중형차만을 고려해 이 둘 중 상대적으로 작은 중형차를 옮길 것이고, 어른의 관점을 고려하지 않은 채 의미를 해석하는 아이는 자신의 눈에만 보이는 소형차를 옮길 것이다. 이 실험은 여러 언어를 사용하는 환경에서 자라나는 아이들이 의사 소통을 할 때 상대가 무엇을 이해하고 있는지, 상대가 하는 말의 의도는 무엇인지 등을 고려하는 사회적 능력이 그렇지 않은 아이들에 비해 더 뛰어나다는 것을 보여 주었다. 실제로 두 언어를 습득하고 있지 않더라도, 조부모님이 다른 언어를 사용하는 등으로 다중 언어 환경에 노출된 아이들도 마찬가지로 이런 능력이 더 뛰어났다. 일상에서 상대가 어떤 언어를 이해하고 말할 수 있는지를 항상 고려해야 하는 아이들이 자연스럽게 사회적 의사 소통의 능력도 더 빨리 배운다는 것은 상당히 설득력이 있는 이야기이다.

이중 언어 아동 어머니 인터뷰

헬렌(4세)은 한국인 어머니와 영국인 아버지 사이에서 태어나 런던에서 살고 있다. 헬렌의 어머니는 한국어와 영어 두 언어를 배우며 자라는 헬렌을 보면서 언어 습득과 관련된 재미있는 현상을 많이 경험한다고 한다. 예를 들면, 다인종의 사람들이 함께 살고 있는 런던 같은 곳에서 자라나는 이중 언어 습득 아동들은, 아주 어려서부터 대화 상대가 어떤 인종이냐에 따라 언어를 바꾸어 사용한다고 한다. 예를 들면, 헬렌은 한국인 아이들과 한국어로 이야기하다가도, 갑자기 백인 영국인이 등장하면 얼른 한국어를 멈추고 영어로 대화를 시작한다. 헬렌의 어머니는 이런 현상을 자주 접한다고 하는데, 한번은 영어로 이야기하고 있던 이중 언어 습득 아이 하나가, 중국인을 보자 그 사람에게는 한국어로 말을 걸었다는 것이다. 이 어린 아이는 동양인에게는 한국어를 쓰고, 서양인에게는 영어를 써야 한다는 나름의 규칙을 깨우쳤던 모양이다. 이것은 아이들이 자신과 의사 소통하는 대화 상대(interlocutor)에 맞추어 대화할 줄 아는 사회성을 배웠다는 것을 의미한다.

이중 언어 습득 아동의 부모라면 누구나 한번쯤 자신의 아이가 두 가지 언어 모두 제대로 못 하게 되지 않을까 염려할 수 있다. 헬렌이 3세에 처음 유치원에 들어갔을 때 영어만 습득하고 있던 또래 아이들보다 영어 습득이 늦었던 것이 사실이다. 그러나 지난 1년 동안 헬렌은 영어 사용 환경에 완전히 노출되면서 그야말로 '광속'으로 영어를 습득해 이제 또래 아이들과 비슷한 수준이 되어 가고 있다고 했다. 결국 이중 언어 습득 아동들은 충분한 언어 자극을 받는 한, 단지 조금 늦은 속도로 습득이 진행될 뿐이지 결국 양쪽 언어 모두 완전하게 습득하는 것이 가능하다.

그러나 여전히 헬렌은 한국어와 영어를 동시에 습득하고 있고, 거기에다 어느 정도는 한국식 영어 발음을 구사하시는 어머니의 영어에도 노출되기 때문에, 가끔씩 '콩글리시' 발음을 구사하기도 한다. 음절말 자음에 모음 "ㅡ"를 삽입해 ice cream를 '아이스크림'이라고 발음하는 것이 그런 예이다. 일반적으로 영어만 습득하는 아이들은 자음군('kr, str-'처럼 자음이 여러 개 나오는 소리의 연속)을 정확히 발음하지 못할 때 이렇게 모음을 삽입하는 일이 드물고, 자음의 일부를 탈락시켜 발음하는 형태의 오류가 더 많이 나타난다. 그러나 앞으로 완벽한 영어 화자가 될 헬렌에게서 그러한 한국식 발음은 찾아볼 수 없게 될 것이다.

인간은 언어 장애를 가진 것이 아니라면 머리가 좋거나, 나쁘거나 상관없이 모두 동일하게 언어를 습득할 수 있는 능력을 가지고 태어난다고 했다. 결과적으로 언어를 완전하게 습득하게 되는 것은 동일하지만, 개인의 성격과 같은 다른 요인에 따라서 언어 습득이 일어나는 과정이나 속도에 차이가 있을 수 있다. 에스더(4세)의 경우가 그렇다. 에스더 역시 영국에서 태어나 자라고 있는데, 유난히 밝은 성격과 뛰어난 사교성 덕분에 부모님 두분 모두가 한국인인데도 불구하고 다른 이중 언어 습득 아이들에 비해 영어를 훨씬 더 빠르게 습득하고 있다고 했다.

에스더는 상대가 어떤 사람이냐에 따라 자신의 언어를 바꾸거나 하는 일이 잘 없고, 상대가 누구냐에 상관없이 다가가는 시원시원한 성격이다. 유치원에 처음 갔던 1년 전에 에스더는 영어를 거의 할 줄 몰랐지만 영국 친구들을 사귀는 데에 전혀 문제가 되지 않았다. 오히려 유치원에 가서 친구들에게 한국 노래를 불러 줄 정도였으니 말이다. 아이들과 자연스럽게 함께 어울려 장난치고 놀면서 친구들을 사귀고 이 과정에서 에스더 역시 순식간에 영어 원어민 화자가 되어가고 있다.

에스더 어머니에게도 하나의 걱정이 있다. 자연스레 영어를 원어민처럼 습득해가는 두 딸들이 대견하기는 하지만, 한편으로는 앞으로 아이들이 커가면서 한국어를 점점 더 잊어버려 엄마, 아빠와 깊은 대화를 하지 못

언어의 아이들

하게 되지 않을지 걱정이다. 에스더의 언니 나오미(8세)의 경우 이제 완벽한 영어 화자가 되어 어머니는 나오미가 영어로 하는 말을 이해하기 힘들 때가 자주 있다고 했다. 이것은 교포 2세들을 기르는 한국 부모님들의 공통적인 고민거리가 아닐까 싶다.

이중 언어 사용의 문화, 경제적 이점

요새는 유치원생부터 직장을 가진 성인들까지 너나 할 것 없이 외국어 공부를 위해 열을 올리는 시대이다. 이렇게 영어 공부를 하다 보면 영어 모국어 화자들이 굉장히 부러울 때가 있다. 글로벌 언어인 영어를 모국어로 하는 영어 화자들은 굳이 필요하지도 않은 다른 외국어를 힘들여 공부할 필요가 없는 것이 아닐까? 그러나 일부 학자들은 이중 언어 사용이 단순히 하나의 언어를 더 할 수 있다는 것이나, 수행 통제 능력을 발달시키는 것을 넘어 더 많은 이점들을 가져온다고 말한다.

첫째로, 다른 언어를 안다는 것은 그 언어와 연관된 또 다른 문화를 잘 이해한다는 의미이다. 실제로 단일 언어 사용자들과 이중/다중 언어 사용자들을 대상으로 "애매함에 대한 관용(tolerance of ambiguity, TA)" 정도를 조사했다(Dewaele & Wei, 2013). 낯설고 복잡한 상황을 얼마나 긍정적인 태도로 해석하느냐를 나타내는 지수로서, 조사 결과 신기하게도 이중/다중 언어 사용자나 짧은 기간이라도 외국어 공부를 했던 사람들이 그렇지 않은 사람들에 비해 TA지수가 높게 나타난다는 것이다. 즉 언어를 배운다는 것은 단순히 새로운 언어 지식을 습득하는 것 이상으로, 개인의 성격에도 영향을 미칠 수 있다는 것이다. 어찌 보면 당연한 것이, 언어를 배우다 보면 자연스럽게 그 언어를 사용하는 민족이나 문화에 친숙해지면서 이에 대해 더 긍정적이고 개방된 태도를 가지게 된다. 물론 언어 습득과 TA지수 사이의 정확한 인과관계를 밝히기는 어렵지만, 저자들은 이중 언어 사용자들이 대인관계에서 더 융통성이 있고, 상대의 마음을 헤아리는 마음이 크며, 다른 문화를 가진 사람과 소통하는 것에 더 능할 수 있음을 강조하고 있다.

우리나라처럼 영어 사용국이 아닌 국가에서 외국어 능력이 취업, 학업에 큰 득이 된다는 것은 두 말하면 잔소리이다. 그런데 캐나다 평생 교육 협의회(Canadian Council on Learning)의 자료[2]를 보면, 캐나다에서도 영어와 불어를 모두 사용할 줄 아는 이중 언어 화자들이 영어나 불어 하나만을 사용하는 단일어 사용 화자에 비해 취업률이 높은 것으로 나타났다(2006년 캐나다 인구 조사). 뿐만 아니라 이중 언어 화자들의 소득이 영어 단일 언어 화자들의 소득보다 10퍼센트 정도 높고, 프랑스 어 단일어 화자의 소득보다 40퍼센트나 높은 것으로 나타났다(2001년 캐나다 인구 조사). 그림 33에서 보듯이, 프랑스 어가 중요한 언어로 사용되는 퀘벡주 몬트리올에서는

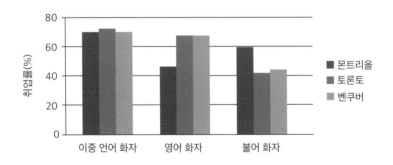

그림 33. 캐나다의 영어/프랑스 어 이중 언어 화자, 영어 단일어 화자, 불어 단일어 화자의 취업률 (2006년 캐나다 인구 조사)

이중 언어 화자들이 영어 화자에 비해 갖는 이익이 더 크게 나타났다. 좀 더 최근 자료(2016 캐나다 인구 조사)를 살펴보아도 프랑스 어 화자들이 영어 화자보다 평균적으로 더 높은 소득을 받는 것으로 나타난다[3].

캐나다에서뿐 아니라, 영국에 있는 사업체들도 최근 더 많은 이중 언어 화자들을 필요로 하고 있으며, 직원들의 외국어 능력 부족이 영국을 세계 시장에서 뒤쳐지게 만드는 요인 중 하나라고 분석하기도 한다[4]. 예를 들어 다른 나라에 있는 회사들과 거래를 하는 사업체들의 경우 주요한 업무는 여전히 영어로 하더라도, 상대방의 언어를 이해할 줄 아는 것, 그리고 더 나아가 상대의 문화를 이해하는 것이 큰 도움이 될 것이다.

말 하나 더 배우기: 소통을 위한 비결

지금까지 우리는 2개, 그리고 그 이상의 언어를 배우는 것을 가능케 하는 언어 습득 능력의 실체에 대해 자세히 알아보았다. 특히 마지막 장에서는 이중 언어 습득에 영향을 미치는 언어 외적인 문제에 대해서도 이야기해 보았다. 이중 언어 습득은 대한민국에서 특별한 의미를 갖는다. 영어와 유사한 언어를 모국어로 쓰는 사람들이나, 영어를 공용어의 하나로 사용하는 사람들에 비해 한국인들은 영어를 습득하기 위해 더 많은 시간과 노력을 기울여야 하는 것이 사실이다. 그러나 우리 사회에서 더 문제인 것은 '영어는 어렵다', '나는 영어를 잘 못한다', '내 영어는 문법에 맞지 않다', '나는 영어 점수가 낮다' 같다 식의 "영어 열등감"을 가지고 있는 사회적 심리가 아닐까 생각한다. 언제부터인가 우리 사회에서 영어가 의사 소통의 수단이라는 그 본질을 잃고, 대학을 가기 위한 수단, 토익, 토플 점수로 등급화된 '스펙'의 하나로만 여겨지면서 이러한 현상이 생긴 것이 아닌가 싶다.

말이란 소통을 위한 것이다. 영어를 배우는 이유는 세계인과 소통을 하기 위해서지, 문법과 발음이 100퍼센트 정확한 언어를 구사하기 위해서가 아니다. 이제 막 영어를 배우기 시작한 영국 유치원의 아이들을 보면 그 씩씩함이 놀라울 때가 있다. 몇 가지 구조, 몇 가지 단어밖에 아는 게 없지만, 이를 백분 활용해 자신감 있게 표현한다. 학교에서도 아이들의 말이 서툴다고 문법 실수를 지적하거나 하지 않는다. 물론 실제 영어 교육 현장에서는 여러 현실적인 한계점들이 있겠지만, 무엇보다 자연스럽게 영어로 의사 소통할 수 있는 분위기를 만들고, 아이들이 씩씩한 마음으로 말을 하면서 문법 실수로 마음 졸이지 않게 하는 환경을 만들어 주는 것이 중요할 것이다. 영어 교육의 양과 질을 개선하는 것만큼이나 중요한 것은 이 씩씩한 마음과, 또 이 씩씩한 마음을 보듬을 교육일 것이다.

언어의 아이들

후주

I 언어로 세상의 문을 여는 아이들

1 배우는 것인가? 타고나는 것인가?

1 Chomsky, N.(1959). A Review of B. F. Skinner's Verbal Behavior, *Language*, 35(1), 26-
   58.

2 "...everyone must possess the key to understanding all languages ...the form of
   all languages must be essentially the same, and always achieve the universal
   purpose"(Humboldt: 1836: 215)

3 "The fact that all normal children acquire essentially comparable grammars of great
   complexity with remarkable rapidity suggests that human beings are somehow
   specially designed...with data-handling or 'hypothesis-formulating' ability of
   unknown origin"(Chomsky: 1959: 57)

4 *The Human Language Series 2*(1995)

5 "A child's mind is not a vessel to be filled but a fire to be kindled"(Lt-Col Henry
   Stuart Townend)

2 무궁무진한 말의 세계

1 https://www.ted.com/talks/deb_roy_the_birth_of_a_word

3 말은 못해도 다 알아들어요

1 파열음 조음 시 막음이 개방되고 성대의 진동이 시작되기까지 걸리는 시간이다. 이 시간이 길수록 파열음의 기식성이 강하다.

4 언어의 문이 닫히다

1 지니 기록의 원문

1971/11/29 Genie love M. (지니는 M을 사랑해.)

1971/12/08 Spot chew glove. (스팟이 장갑을 물어뜯어요.)

1971/12/15 I want more soup. (수프 더 먹고 싶어요.)

1971/12/27 I want more sandwich. (샌드위치 더 먹고 싶어요.)

1971/12/29 Mike['s] mouth hurt. (마이크는 입을 다쳤어요.)

1971/12/29 Four teeth pull[ed]. (이가 네 개 빠졌어요.)

* 1975/03/12 Dentist say drink water. (치과 의사 선생님이 물을 마시라고 했어요.)

1975/04/23 Teacher saw draw bird. (선생님이 새를 그리는 걸 봤어요.)

1975/05/02 Teacher said Genie have temper tentrum outside. (선생님이 밖에서 지니가 화를 냈다고 말했어요.)

1975/06/10 Mr. W. say put face in big swimming pool. (W 아저씨는 큰 수영장에 얼굴을 집어 넣으라 말했어요.)

* 1973/09/26 Little bit trip. (여행 조금만 해요.)

1974/05/03 (숫자를 세며) Thirty-eight, thirty nine, thirty-ten. (삼십팔, 삼십구, 삼십-십.)

1975/03/19 I want mat is present. (나는 깔개가 있었으면 해요.)

1975/05/02 Father hit Genie cry longtime ago. (아빠가 예전에 지니를 때려서, 지니가 울었어요.)

* 1974/01/08 대화

지니: Mother old. (엄마는 늙었어요.)

엄마: No, mother's not old. (아니야. 엄마 안 늙었어.)

지니: Mother new. (엄마는 새 거예요.)

* 1974/10/30 대화

엄마: Who was at grandma's house? (누가 할머니 댁에 있었니?)

지니: Grandpa. Grandfather is stay in bed. Very sick. (할아버지. 할아버지가 침대에 있어요. 많이 아파요.)

커티스: What's the matter with him? (무슨 문제가 있으셔?)

지니: Very bad sick. (아주 심하게 아파요.)

* 1974/12/03 대화

엄마: How's the neck? (목은 어때?)

지니: Feel better. (나아졌어요.)

엄마: I told you it would feel better when you got to school. (학교 가면 나아질 거라고 했잖니.)

지니: Hurt. (아파요.)

엄마: It hurts? I thought it felt better. (아파? 나아졌다는 줄 알았는데.)

지니: Little hurt. (조금 아파요.)

2 *Child Language: Acquisition and Development*(Saxton, 2010) 참조

3 http://news.bbc.co.uk/1/hi/health/5174144.stm

5 한 발짝 한 발짝

1 *The Science Times*, 2013/09/04

6 님 침스키가 하는 말

1 님 침스키 기록의 원문

교사: What want you? (뭘 원하니?)

학생: Eat more apple? (더 먹을래, 사과?)

교사: Who want to eat more apple? (누가 사과 더 먹을까?)

학생: Me, Nim eat more apple. (나, 님 더 먹을래. 사과.)

교사: What color apple? (무슨 색깔 사과?)

학생: Apple red. (사과, 빨강.)

교사: Want you more eat? (뭐 더 먹을래?)

학생: Banana, raisin. (바나나하고 건포도.)

* 학생: Bird, there. (새, 저기.)

교사: Who there? (저기 누가 있지?)

학생: Bird. (새.) (다른 방향을 보며 잠시 말을 멈췄다가) Bug, flower there. (벌레, 꽃, 저기.)

교사: Yes, many things see. (그래, 여러 가지가 많네.)

학생:(바닥을 뒹굴며) You tickle me. (간지럽혀 줘.)

교사: Where? (어디?)

학생: Here. (여기.) (다리 가리킴)

교사:(학생을 간질인 뒤) Now you tickle me. (이제 네가 날 간지럽혀 봐.)

학생:(교사를 간질인 뒤) Me tickle, Laura. (나 간지럽혀, 로라.)

2 http://childes.psy.cmu.edu/

II 소리의 세상으로

1 제일 먼저 소리부터

1 흡착음을 내기 위해서는 우선 연구개를 혓몸으로 막은 상태에서 연구개보다 앞의 조음기관(입술, 치경)에서 공기의 막음을 생성한다. 혓몸을 아래로 움직임으로써 이 공간을 확장해 공기의 압력을 낮춘 후 앞의 막음을 개방하면 밖의 공기가 입안으로 빨아들여지면서 흡착음이 생성된다. 흡착음은 연구개 들숨소리(velaric ingressive)에 해당한다. 이외에도 내파음(implosives), 방출음(ejectives)처럼 폐에서 나오는 기류가 아닌 성문 들숨, 성문 날숨을 사용하는 소리들이 존재한다.

2 우리말의 말소리 목록

1 해당 모음 조음 시, 혀의 최고점이 얼마나 앞에 위치하는지 나타내는 자질. 최고점의 위치가 앞(경구개 쪽)에 있으면 전설 모음이 된다.

2 https://web.uvic.ca/ling/resources/ipa/charts/IPAlab/IPAlab.htm http://www.

phonetics.ucla.edu/course/chapter1/chapter1.html

3 일반적으로 말소리는 폐에서 생성된 기류가 성대와 입안을 통과하면서 만들어진다. 이때 일종의 울림통 역할을 하는 구강(oral cavity)의 모양과 크기에 따라서 특정 주파수대가 증폭되고, 이로 인해 모음이 특정 공명주파수를 갖게 된다.

4 이와 더불어 /ㅜ/모음도 더 전설화되고, /ㅗ/모음은 더 고모음화 되어가는 경향도 관찰되었다(Kang, 2014).

5 현대 한국어를 쓰는, 40대 화자들과 20대 화자들의 모음을 분석했다(Shin 외, 2012).

6 /ㅖ/의 경우, /ㄹ/ 이외의 다른 자음이 선행하면 단모음 /ㅔ/로도 발음된다. (예: '은혜[은 혜]', '계[게]')

7 유성/무성 파열음의 구분은 음운론적인 구분에 해당된다. 실제 영어 유성 파열음 /b/, /d/, /g/의 음향적인 특성을 살펴보면 주로 VOT가 양의 값(1~21밀리초)으로 나온다. 무성음처럼 막음의 개방이 성대의 진동보다 빨리 시작된다는 의미이다. 물론 무성음 /p/, /t/, /k/은 VOT가 더 확연히 높게 나타나므로 유성음은 기식성에서 무성음과 크게 차이가 있다.

8 조음 시 입안에서 기류의 장애가 동반되는 소리의 부류들, 즉 파열음, 마찰음, 파찰음을 나타낸다.

3 먼저 익히는 소리, 많이 말하는 소리

1 김영태(1996)의 연구에서는 2~6세 아이들만 조사했기 때문에, 첫 출현이 2세 이전 이루어진 소리나 완전 습득이 6세 이후에 이루어진 소리의 경우에는 정확한 습득 연령을 알 수 없다. 따라서 2세 이전과 6세 이후는 '~'로 항목으로 표시했다.

2 2세 이전의 아이들은 유성음화된 파열음([b, d, g]) 또한 사용하는 것으로 나타났다.

3 모음과 모음 사이에서 나타나는 /ㅈ/ 소리의 경우, 다른 환경의 파찰음보다 늦게 습득된다고 보고되었다. 예를 들어 '봤잖아요.'를 [봐다나요]로 발음하는 것이 관찰되었다.

4 이 [ʃ]는 /ㅅ/ 소리가, '시'의 'ㅅ'처럼, 'ㅣ' 모음 앞에서 구개음화한 경우이다. 아이들은 이 시기(3세)에 이 환경 이외에 나타나는 /ㅅ/, /ㅆ/ 소리, 즉 일반적인 치경마찰음([s], [s'])는 제대로 발음하지 못하는 것으로 나타났다.

5 음절 말의 /ㄹ/, 설측음을 나타낸다.

6 어두나 모음과 모음 사이의 /ㄹ/, 탄설음을 나타낸다.

7 이 시기 아이들의 발음에서는 음절 말 자음이 자주 탈락된다.

8 이와 다르게 평음이 기음이나 경음보다 먼저 습득되는 경향이 나타났다(김영태, 1996).

4 함미, 함머니, 할머니

1 부호 ㄱ은 어말에서 막음이 개방되지 않은 불파음을 나타낸다.

5 운율 익히기

1 억양구의 마지막에 얹히는 경계 억양에는 % 표시를 할 수 있다.

III 아이들의 머릿속 사전

3 어휘 조사 프로젝트

1 이 책 부제의 머릿글자 아도를 사용해 3장에서 다룰 어휘 조사 실례 프로젝트를 아도 프로젝트라고 부르기로 한다.

2 품사가 부사인 단어와, 명사+조사(나중에, 다음에, 아무도, 하나도) 등으로 이루어진 부사적 표현도 일부 포함되었다.

3 일부 단어(최고, 왕, 대박)들은 본래의 품사는 명사이지만, 부사적 용법으로 쓰인 것이라 볼 수 있다.

4 동식물, 자연, 외부 사물 항목은 어휘의 수가 상당히 많고, 한국판 맥아더-베이츠 의사 소통 발달 평가 기록지(배소영 & 곽금주, 2011)의 조사 항목을 상당수 포함했기 때문에 따로 표기하지 않았다.

5 신체 부위 항목 어휘는 한국판 맥아더-베이츠 의사 소통 발달 평가 기록지(배소영 & 곽금주, 2011)의 조사 항목과 상당수 겹쳤기 때문에 따로 표기하지 않았다.

IV 말 하나 더 배우기

1 말이 많은 세상?

1 이 연구에서도 고개 돌리기 기법과 비슷한 실험 방식을 사용했다. 아기들이 새로운 언어의 소리임을 지각했을 때 해당 소리와 함께 제시된 그림을 더 오래 응시하는 원리를 이용해 다른 언어를 구별할 수 있는지 실험했다.

2 음절을 구성하는 음운들의 조합에 관한 규칙. 영어에서는 가능한 /kr/, /st/ 같은 자음군이 한국어에는 나타나지 않는다.

2 여러 개의 언어를 습득하는 언어 능력

1 상측두구(superior temporal sulcus, STS) 등의 영역에서 이루어진다.

2 http://www.linguisticsociety.org/files/Bilingual_Child.pdf

3 2015년 10월 30일 영국 런던 버벡 대학교에서 발표한 내용을 바탕으로 작성된 것이다.

3 대한민국에서 외국어 배우기

1 3장에서 다루는 질문들은 *Key terms in Second Language Acquisition*(VanPatten & Benati, 2010)을 참조했다.

2 Subjacency, Empty Category Principle(ECP).

3 작업 기억이란 추론, 이해, 학습과 같은 복잡한 과제를 수행할 때 받아들인 정보를 일시적으로 기억하는 단기 기억을 말한다(Baddeley, 2010).

5 이중 언어 습득과 인지 발달

1 5장은 레딩 대학교에서 열린 강연(Inaugural Albert Wolters Lecture 「Bilingualism: Consequences for the Mind and Brain」)을 참고해 정리한 것이다.

2 *Parlez-vous Francais? The Advantages of Bilingualism in Canada*(2008)

3 https://montrealgazette.com/opinion/opinion-new-statistics-on-income-and-language-shatter-old-stereotypes

4 http://www.britishchambers.org.uk

I 언어로 세상의 문을 여는 아이들

Berko, J., Brown, R.(1960). Psycholinguistic Research Methods. In P. Mussen. *Handbook of Research methods in Child Development*. New York: John Wiley. 517-557.

Bialystok, E., & Hakuta, K.(1999). Confounded age: Linguistic and cognitive factors in age differences for second language acquisition. In D. Birdsong(Ed.), *Second language acquisition research. Second language acquisition and the Critical Period Hypothesis*, 161-181. Mahwah, NJ, US: Lawrence Erlbaum Associates Publishers.

Birdsong, D.(1992). Ultimate attainment in second language acquisition. *Language*, 68, 706-755.

Birdsong, D.(1999). Introduction: Whys and why nots of the Critical Period Hypothesis. In D. Birdsong(Ed.), *Second language acquisition and the Critical Period Hypothesis*, 1-22. Mahwah, NJ: Erlbaum.

Bloomfield, L.(1933). *Language*. New York: Holt.

Chomsky, N.(1959), A Review of B. F. Skinner's Verbal Behavior, *Language*, 35(1), 26-58.

Chomsky, N.(1988). *Language and problems of knowledge: The Managua lectures*. Cambridge, Mass: MIT Press.

Curtiss, S.(1977). *Genie: A psycholinguistic study of a modern-day "wild child"*. New York: Academic Press.

Dunn, Lloyd M.Dunn, Douglas M.(2007). *PPVT-4:Peabody picture vocabulary test*.

Minneapolis, MN: Pearson Assessments,

Eimas, P. D.(1985). *The perception of speech in early infancy. The perception of speech in early infancy. Scientific American*, 252(1), 46-52, 120.

Felix, S.(1984). Maturational aspects of universal grammar. In C. Cripper, A. Davies, & A. P. R. Howatt(Eds.), *Interlanguage*, 133-161. Edinburgh, Scotland: Edinburgh University Press.

Fenson, L., Marchman, V. A., Thal, D. J., Dale, P. S., Reznick, J. S., & Bates, E. (2007). *MacArthur-Bates Communicative Development Inventories: User's guide and technical manual*(2nd ed.). Baltimore, MD: Brookes.

Fromkin, V.(2009). *Linguistics: An introduction to linguistic theory*. Malden, MA: Blackwell.

Fromkin, V. A., Rodman, R. D., & Hyams, N. M.(2014). *An introduction to language.* S. l.: Wadsworth Cengage Learning. Howatt(Eds.), Interlanguage, 133-161. Edinburgh: Edinburgh University Press.

Gleitman, L.(1981). Maturational determinants of language growth. *Cognition*, 10, 103-114.

Gordon, P.(2004). Numerical Cognition Without Words: Evidence from Amazonia:Special Issue: Cognition and Behavior. *Science*, 306(5695), 496-499.

Kim, Y.S., Leventhal, B., Koh, Y-J., Fombonne, E., Laska, E., Lim, E-C., Cheon, K-A.(2011). The prevalence of Autism Spectrum Disorder in a total population sample, American Journal of Psychiatry, 168:9, 904-912.

Lenneberg, E. H.(1967). *Biological foundations of language*. New York: Wiley.

Marsh, J., Chinn, S., Simmons, M., Terrace, H. S., Hess, E., LaFarge, S., Lee, J., Mongrel Media.(2012). *Project nim*. Toronto: Mongrel Media.

Moon, C., Lagercrantz, H., & Kuhl, P. K.(2013). Language Experienced in Utero Affects Vowel Perception after Birth: A Two-Country Study. *Acta Paediatrica*, 102, 156-160. http://dx.doi.org/10.1111/apa.12098

Saxton, M.(2010). *Child language: Acquisition and Development*. London: SAGE Publications.

Terrace, H. S.(1979). *Nim*. New York: Knopf.

The Human Language Series 2(1995), Gene Searchinger; Michael Male; John Hazard,(Cinematographer); Sara Fishko; Sharon Sachs; Tom Haneke; Jeffrey Stern; Maurice Wright; Ways of Knowing, Inc.,; South Carolina Educational Television Network,; Equinox Films, Inc., New York : Equinox Films/Ways of Knowing Inc.,

U.S. Department of Health and Human Services.(2014). Prevalence of autism spectrum disorder among children aged 8 years - autism and developmental disabilities monitoring network, 11 sites, United States, 2010. *MMWR Surveill Summ.*, 63(2), 1-21. https://doi.org/24670961

Zimmer, E. Z., Fifer, W. P., Kim, Y. I., Rey, H. R., Chao, C. R., & Myers, M. M.(1993). Response of the premature fetus to stimulation by speech sounds. *Early Human Development*, 33(3), 207-215. https://doi.org/10.1016/0378-3782(93)90147-M

조숙환, 김영주, 노경희, 이현주, 최현주, Whitman, J., Clancy, P.(2000). 『인간은 언어를 어떻게 습득하는가』. 서울: 아카넷.

II 소리의 세상으로

Choi &Mazuka(2009). Young Children's Use of Prosody in Sentence Parsing. *Journal of Psycholinguistic Research*, Vol. 32(2), 197-217.

Clark, E.V.(1993). *The lexicon in acquisition. Cambridge studies in Linguistics 65*. Cambridge: Cambridge University Press.

Clumeck, H.(1980). The Acquisition of Tone. In G. H. Yeni-Komshian, J. F. Kavanagh, & C. A. Ferguson(Eds), *Child Phonology 1: Production*, 257-275, New York, NY: Academic Press.

Dodd, B., Holm, A., Hua, Z., & Crosbie, S.(2003). Phonological development: a normative study of British English-speaking children. *Clinical Linguistics & Phonetics*, 17, 617-643.

Eimas, P. D., Siqueland, E. R., Jusczyk, P., &Vigorito, J.(1971). Speech perception

in infants. *Science*, 171(3968), 303-306. http://dx.doi.org/10.1126/
science.171.3968.303

Englund(2005), Voice onset time in infant directed speech over the first six months,
First Language, 25(2), 219-234.

Fernald, A.(1992). Meaningful melodies in mothers' speech to infants. In Papousek,
H., Jurgens, U., &Papousek, M.(Eds.), *Nonverbal vocal communication: Comparative and
developmental approaches*, 262-282. Cambridge: Cambridge University Press.

Ingram, D.(1976). *Phonological disability in children*. London: Edward Arnold.

Jakobson, R.(1968). *Child Language, Aphasia and Phonological Universals*. The Hague:
Mouton(Original work published 1941).

Jun, S.-A.(1993). The Phonetics and Phonology of Korean Prosody, PhD dissertation.
Ohio State University(Published in 1996 by New York: Garland).

Jun, S.-A.(1998). The Accentual Phrase in the Korean Prosody Hierarchy, *Phonology*,
15/2: 189-226.

Jun, S. -A.(2006). Phonological development of Korean: A case study, *UCLA Working
Papers in Phonetics* 105, 51-65.

Kim(2011). An acoustic, aerodynamic and perceptual investigation of word-initial
denasalization in Korean, PhD Dissertation, University College London.

Kim, J.(2005). L2 Korean Phonology: the acquisition of stops by English-and Finnish-
speaking adults, Durham theses, Durham University.

Kim, M., &Stoel-Gammon, C.(2011). Phonological development of word-initial
Korean obstruents in young Korean children. *Journal of Child Language*, 38, 316-
340.

Kuhl, P. K., & Meltzoff, A. N.(1996). Infant vocalizations in response to speech: Vocal
imitation and developmental change. *Journal of the Acoustical Society of America*, 100,
2425-2438.

Kuhl, P. K., Andruski, J. E., Chistovich, I. A., Chistovich, L. A., Kozhevnikova, E.
V., Ryskina, V. L., Lacerda, F.(1997). Cross-language analysis of phonetic units

in language addressed to infants. *Science*, 277(5326), 684-686.http://dx.doi. org/10.1126/science.277.5326.684

Lee. H.-Y.(1990). The Structure of Korean Prosody, PhD dissertation. University of London. Seoul: Hanshin Publishing.

Li, C. N. & S. A. Thompson.(1977). The Acquisition of Tone in Mandarin speaking Children. *Journal of Child Language*, 4, 185-199.

Liu, H.-M., Kuhl, P. K., & Tsao, F.-M.(2003). An association between mothers' speech clarity and infants' speech discrimination skills. *Developmental Science*, 6(3), F1-F10.

Locke, J. L.(1983). *Phonological acquisition and change*. New York: Academic Press.

MacNeilage, P. F. & Davis, B.(1990). Acquisition of speech production: Frame, then content. In M. Jeannerod(ed.), *Attention and performance XIII: Motor representation and control*, 453-475. Hillsdale, NJ: Lawrence Erlbaum.

Maddieson, I.(2013). Consonant Inventories. In: Dryer, Matthew S. & Haspelmath, Martin(eds.) The World Atlas of Language Structures Online. Leipzig: Max Planck Institute for Evolutionary Anthropology. http://wals.info/chapter/1

Morse, P. A.(1972). The discrimination of speech and nonspeech stimuli in early infancy. *Journal of Experimental Child Psychology*, 14, 477-492.

Ochs, E., Schieffelin, B. B.(1982). Language Acquisition and Socialization: Three. Developmental Stories and Their Implications. Sociolinguistic Working Paper Number 105.

Ota, M.(2016). Prosodic phenomena. In J. Lidz, W. Snyder, and J. Pater(Eds.), *The Oxford Handbook of Developmental Linguistics*, 68-86. Oxford: Oxford University Press.

Sander, E. K.(1972). When are speech sounds learned? *Journal of Speech and Hearing Disorders*, 37(1), 55-63.

Shin, J., Kiaer, J., & Cha, J.(2012). *The sounds of Korean*. New York: Cambridge University Press.

Stark, R.(1980). Stages of speech development in the first year of life. In: Yeni-

Komshian G, Kavanagh J, Ferguson CA, editors. *Child phonology, Volume 1, Production*, 73-90. New York: Academic Press.

Stoel-Gamman& Cooper(1984). Patterns of early lexical and phonological acquisition, *Journal of Child Language* 11(2):247-271.

Stoel-Gammon, C.(1991). Normal and disordered phonology in two-year-olds. *Topics in Language Disorders*, 11, 21-32.

Templin, M.(1957). Certain language skills in children: Their development and interrelationships. Minneapolis, MN: University of Minnesota Press.

Thiessen, E. D., Hill, E. A., and Saffran, J. R.(2005). Infant-directed speech facilitates word segmentation. *Infancy*, 7: 53-71.

Trubetzkoy, N.(1939). *Principles of Phonology*. C.A.M. Baltaxe, Berkeley, Trans. Berkeley, CA: University of California Press.

Vihman, M. M.(1996). *Phonological development: The origins of language in the child*. Cambridge, MA: Blackwell

Wellman, B., Case, I., Mengert, I., & Bradbury, D.(1931). Speech sounds of young children. University of Iowa Study, *Child Welfare*, 5(2), 1-82.

김수진(2014). 「자발화에 나타나는 발달적 음운오류패턴」. *Communication Sciences & Disorders*. 19(3), 361-370.

김영태(1996). 「그림자음검사를 이용한 취학전 아동의 자음정확도 연구」.《말-언어장애연구》, 1, 7-33.

김태경 & 백경미(2010). 「학령전 아동의 발음 오류에 관한 연구 - 음운 변동을 중심으로」.《국제어문》, 49, 7-34.

배소영(1994). 「정상 말소리의 발달(Ⅰ): 1;4-3;11세의 아동」.《아동의 조음장애 치료》, 1. 27-53. 서울: 군자출판사.

신지영(2014).『한국어의 말소리』. 서울: 박이정.

엄정희(1994), 「정상 말소리의 발달(Ⅱ): 3, 4, 5세의 아동」.《아동의 조음장애 치료》, 1, 54-66. 서울: 군자출판사.

유안진(1986).『한국의 전통육아방식』. 서울: 서울대학교 출판부.

유안진(1990).『한국전통사회의 유아교육』. 서울: 서울대학교 출판부

이호영(1996).『국어 음성학』. 서울: 태학사.

이호영(1997).『국어 운율론』. 서울: 한국연구원.

III 아이들의 머릿속 사전

Bloom, L.(1980). Language development, language disorders, and learning disabilities: LD. *Bulletin of the Orton Society*, 30,115-133.

Clark, E. V.(1979). Building a vocabulary: Words for objects, actions and relations. *Language acquisition*, 149-160.

Cutler, A.(1993). Segmenting speech in different languages. *The Psychologist*, 6(10), 453-455.

Choi, S.(2000). Caregiver input in English and Korean: Use of nouns and verbs in book-reading and toy-play contexts. *Journal of Child Language*, 27(1), 69-96. https://doi.org/10.1017/S0305000999004018

Choi, S., & Gopnik, A.(1995). Early acquisition of verbs in Korean: A cross-linguistic study. *Journal of child language*, 22(3), 497-529.

Fenson, L., Dale, P. S., Reznick, J. S., Bates, E., Thal, D., & Pethick, S.(1994). Variability in early communicative development. *Monographs of the Society for Research in Child Development*, 59(5), 174-185.

Gentner, D.(1982). Why nouns are learned before verbs: Linguistic relativity versus natural partitioning. *Center for the Study of Reading Technical Report*, no. 257.

Kintsch, W.(1980). *Semantic memory: A tutorial*. In R. S. Nickerson.

(Ed.), *Attention and performance VIII*, 595-620. Hillsdale, NJ: Erlbaum.

Landau, B., Smith, L. B., & Jones, S. S.(1988). The importance of shape in early lexical learning. *Cognitive development*, 3(3), 299-321.

Liebal, K., Behne, T., Carpenter, M., & Tomasello, M.(2009). Infants use shared experience to interpret pointing gestures. *Developmental Science*, 12(2), 264-271. doi:10.1111/j.1467-7687.2008.00758.x

Mazuka, R., & Itoh, K.(1995). Can Japanese speakers be led down the garden path. *Japanese sentence processing*, 295-329.

Nelson, K.(1973). Structure and strategy in learning to talk. *Monographs of the society for research in child development*, 1-135.

Rescorla, L. A.(1980). Overextension in early language development. *Journal of child language*, 7(2), 321-335.

Saffran J. R., Aslin R. N., Newport E. L.(1996). Statistical learning by 8-month-old infants. *Science*, 274: 1926-1928.

Saxton,(2010) *Child Language: Acquisition and Development*, Sage, London.

Tomasello, M.(2008) *Origins of Human Communication*. MIT Press.

Thomson, J. R., & Chapman, R. S.(1977). Who is 'Daddy' revisited: the status of two-year-olds' over-extended words in use and comprehension. *Journal of Child Language*, 4(3), 359-375.

김정미, 윤미선, 김수진, 장문수, 차재은(2012). 「학령전기 일반아동의 발화유형과 발화 종결기능 어미 사용 특성」, 《언어청각장애연구》, 17. 488-498.

권경안 & 정인실(1980). 「한국 아동의 어휘 발달 연구(I)」. 한국 교육개발원 연구보고서.

배소영(1997). 「한국아동의 문법형태소 습득에 관한 연구 : 조사 "가 , 이 , 는 , 도 , 를"」. 《말-언어장애연구》, 2, 27-42.

배소영, 곽금주(2011). 『한국판맥아더-베이츠의사소통발달평가(K MB CDI)』. 서울: 마인드프레스.

서희선 & 이승환(1999). 「2-5세 정상 아동의 연결어미 발달」. 《언어청각장애연구》, 4, 167-185.

이필영, 이준희, 전은진.(2004). 「유아의 품사 범주 발달에 관한 연구」. 《이중언어학》, 25, 285-308.

이희란, 장유경, 최유리, 이승복(2008). 「부모보고를 통해 종단 관찰한 한국 아동의 초기 문법형태소 습득」. 《언어청각장애연구》, 13(2), 159-173 .

차재은, 김정미, 김수진, 윤미선, 장문수(2014). 「2-5세 일반 아동의 어휘 발달: 체언」. 《언어청각장애연구》, 19(4): 430-446.

최은희, 서상규, 배소영(2001)「1; 1- 2; 6세 한국 아동의 표현어휘 연구」.《언어청각장애연구》, 6(1) 1-16.

IV 말 하나 더 배우기

Albareda-Castellot, B., Pons, F., & Sebastian-Galles, N.(2011). The acquisition of phonetic categories in bilingual infants: New data from an anticipatory eye movement paradigm. *Developmental Science*, 14(2), 395-401. https://doi.org/10.1111/j.1467-7687.2010.00989.x

Anton n, E., Dunabeitia, J. A., Estevez, A., Hernandez, J. A., Castillo, A., Fuentes, L. J., Carreiras, M.(2014). Is there a bilingual advantage in the ANT task? Evidence from children. *Frontiers in Psychology*, 5(MAY), 1-12. https://doi.org/10.3389/fpsyg.2014.00398

Baddeley, A.(2010). Working memory. *Current Biology?: CB*, 20(4), R136-140. https://doi.org/10.1016/j.cub.2009.12.014

Belazi, H. M., Rubin, E. J., Toribio, A. J., Rubin, J., & Jacqueline, A.(1994). Code Switching and X-Bar Theory?: Constraint e unc iona ea. *Linguistic Inquiry*, 25(2), 221-237.

Berken, J. A., Gracco, V. L., Chen, J. K., Watkins, K. E., Baum, S., Callahan, M., & Klein, D.(2015). Neural activation in speech production and reading aloud in native and non-native languages. *NeuroImage*, 112, 208-217. https://doi.org/10.1016/j.neuroimage.2015.03.016

Birdsong, D.(1992). Ultimate Attainment in Second Language Acquisition, *Language*, 68(4), 706-755.

Bialystok, E., Craik, F. I. M., & Freedman, M.(2007). Bilingualism as a protection against the onset of symptoms of dementia. *Neuropsychologia*, 45(2), 459-464. https://doi.org/10.1016/j.neuropsychologia.2006.10.009

Bialystok, E.(2001). *Bilingualism in development: Language, literacy, and cognition*. New York, USA: Cambridge University Press.

Bialystok, E., Craik, F. I., Klein, R., & Viswanathan, M.(2004). Bilingualism, aging, and cognitive control: Evidence from the Simon task. *Psychology and Aging*, 19, 290-303.

Blair, D., & Harris, R. J.(1981). A test of interlingual interaction in comprehension by bilinguals. *Journal of Psycholinguistic Research*, 10(4), 457-467. https://doi.org/10.1007/BF01067169

Bosch & Sebastian-Galles(2001). Evidence of Early Language Discrimination Abilities in Infants From Bilingual Environments, *Infancy*, 2(1), 29-49.

Bosch & Sebastian-Galles(2003). Simultaneous Bilingualism and the Perception of a Language-Specific Vowel Contrast in the First Year of Life, *Language and Speech*, 46(2-3), 217-243.

Brown, R.(1973). *A first language*. Cambridge, MA: Harvard University Press.

Burns, T. C., Yoshida, K. A., Hill, K., &Werker, J. F.(2007). The development of phonetic representation in bilingual and monolingual infants. *Applied Psycholinguistics*, 28(3), 455-474. https://doi.org/10.1017/S0142716407070257

Burns, T. C., Werker, J. F., & McVie, K.(2002). Development of phonetic categories in infants raised in bilingual and monolingual homes. Paper presented at the 27th Annual Boston University Conference on Language Development, Boston, MA.

Canadian Council on Learning.(2008). *Parlez-vous francais?: The advantages of bilingualism in canada*. Lessons in Learning. Retrieved from http://www.ccl-cca.ca/pdfs/LessonsInLearning/Oct-16-08-The-advantages-of-bilingualism.pdf.

Canadian Council on Learning(2008). *Parlez-vous francais? The advantages of bilingualism in Canada*, References Benson J 2013.

Caskey-Sirmons, L.A., & Hickerson, N.P.(1977). Semantic shift and bilingualism: variation in the colour terms of five languages, *Anthropological Linguistics*, 19(8), 358-367.

Carreiras, M.(2014). Is there a bilingual advantage in the ANT task? Evidence from children. *Frontiers in Psychology*, 5(MAY), 1-12. https://doi.org/10.3389/

fpsyg.2014.00398

Cook, V. J.(1992). Evidence for multi-competence, *Language Learning*, 42(4), 557-591.

Coppieters, R.(1987) Competence Differences Between Native AndNearnative Speakers, *Language*, 63(3), 544-573.

Dapretto, M., & Bookheimer, S. Y.(1999). Form and content: Dissociating syntax and semantics in sentence comprehension. *Neuron*, 24(2), 427-432. https://doi.org/10.1016/S0896-6273(00)80855-7

DeKeyser(2000). The Robustness of Critical Period Effects in Second Language Acquisition, *SSLA*, 22, 499-533

Dewaele, J. M., & Wei, L.(2013). Is multilingualism linked to a higher tolerance of ambiguity? *Bilingualism*, 16(1), 231-240. https://doi.org/10.1017/S1366728912000570

Dehaene, S., Dupoux, E., Mehler, J., Cohen, L., Paulesu, E., Perani, D., Le Bihan, D.(1997). Anatomical variability in the cortical representation of first and second language. *Neuroreport*, 8(17), 3809-3815. https://doi.org/10.1097/00001756-199712010-00030

DfE(2011). School Census, Language Survey, Department of Education, UK.

Erika Hoff, Cynthia Core, Silvia Place, Rosario Rumiche, Melissa Senor, And Marisol Parra(2012). Dual language exposure and early bilingual development, *J Child Lang*, 39(1), 1-27.

European Commission,(2012). Europeans and their Languages. Report. Retrieved from http://ec.europa.eu/commfrontoffice/publicopinion/archives/ebs/ebs_386_en.pdf

Fan, S. P., Liberman, Z., Keysar, B., & Kinzler, K. D.(2015). The Exposure Advantage: Early Exposure to a Multilingual Environment Promotes Effective Communication. *Psychological Science*, 26(7), 1090-1097. https://doi.org/10.1177/0956797615574699

Flege, Munro & MacKay(1995). Factors affecting strength of perceived foreign accent in a second language, *JASA*, 97(5), 3125-3134.

Flege, James Emil(1987). A critical period for learning to pronounce foreign languages?, *Applied Linguistics*, 8, 162-177.

Fred Genesee and Elena(2007). Bilingual First Language Acquisition, In Erika Hoff and Marilyn Shatz(Eds.), Blackwell Handbook of Language Development.

Friesen, D. C., & Bialystok, E.(2012). Metalinguistic Ability in Bilingual Children: The Role of Executive Control. *Rivista Di Psicolinguistica Applicate*, 23(3), 47-56. https://doi.org/10.1016/j.biotechadv.2011.08.021.Secreted

Garcia-Sierra, A., Rivera-Gaxiola, M., Percaccio, C. R., Conboy, B., T., Romo, H., Klarman, L., Ortiz, S., Kuhl, k.(2011). Bilingual language learning: An ERP study relating early brain responses to speech, language input, and later word production, *Journal of Phonetics*, 39, 546-557.

Genesee, F.(2003). Rethinking bilingual acquisition. In J.M. deWaele(Ed.) *Bilingualism: Challenges and directions for future research*, 158-182. Clevedon, UK: Multilingual Matters.

Genesee(2015). Myths About Early Childhood Bilingualism, *Canadian Psychology*, 56(1), 6-15.

Gonzalez, L. A.(1986). The effect of first language education on the second language and academic achievement of Mexican immigrant elementary school children in the United States. Unpublished doctoral dissertation, University of Illinois at Urbana-Champaign

Grosjean, F.(1982). *Life with Two Languages: An Introduction to Bilingualism*, Cambridge, Mass: Harvard University Press.

Haznedar, B.(2005). Cognitive and linguistic aspects of learning a second language in early years. In S. Mourao & M. Lourenco(Eds.). *Early years second language education: International perspectives on theory and practice*, 15-28. Routledge.

Hickok, G., & Poeppel, D.(2007). The cortical organization of speech processing. Nature Reviews. *Neuroscience*, 8(5), 393-402. https://doi.org/10.1038/nrn2113

Holm & Dodd(1999). A longitudinal study of the phonological development of two Cantonese-English bilingual children, *Applied Psycholinguistics*, 20, 349-376.

Johnson & Newport(1989). Critical Period Effects in Second Language Learning: The Influence of Maturational State on the Acquisition of English as a Second Language, *Cognitive Psychology* 21, 60-99.

Kathleen M. McCarthy, Merle Mahon, Stuart Rosen, and Bronwen G. Evans(2014). Speech Perception and Production by Sequential Bilingual Children: A Longitudinal Study of Voice Onset Time Acquisition, *Child Development*, 85(5), 1965-1980.

Kim, K. H. S., Relkin, N. R., Lee, K. M., & Hirsch, J.(1997). Distinct cortical areas associated with native and second languages. *Nature*, 388(6638), 171-174. https://doi.org/10.1038/40623

Kovelman, I., Baker, S. A., & Petitto, L.-A.(2008). Bilingual and Monolingual Brains Compared: A Functional Magnetic Resonance Imaging Investigation of Syntactic Processing and a Possible "Neural Signature" of Bilingualism, *CognNeurosci*, 20(1), 153-169.

Lardiere, D.(2007). Acquiring(or Assembling) Functional Categoriesin Second Language Acquisition. *Proceedings of the 2nd Conference on Generative Approaches to Language Acquisition North America(GALANA)*, Somerville, MA: Cascadilla Proceedings Project. 233-244.

Maguire, E., Woollett, K., & Spiers, H. J.(2006). London Taxi Drivers and Bus Drivers: A Structural MRI and Neuropsychological Analysis, *Hippocampus*, 16, 1091-1101.

Nicoladis, E., & Genesee, F.(1997). Language development in preschool bilingual children. *Journal of Speech-Language Pathology and Audiology*, 21, 258-270.

Ofelia, G. & Wei, L.(2014). *Translanguaging*, Palgrave macmillian.

Oller, D. K., Eilers, R. E., Neal, A. R., & Schwartz, H. K.(1999). Precursors to speech in infancy: The prediction of speech and language disorders. *Journal of Communication Disorders*, 32(4), 223-245. https://doi.org/10.1016/S0021-9924(99)00013-1

Otheguy, Ricardo, Ofelia Garcia and Wallis Reid(2015). Clarifying translanguaging and deconstructing named languages: A perspective from linguistics. *Applied Linguistics Review* 6(3), 281-307.

Paap, K. R., Johnson, H. A., & Sawi, O.(2015). Bilingual advantages in executive functioning either do not exist or are restricted to very specific and undetermined circumstances. *Cortex*, 69, 265-278. https://doi.org/10.1016/j.cortex.2015.04.014

Pallier, S. Dehaene, J.-B. Poline, D. LeBihan, A.-M. Argenti, E. Dupoux and J. Mehler(2003). Brain Imaging of Language Plasticity in Adopted Adults: Can a Second Language Replace the First?, *Cerebral Cortex*, 13, 155-161.

Paradis(2001). Do bilingual two-year-olds have separate phonological systems?, *The International Journal of Bilingualism*, 5(1), 19-38.

Paradis, J., & Genesee, F.(1996). Syntactic acquisition in bilingual children: Autonomous or interdependent? *Studies in Second Language Acquisition*, 18, 1-25. http://dx.doi.org/10.1017/S0272263100014662

Paradis, M.(1977). Bilingualism and aphasia. In: Whitaker, H.; Whitaker, HA.(Eds), *Studies in Neurolinguistics*, 65-121. New York: Academic Press.

Pierce, L. J., Chen, J. K., Delcenserie, A., Genesee, F., & Klein, D.(2015). Past experience shapes ongoing neural patterns for language. *Nature Communications*, 6(May), 1-11. https://doi.org/10.1038/ncomms10073

Quay, S.(2015). Multilingualism Across The Lifespan: The Role of Grandparents In Language Development, Guest lecture at Birkbeck, University of London.

Rauschecker, J. P., & Scott, S. K.(2009). Maps and streams in the auditory cortex: Nonhuman primates illuminate human speech processing. *Nature Neuroscience*, 12(6), 718-724. https://doi.org/10.1038/nn.2331

Renner, F., Kersbergen, I., Field, M., & Werthmann, J.(2018). Dutch courage? Effects of acute alcohol consumption on self-ratings and observer ratings of foreign language skills. *Journal of Psychopharmacology*, 32(1), 116-122. https://doi.org/10.1177/0269881117735687

Sorace, A. and Ladd, D.R.(2004). Raising bilingual children. Series: Frequently Asked Questions, Linguistic Society of America. http://www.linguisticsociety.org/files/Bilingual_Child.pdf

Shin, S. J.(2005). *Developing in Two Languages: Korean Children in America*. Clevedon, UK: Multilingual Matters.

Soros, P., Sokoloff, L. G., Bose, A., McIntosh, A. R., Graham, S. J., & Stuss, D. T.(2006). Clustered functional MRI of overt speech production. *NeuroImage*, 32(1), 376-387. https://doi.org/10.1016/j.neuroimage.2006.02.046

Thordardottir,(2010). The relationship between bilingual exposure and vocabulary development, *International Journal of Bilingualism*, 15(4), 426-445.

VanPatten & Benati(2010). *Key terms in Second Language Acquisition*, London: Continuum International Publishing Group.

White & Genesee(1996). How native is near-native? The issue of ultimate attainment in adult second language acquisition, *Second Language Research* 12(3), 233-265.

김봉섭(2016). 「재외 한글학교 현황 재외동포재단의 지원현황을 중심으로」, 《민족연구》, 65, 154-168.

박소현 & 정명심(2012). 「다문화가정 아동의 언어치료에 대한 질적 연구」, 《언어청각장애연구》, 17, 47-65.

황상심 & 정옥란(2008). 「경상도 농촌지역 다문화가정 아동들의 언어특성」, 《언어청각장애연구》, 13(2), 174-192.

찾아보기

언어의 아이들

아이들은 도대체 어떻게 언어를 배울까?

1판 1쇄 펴냄 2019년 4월 19일
1판 3쇄 펴냄 2021년 12월 10일

지은이   조지은, 송지은
펴낸이   박상준
펴낸곳   (주)사이언스북스

출판등록 1997. 3. 24.(제16-1444호)
(06027) 서울특별시 강남구 도산대로1길 62
대표전화 515-2000, 팩시밀리 515-2007
편집부 517-4263, 팩시밀리 514-2329
www.sciencebooks.co.kr

ISBN 979-11-89198-62-6 93700